LETTRES A Mme Z. L.

SUR

LA BOTANIQUE

LETTRES A Mme Z. L.

SUR

LA BOTANIQUE

LILLE,

L. QUARRÉ, libraire. | L. BÉGHIN libraire.

1858.

LETTRES A M.me Z. L.

SUR LA BOTANIQUE

I.

DE LA BOTANIQUE DANS L'ÉDUCATION DES FEMMES. — LE LANGAGE BOTANIQUE. — LES MÉTHODES. — PLAN DE CE LIVRE.

Lille, le premier janvier 1858.

Avouez-le, Madame, je n'en dirai mot à personne. Votre sexe est despote et sa tyrannie est d'autant plus perfide, irrésistible, que vous la colorez des meilleurs prétextes— les meilleurs, cela signifie les plus spécieux.

Un beau jour, parce que nous avions parlé botanique, la veille, le désir vous est venu d'avoir de moi un petit traité sur cette science et vous m'avez dit : Écrivez.

C'est facile, commander ; exécuter est autre chose. Cependant je suis assez oriental pour dire : Entendre, c'est obéir, et me voici la plume à la main par vos ordres. Tant de soumission me vaudra en retour votre indulgence. Au reste, en entreprenant ce travail j'ai fait ma tâche aussi facile que possible. Je me suis inspiré de l'esprit des autres ; ce que vous accueillerez favorablement, ce sera le produit de plus savants dans ce vaste champ de l'intelligence , où, chacun, nous traçons notre sillon , ici faible et à peine effleurant le sol , là ouvrant profondément la terre féconde où le grain germé pousse de vigoureuses moissons que dore le soleil.

Comme Juste Lipse au début d'une de ses œuvres , je dirai à la première de ces pages :

« D'autres m'ont fourni le bois et la pierre ; mais la construction et la forme de l'édifice sont entièrement de moi, j'en suis l'architecte, quoique j'aie pris autre part mes matériaux. L'araignée tire de son propre corps le fil dont elle compose sa toile ; cependant son ouvrage n'en est pas meilleur. De même aussi , le mien n'en vaudra pas moins , parce qu'à l'exemple des abeilles , j'ai ramassé ailleurs de quoi le composer. »

En parlant de botanique à une dame , je placerai mes paroles sous la protection de tant de doctes maîtres qui ont si élégamment traité ce sujet sans cesse étudié, jamais épuisé; sous la protection d'Auger de Bousbecques , le Lillois , qui nous rapporta de son ambassade d'Orient , le lilas aux thyrses embaumés qui parfument votre ombreuse maison de campagne , et la tulipe dont le nom rappelle le turban turc, comme ses couleurs celles du cachemire ; sous celle de Bernardin de Saint-Pierre , de Rousseau , de l'auteur des *Lettres à Emilie* , de cent autres encore.

La langue botanique est barbare, a-t-on dit. Hélas ! l'un de nos vices en France , écrit l'élégant auteur de l'histoire morale des femmes, Ernest Legouvé, un nom bien connu de vous, Madame, « l'un de nos vices en France est de repousser les plus fécondes idées pour quelques duretés de syllabes, de rendre les faits responsables des mots qui les expriment et de ridiculiser de salutaires études pour un certain concours de mots harmonieux. Personne n'a été plus dupe et plus victime de ce dédain des mots que les femmes : Syllogisme les a exclues de la philosophie; Protoxide, ou tout autre, des sciences naturelles. »

Les nobles études ne doivent point être le partage de l'homme seulement, et m'inspirant de nouveau de l'auteur que je viens de citer, j'ajouterai : « Enseignez sans crainte l'histoire et les sciences à la jeune fille comme au jeune homme, elle n'y apprendra pas la même chose ; ce qui, chez l'un, se convertira en raison et en force, nourrira, chez l'autre, le sentiment et la finesse : et ainsi, la diversité de leur nature se développant par l'identité même de leurs objets d'études, on peut dire que les femmes seront d'autant plus femmes, qu'elles seront plus virilement élevées.

« C'est dans l'intérêt de l'histoire naturelle, continue M. Ern. Legouvé, que je veux appliquer les femmes à cette étude. Mme. Necker de Saussure, dans son beau livre sur l'éducation, a déjà indiqué une partie des progrès que pourrait réaliser dans cette science le génie des femmes. »

Et en effet, personne mieux que la femme, n'est doué de cet esprit d'observation qui seul découvrira le but, le côté utile de toutes choses, et du plaisir d'un seul fera jaillir l'intérêt de tous.

Les fleurs, Madame, vous les retrouvez partout dans la vie. Elles ornent votre salon, votre retraite intime, le gynécée de nos mœurs modernes ; les fleurs, nous les voyons au berceau du nouveau-né chez les peuplades indiennes ; plus tard, au jour de votre fête, votre fille grandelette les apporte à votre chevet, comme symbole de son amour ; la jeune fille dépose sa moisson parfumée de blanches fleurs au sanctuaire de la Vierge, dans le mois des lilas et des muguets : vous en ornez votre demeure quand revient la pompe solennelle de nos fêtes religieuses.

L'épousée en pare son front et sa poitrine. A Rome, la jeune fille noble paraissait avec son fiancé devant le grand pontife de Jupiter... elle portait sur la tête de la marjolaine et une guirlande de verveine. On couronne le guerrier du feuillage verdoyant, et la baie du laurier désigne en vos fils la première étape du chemin ardu de la vie scientifique. Jenny l'ouvrière coud et brode à l'ombre des cobeas de sa fenêtre, elle quitte son ouvrage pour arroser le rosier favori. Le basilic répand son arôme pénétrant aux croisées de l'humble artisan.

La giroflée orne de ses panaches d'or les murs en ruines où elle couvre le passage de la mort sous sa verdure vigoureuse.

Dans le cantique de Salomon, l'épouse est comparée à la fleur. « Ainsi qu'un lis au milieu des épines, ainsi mon amie parmi les filles d'Adam. Mon bien-aimé est pour moi comme un bouquet de myrrhe que je mettrai à mon sein, ses joues sont comme de petits parterres de plantes aromatiques. » Le maître suprême sur la tere a fait des fleurs, l'un des termes de ses comparaisons : « Les lis ne filent point, et ils sont plus richement vêtus que Salomon en sa gloire. »

Ce sont des fleurs encore que Clémence Isaure propose aux vainqueurs des luttes d'esprit qu'elle fonde dans sa cité de Toulouse : une églantine, une violette, un souci.

En jetant son bouquet au beau Lautrec, elle lui dit :

L'églantine est la fleur que j'aime,
La violette est ma couleur,
Dans les soucis tu vois l'emblême
Des chagrins de mon triste cœur.

Le vieux chantre de l'Iliade compare le jeune guerrier frappé d'un coup mortel au lis dont la racine a été tranchée par le fer aigu du laboureur. Anchise, devant Enée, descendu aux Enfers, évoque d'une voix prophétique cette longue suite de héros qui firent la gloire de Rome, et en présence de la tombe de Marcellus : Donnez, dit-il, des lis à pleines mains

Ainsi des fleurs, partout des fleurs ! du berceau à la demeure dernière, nous tressons une chaîne non interrompue de fleurs. Il en est pour la joie, il en est pour les larmes ; pour dire ce qui est beau et ce qui est mauvais, pour la religion et pour le monde, pour l'histoire et pour la fable. A peine vous ai-je cité quelques traits, je craindrais d'abuser de votre bienveillante attention en abordant un plus long détail.

Des fleurs ! Mais elles vont à vous, comme ce qui est sentiment, ce qui est délicatesse revient à sa source immatérielle. Lorsque l'hiver a glacé dans leurs canaux les sucs vivifiants des plantes, vous vous fleurissez des trésors de nos serres. Dans leurs salons, les mains habiles des dames, émules d'Arachné, retracent les vrilles du liseron, les clochettes du fuchsia, le carmin des roses. Par vous, la laine, la chenille, la soie forment de merveilleux bouquets.

Faut-il que j'appelle à mon aide une parole plus éloquente ? Voici le spirituel chroniqueur du *Courrier de Paris*, M. Paul d'Ivoy :

« L'amour des fleurs rend meilleur. Le goût de l'élégance

et des choses élégantes, le besoin de s'entourer d'objets qui font naître des sensations à la fois agréables et délicates, cet instinct remarquable de l'homme est déjà une qualité charmante ; l'amour de l'élégance indique le respect de soi-même. Or, de toutes les choses élégantes dont tout le monde peut jouir, la plus universellement goûtée, celle qu'il est le plus facile de se procurer, c'est une fleur.

» Chez l'homme placé dans les rangs les plus obscurs, la rudesse des travaux, le contact habituel des objets grossiers émoussent le sentiment de l'élégance dans les mœurs, les habitudes, le langage, sans étouffer entièrement cette sensation de plaisir que cause la vue des fleurs. Chez la femme du peuple, au contraire, ce sentiment subsiste entier, inaltérable. La fille du laboureur, les pieds chaussés de sabots, s'en va dans la boue garder son troupeau ; mais elle aime à cueillir une fleur sauvage et à la placer à son corsage, après en avoir essayé l'effet dans ses cheveux. De tous les ornements qu'une femme peut choisir pour rehausser sa beauté, il n'en est pas un qui vaille une parure de fleurs.

» Il y a dans la fleur, dans le mystère de ses organes, dans les habitudes de ses chastes amours, dans le charme de sa forme, quelque chose de symbolique, quelque chose qui donnerait l'idée du beau aux intelligences les plus étrangères à la poésie de la nature.

» Chez les fleurs, le beau s'épanouit dans toutes ses gammes, depuis la fleurette des prés, simple, mignonne, frêle, délicate, d'un blanc pur, d'un bleu fin et léger, d'un rose tendre et doux, cachée sous l'herbe, voilée par les buissons, courtisée, admirée, caressée par les petits insectes, jusqu'aux lourdes splendeurs du cactus dont le rouge incomparable éblouit les regards, jusqu'aux grâces nonchalantes des anémones, jusqu'aux piquants et bizarres caprices de l'orchis, jusqu'à la rose enfin, résumé, abrégé de toutes les perfections du monde floral.

» Que Labruyère tourne en ridicule, s'il le veut, l'amateur passionné prenant racine à force d'admirer ses tulipes : cet amateur est nécessairement un digne homme, car il aime et il admire ce qui est beau. Au charme de la fleur viennent se joindre, pour celui qui la cultive, mille autres plaisirs de détails, les soins, l'attente, l'incertitude, les craintes, tous les épisodes, toutes les péripéties de jardin que les esprits blasés ne comprennent pas, que les cœurs secs prennent en pitié. On devrait faire entrer la culture forcée des fleurs dans le système pénitentiaire ; il faudrait qu'une serre et un beau jardin fussent imposés à chaque institution, et que l'on ordonnât de cultiver la marjolaine, les œillets, la rose, la violette autour des écoles de tous les degrés. Après tout, c'est l'opinion de Montaigne. On puise tant de vrai bonheur dans le goût des fleurs, qu'il faut le faire naître dans les jeunes imaginations des enfants. Les goûts dangereux ou bêtes, trouvant le sol occupé, envahiraient moins nos jeunes cultures.

» La fleur est une amie et une bonne conseillère. Lorsqu'une jeune ouvrière interrompt son travail pour jeter un coup d'œil vers le rosier placé sur la fenêtre de sa mansarde, le rosier ne lui donne que de bonnes pensées. Une fleur vaut mieux qu'un oiseau. L'oiseau est un ami bavard, indiscret, qui jette son babil au travers de la rêverie ; la fleur est une sœur dévouée, fidèle, discrète, et dont le parfum est comme un bon conseil donné d'une voix pénétrante.

» La nature a si bien fait les fleurs pour les hommes qu'elle les prodigue partout où la race humaine est nombreuse, et qu'elle s'en montre avare partout où l'homme ne peut ni s'établir ni se multiplier. Les îles à demi-désertes de la Nouvelle-Zélande n'ont sur leurs plateaux arides qu'une végétation dépourvue de fleurs ; dans l'Inde, au contraire, où l'homme fourmille comme les insectes, la végétation sauvage est décorée d'une floraison qui surpasse en éclat, en profusion, en parfum, en élégance, les plus belles fleurs perfectionnées par la culture européenne. »

Je vous ai fait entrevoir les charmes de la botanique, faut il vous en dire l'utilité ?

Je ne parlerai point de ces mille secrets du laboratoire féminin qui transforment les jasmins, les œillets ou la rose en conserves délicates, en essences embaumées, je laisserai de côté le meilleur, peut-être, de mes arguments ; je ne me réserve qu'un point.

Dieu a envoyé dans vos foyers, ô mères, de petits anges roses, « de chers enfantelets, votre soulcy, votre idole, » comme dit Clotilde de Surville. Vos enfants, lorsque luit un soleil plus chaud, courent dans vos vergers, pendant qu'assises sur le banc de verdure, vous travaillez au vêtement du pauvre du village. L'enfant, séduit par une fleur, fourrage votre parterre ; il veut connaître, il déchire, pour détruire en apparence, au fond pour savoir. Puis le sens du goût doit apporter son mot dans cette étude de l'inconnu. L'enfant n'a pas l'instinct de la bête et chez lui la raison est encore enveloppée de tant de nuages !

« Des filz de sa pensée,
L'eschevelet n'est encore débroillé. »

Il mange une fleur, deux fleurs, et le soir, des angoisses assiègent le cœur de la mère, l'enfant se meurt. La fleur aux belles couleurs recélait en son sein un poison mortel. Que n'eussiez-vous donné pour savoir quelle plante écarter de ses lèvres !

Toutes les fleurs ne sont pas dangereuses ; plusieurs renferment de précieux principes pour l'hygiène, pour rafraîchir le sang brûlé par la fièvre , pour fermer une blessure. Vous vous rappellerez qu'au moyen-âge , aux dames châtelaines appartenait la mission angélique d'appliquer le dictame sur la plaie , de composer le cordial bienfaisant. La damoiselle apparaissait au lit du malade , du chevalier blessé , comme l'envoyé céleste apportant la guérison. A vous de recueillir cet héritage évangélique !

Je voulais pour dernière considération vous parler des délices de l'herborisation, de l'herbier.

L'herbier, ce n'est point , Madame , un amas de plantes desséchées et qui n'offrent plus à l'œil que les squelettes d'elles-mêmes. Autant vaudrait alors les renvoyer au grenier à foin. L'herbier , c'est un memento, un livre de souvenir. Permettez-moi de citer un nom qu'il n'est pas permis de taire quand on parle des fleurs ; écoutez J.-J. Rousseau :

« Toutes mes courses de botanique , dit-il , les diverses impressions du local , les objets qui m'ont frappé , les idées qu'il m'a fait naître , les incidents qui s'y sont mêlés , tout cela m'a laissé des impressions qui se renouvellent par l'aspect des plantes herborisées dans ces mêmes lieux. Je ne reverrai plus ces beaux paysages, ces forêts , ces lacs , ces bosquets , ces rochers , ces montagnes, dont l'aspect a toujours touché mon cœur, mais maintenant que je ne peux plus courir ces heureuses contrées , je n'ai qu'à ouvrir mon herbier et bientôt il m'y transporte. Les fragments des plantes que j'ai recueillies suffisent pour rappeler ce magnifique spectacle. Cet herbier est pour moi un journal d'herborisation qui me les fait recommencer avec un nouveau charme et produit l'effet d'un optique qui les peindrait de rechef à mes yeux. »

Il y a quatre ans, partait de Lille plein de santé un jeune militaire, appartenant à l'une des plus honorables familles qui m'aient favorisé de leur intimité. Il s'en allait prendre sa part — il l'avait ardemment réclamée — de cette noble et périlleuse entreprise qui fit se ruer de nouveau les forces vives de l'Occident sur l'Orient, ainsi que l'écrivit l'historien des croisades. Il volait à la défense de la civilisation. Six semaines plus tard, il envoyait, dans sa lettre à ses sœurs, une petite fleur, cueillie sur les champs où fut Troie, c'était la fleur du souvenir. Depuis, le jeune guerrier est mort et la famille du général Fririon conserve avec une religieuse piété cette relique de celui qui n'est plus.

Oh! la mémoire des fleurs!

Et les heureux moments de délire du botaniste qui est tombé sur une espèce rare!

Voici comment s'exprime M. Le Maout :

La voici donc, enfin! je la tiens cette plante
Que le divin Linné n'observa pas vivante!
O pétales caducs, stigmate fugitif,
Vous n'échapperez pas à mon œil attentif;
Vos merveilles pour moi n'auront plus de mystères!
Je t'adore, ô pistil! je vous salue, anthères...
Que vois-je, un poil articulé
A la base de ces nectaires!!
Linné ne l'a point signalé!
Nouveau genre!!! il le faut séparer de ses frères,
Et c'est de mon nom seul qu'il doit être appelé...
Son cœur est enivré d'une extase divine,
Un oxigène pur dilate sa poitrine;
Sur un fragile poil il se plaît à bâtir
L'éternel monument de sa gloire à venir.

Ces plantes qui charment vos yeux par leurs grâces sans nombre, qui enivrent vos sens de leur parfum pénétrant, ces fleurs sont une leçon constante de vénération de Dieu, d'amour du Créateur ; c'est pour l'homme qu'ont été formées tant de merveilles. Et quand les sens se sont rassasiés de toutes ces beautés, à l'âme alors d'y trouver ses jouissances. Dans ce monde nouveau se retracent les grandeurs de Celui qui brille dans ses moindres œuvres ; dans ces végétations plus passagères que la vie de l'éphémère qui, née sur la rive au matin, a trouvé le soir sa couche funèbre dans les pétales blancs du nénuphar, apparaît l'infinie puissance du Créateur. Quelque jour, peut-être, je vous parlerai de ces immensités microscopiques, de ces calculs prodigieux qui nous montrent, issus d'un seul ormeau, 158 milliards 400 millions de grains ; du calendrier et de l'horloge de Flore, des harmonies, des couleurs et des saisons ; vous avez hâte de me voir conclure. Un moment de patience encore et je termine.

Déjà, j'ai touché cette objection tirée des mots, véritables épouvantails pour votre esprit délicat, Madame.

Les noms des plantes, je ne parle pas des classes, des familles, les noms des plantes ont été fréquemment l'objet des critiques. C'est d'abord M. de Montalembert dans son introduction de sainte Elisabeth.

« Les fleurs surtout offraient un monde peuplé des plus charmantes images ; un langage muet qui exprimait les sentiments les plus tendres et les plus vifs. Le peuple se rencontrait avec les docteurs pour donner à ces doux objets de son attention journalière les noms de ceux qu'il aimait le plus, les noms des apôtres, de ses saints favoris, ou des saints dont l'innocence et la pureté semblaient se réfléchir dans la pure beauté des fleurs. Notre Elisabeth eut sa fleur humble et cachée, comme elle voulut toujours être. — On appelle en Allemagne *Elisabethsblümchen*, ou fleurette d'Elisabeth, le *Cystus helianthemum*. — Mais Marie sur tout, cette fleur des fleurs, cette rose sans épines, ce lis sans tache, avait une innombrable quantité de fleurs que son doux nom rendait d'autant plus belles et d'autant plus chères à son peuple. Chaque détail des vêtements qu'elle avait portés sur la terre était représenté par quelques fleurs plus gracieuses que les autres : c'étaient comme des reliques partout éparses et sans cesse renouvelées. Les grands savants de nos jours ont cru mieux faire de substituer à son souvenir celui de Vénus. — Par exemple, la fleur qui, dans toutes les langues de la terre s'appelait le soulier de la Vierge, a été nommée ***Cypripedium calceolus***. Citons encore un exemple du grossier matérialisme qui distingue ces nomenclatures brutales. Tout le monde connaît cette charmante fleur bleu de ciel « dont les lobes arrondis semblent un feston d'azur autour d'une auréole d'or », que les Allemands nomment : ***Ne m'oubliez pas***, et qui, en France, avait reçu le nom de : ***Plus je vous vois***, ***plus je vous aime***, et plus généralement encore celui de : ***Yeux de la sainte Vierge***. Le pédantisme moderne a remplacé ces doux noms par celui de ***myosotis scorpioïdes***, c'est-à-dire en propres termes, ***oreille de souris à physionomie de scorpion***. Et voilà ce qu'on appelle le progrès des sciences. »

A propos de l'***Elisabethsblümchem***, M. de Montalembert dit au dernier chapitre :

« La fleurette d'Elisabeth ferme son calice le soir, lorsque la lumière du soleil disparaît, comme Elisabeth savait fermer son âme à tout ce qui n'était pas un rayon de la grâce et de la lumière d'en haut. »

Ecoutez M. Louis Veuillot dans ses pèlerinages en Suisse :

« Non, rien n'est charmant et pur comme les fleurs des Alpes. On est confondu de tant de fraîcheur et de variété, de tant de formes élégantes et d'insaisissables parfums. Cela donne appétit. Certes, ils n'étaient pas dignes de vous brouter, douces fleurs, les horribles professeurs, herboristes, latinistes et autres qui vous ont attristées de tant de noms hideux. Vos véritables noms, je vais vous les dire : Toi, qui t'épanouis là, si blanche, tu t'appelles ***Fille des Neiges ;*** toi, touffe d'étoiles pâles et bleues, tu t'appelles ***Couronne des Anges*** et quelque chérubin, en se jouant là-haut, t'a laissé tomber de son front : toi, sombre et pensive, parfumée, ton nom est ***Fleur de la Croix ;*** et toi, si candide et si rose, tu naquis après le premier sourire de Marie enfant, et pour cela tu te nommeras ***Sourire de Marie ;*** et toi, petite grappe écarlate, dont le suc est un dictame, ***Sang de Jésus ;*** et toi, toujours inclinée pure et rêveuse, du premier mot de la plus douce des prières, ***Ave ;*** et toi, ***Rêve du Ciel***, parce que sur ta hampe élancée, la fleur éclot après la fleur et s'élève toujours comme l'espérance en Dieu. »

Il n'est pas possible de plus poétiquement défendre une plus poétique cause ; mais on se demande où aboutirait un pareil système de dénomination. Chaque botaniste ferait sa flore et nous en comptons un certain nombre déjà. Ouvrez par exemple le volume du docteur Duchesne, vous trouvez dans la synonymie près de 30,000 noms pour désigner 5 à 6,000 plantes.

Et pour mon compte, je voudrais savoir si la fille des neiges sera la sylvie, ou la dryade le muguet ou l'ornithogalle, le scylle ou tout autre.

J'écrivais aussi, il y a quelques années :

« .... Les malheureuses plantes ont été étiquetées avec ces noms affreux comme dans les salons de Curtius on étiquette les morts illustres. Et n'allez pas croire qu'une plante a pu, par l'obscurité de sa vie, se soustraire à cette façon de dictionnaire nécrologique. Rien n'a trouvé grâce aux yeux de ces affreux savants en *us* et en *a ;* la beauté, rien ; le parfum, rien encore ; l'utilité, rien toujours. Au lieu de la fleur de l'églantier, dont Florian chantait :

« L'églantine est la fleur que j'aime ! »

ils vous parlent de *Cynorrhodon*, rose de chien ; le sainfoin, à la corolle rose tendre, ligné de blanc, comme la jupe d'une paysanne, cela se nomme *onobrychis*, nourriture d'âne ; la giroflée de muraille s'appelle *cheiranthus*, la fleur de la main — d'où vient sans doute le nom vulgaire du soufflet : une giroflée à cinq branches.

« . . . . . Et puis, ces Messieurs traitent de monstre tout ce qui est fleur double, c'est-à-dire toute fleur dans laquelle les petites colonnes des étamines et des pistils, les houppes dorées, se sont changées en feuilles ou pétales, différence que vous pouvez constater, par exemple, entre la fleur de l'églantine et la rose à cent feuilles. Cette dernière est le monstre. Ainsi, les belles, que les poètes ont si souvent comparées à la rose, ont à choisir entre le titre de monstre et celui de *cynorrhodon* que je n'ose plus traduire ! . . . »

Les noms scientifiques sont nécessaires cependant, pour s'entendre de peuple à autre et ne pas créer une synonymie qui serait un affreux désordre, car si le myosotis s'appelle partout de la même phrase charmante, en français *ne m'oubliez pas*, en anglais *forget me not*, en allemand *wergiss mein nicht*, combien d'autres ne jouissent pas de ce don de nom unique, dans son cosmopolitisme.

Cette question de l'appellation des plantes a été, je le répète, l'objet de fréquentes controverses ; l'élégant docteur Le Maout en a longuement parlé dans une lettre à M. Adrien de Jussieu.

Cette lettre est charmante ; je voudrais la citer tout entière ; en voici quelques passages :

« Si le grand législateur de la botanique reparaissait et lisait l'*Index* du *Genera* d'Endlicher, il s'écrierait douloureusement, comme le berger de Virgile : Insensé ! qu'ai-je fait ? J'ai appelé sur mes fleurs le vent du midi, j'ai lancé les pourceaux dans mes limpides ruisseaux.... Il suffit, en effet, de mettre en regard quelques-uns des noms antiques et des noms modernes, pour voir à quel point la vase, remuée par les sangliers, a troublé le cristal des eaux.

Daphne, Narcissus, Adonis,	Kosteletsk*ia*, Schweigger*ia*,
Arethusa, Atropa,	Bischof*ia*, Trautvetter*ia*,
Hyacinthus, Andromeda,	Wachendorf*ia*, Wright*ia*,
Protea, Dryas, Achillea,	Putterlick*ia*, Ternstroem*ia*,
Chironia, Centaurea, Circea,	Zauschner*ia*, Escholtz*ia*,
Etc.	Kolbfuss*ia*, Benninghausen*ia*
	Schranck*ia*, etc.

« Voilà ces noms dont le mélange constitue le *Genera* de la botanique... Ne semble-t-il pas voir une horde de Tartares-Kalmoucks qui font irruption dans une ville de l'Italie....

« Les anciens avaient composé des noms significatifs qui facilitaient la mnémonique des végétaux connus de leur temps. Pline nous a transmis le *geranium*, dont le pistil s'allonge en *bec de grue ;* le *myosotis*, dont les feuilles ressemblent à des *oreilles de souris ;* l'*hippuris*, qui figure une *queue de cheval ;* le *tussilago*, qui *chasse la toux ;* le *chelidonium*, dont la floraison dure autant que le séjour des *hirondelles ;* le *dipsacus*, qui *guérit* de *la soif* au moyen de ses feuilles opposées et réunies de manière à former une écuelle où se conservent les eaux pluviales, etc.... Qu'elle est irritante la comparaison de ces appellations grâcieuses avec les noms patronymiques des modernes.

« . . . Encore, si ces brevets d'immortalité. . .on les avait exclusivement réservés aux chefs de la science. . . .

« Les trois plus grands noms de la science, Tournefort, Linné , Jussieu , ne pouvaient échapper à cette canonisation. . . Celui de Jussieu se refuse si obstinément à la désinence latine qu'il a été traduit de cinq façons différentes : Linné , après avoir donné au même genre les noms de ***Jussiena***, ***Jussieria*** , ***Jussiœa***, s'était décidé pour le dernier ; Adanson l'avait remplacé d'abord par le ***Jussea*** , puis par le ***Jussia***. . . . . .

« Mais que dire de cette tourbe de noms obscurs qui viennent audacieusement se placer au niveau de ceux que je viens d'écrire. . . . Enfin résignons-nous. . . . Si, du moins, on pouvait rapporter ces noms à leur légitime propriétaire ! . . . . Que direz-vous, races futures, quand vous aurez à décider si ***Michelia*** répond à ***Micheli*** ou à un ***Michel*** quelconque ; ***Rochea*** à ***la Roche, Roche*** ou ***Roch. . . Lavatera*** au docteur ***Lavater,*** ami de Tournefort, ou au pasteur ***Lavater,*** le fameux physiognomoniste ??? Je me figure l'embarras de la postérité. . . . .

« Jamais le profane vulgaire ne tentera de pénétrer dans une enceinte gardée par des dragons tels que MM. Wachendorf, Messerschmidt, Kraschenimikof, etc. »

- Revenons aux noms latins ou du moins à ceux qui peuvent se prêter aux exigences de cette langue.

Bien des méthodes ont été successivement introduites pour le classement des plantes ; les unes ridicules, les autres raisonnables et raisonnées.

« On ne pourrait se conduire , dit Valmont de Bomare , sur le système des anciens ; . . . . . . des qualités occultes et des notions aussi vagues que celles du chaud et du froid, du sec et de l'humide, étaient la base de leur théorie... On les a abandonnées pour adopter des préjugés plus dangereux : on a cru trouver une analogie dans la figure ou le port d'une plante, la couleur et les autres qualités accidentelles avec les différentes parties et humeurs du corps humain. »

Une autre méthode de division générale range les plantes en alimentaires, médicales et vénéneuses.

Les systèmes admis par les hommes sérieux reposent sur un ou deux caractères fondamentaux, ce sont les méthodes artificielles, celles de Linné et de Tournefort ; ou sur l'aspect général et un ensemble de formes et de propriétés, ce sont les méthodes naturelles, celles de Jussieu et de de Candolle.

Pour vous en dire quelque chose, je dois auparavant vous expliquer de quoi se compose une fleur. Prenez, par exemple, une rose simple, une fleur d'églantier, et voyons-en les parties constitutives.

Quand la rose est en bouton, elle est extérieurement garnie d'une enveloppe verte divisée en cinq parties, c'est le calice. Elle s'épanouit, nous y trouvons cinq feuilles colorées en rose, ce sont les pétales dont l'ensemble forme la corolle. Au milieu s'étalent en couronne une multitude de petites colonnes blanches surmontées d'un petit sac jaune de poussière, ce sont les étamines qui entourent une réunion d'autres corps moins élevés, mais plus gros et comme frangés, ce sont les pistils, ou, pour être plus exact, les styles et les stigmates ; au-dessous des styles, le fruit qui, plus tard, rougira comme un grain de corail, c'est l'ovaire.

La véritable fleur pour le botaniste ce sont ces derniers éléments : les étamines, les styles et l'ovaire. La corolle brillante, le calice, ce sont les atours du mariage, la robe de l'épousée , le berceau du fruit. Ils existent simultanément le plus souvent , d'autres fois, l'un manque ; en certaines circonstances ils sont tous deux absents.

Je vous ai à peu près dit ce qui constitue la fleur. En outre, la plante en germant pousse une feuille ou deux , ces feuilles se nomment cotylédons , d'un mot grec qui signifie coquille. Ainsi , dans un haricot , vous trouvez deux parties charnues , ce sont deux cotylédons. Le blé lève avec une seule feuille , le haricot lève avec deux. Or, quand vous voyez une feuille , examinez-en les nervures. Si elles sont parallèles dans le sens de la longueur, comme dans la feuille du blé , dans celle du lis , ou encore parallèles dans le sens de la largeur , comme dans le bananier, la plante a germé avec une seule feuille , c'est une plante monocotylédone ; si les nervures divergent , comme dans la feuille du haricot , dans celle du lilas , la plante a germé avec deux feuilles , elle est dicotylédone.

Les plantes dont les fleurs sont visibles se nomment phanérogames ou fleurs à noces évidentes. D'autres plantes se présentent à nous sans traces de cotylédons , acotylédones ; sans fleurs visibles , n'ayant qu'une fructification , cryptogames, à noces cachées, les mousses, les champignons.

Linné , s'inspirant de l'ordre des étamines et des pistils , créa en vingt-quatre classes un système qui a cela d'admirable, qu'aucun végétal ne peut y échapper , et que tous trouvent en un instant leur classe. D'abord il examine les étamines, les ordres ou subdivisions sont indiqués soit par les pistils, soit par la position des étamines.

Tournefort fit vingt-deux classes en deux grandes divisions : les herbes, les arbres. Les caractères sont fondés sur la présence ou l'absence de la corolle , sur les divisions de la corolle , sur la forme de la corolle. Les fruits fournissent aussi des caractères pour la division en sections.

Laurent de Jussieu fit reposer sa division principale sur l'absence ou la présence des cotylédons, c'est-à-dire sur la forme de l'embryon, puis sur la position des étamines relativement au pistil, et sur l'absence, la présence et la forme de la corolle.

De Candolle divisa les végétaux en cellulaires ou sans embryon et en vasculaires ou à embryon. De ces derniers, les uns sont monocotylédones, les autres dicotylédones. Il prend l'échelle botanique par son point culminant, et il descend de la fleur la plus perfectionnée à la plus simple, tandis que les autres maîtres procédaient de la plus humble à la plus radieuse, selon l'organisme végétal. Les premières sont les dycotylédones, pourvues d'un calice et d'une corolle, puis celles qui n'ont qu'une enveloppe florale ; les monocotylédones sont ou phanérogames, ou cryptogames ; les acotylédones sont foliacées, ou sans feuilles, aphylles.

Voilà d'une manière bien sommaire les grands traits des principaux systèmes.

Je me permettrai, Madame, de n'adopter aucune de ces divisions. Il ne m'appartient pas de vous tracer le plan d'une étude de la botanique selon les règles des maîtres ; ma seule ambition est de vous faire aimer les fleurs d'un amour pratique et de vous montrer que la science n'est pas une triste compagne à la mine sévère, à l'humeur quinteuse.

Mon plan sera tout en dehors des classifications savantes, le voici en peu de mots :

Nous examinerons d'une façon sommaire les principales productions du genre botanique en les classant : Plantes des plaines, Plantes des eaux, Plantes des montagnes. Puis, pour varier et embrasser dans des études particulières un plus grand nombre d'espèces, aux plantes vénéneuses, nous ferons succéder les plantes médicinales, les industrielles, les curieuses, les fabuleuses, celles qui ont rapport au blason, aux proverbes. Les fruits nous fourniront aussi leur lettre, de même que les particularités botaniques. Toutes les fois qu'une plante demandera quelque développement, nous lui consacrerons une page spéciale.

Des notions pour vous faire connaître les signes distinctifs des grandes familles vous donneront à la fin ce que d'autres eussent placé au commencement. J'ai cru éviter ainsi l'aridité.

Pour terminer, je vous parlerai de la poétique des fleurs, c'est-à-dire du langage attribué à diverses d'entre elles.

Une dernière réflexion ; vous me permettrez bien, Madame, en vous donnant la primeur de mes lettres, de ne pas vous en concéder le monopole. Ce que j'aurai écrit pour vous, d'autres pourront le lire. Pour quelques-uns, les notes sont nécessaires, les citations latines aussi ; pardonnez-les moi donc.

II.

PLANTES DES PLAINES. — LES GRAMINÉES. — LES COMPOSÉES. — LES LÉGUMINEUSES.

Lille, le 5 janvier 1858.

Vous connaissez, Madame, ces pages charmantes où Bernardin de Saint-Pierre trace l'histoire du fraisier poussé sur sa fenêtre et en décrit les harmonies nombreuses. Bernardin de Saint-Pierre s'effrayait au détail de cette étude d'une seule plante.

L'érudit docteur Duchesne a écrit tout un volume in-8° sur le ***zea maïs*** ou blé de Turquie ; l'horticulteur flamand de Jonghe a fait la monographie du ***géranium*** et celle de l'*œillet ;* l'abbé Berlèse a consacré ses doctes loisirs à l'étude du ***camellia***. Que de travaux pour quelques plantes.

J'ai dessein de vous entretenir, non pas de toutes les fleurs de la plaine, mais de celles qui y occupent la plus large place, et je me bornerai à quatre grandes familles : les *graminées*, comme les plus utiles ; les ***composées***, comme les plus nombreuses, car sur les 90,000 plantes connues * elles forment un dixième ; les *légumineuses*, et enfin les *rosacées*, pour contrebalancer, par l'histoire de la rose, l'aridité des premières pages.

Les graminées, c'est-à-dire ces herbes qui verdoient aux bois, aux champs, aux marais, ne sont exclues d'aucune contrée du globe ; elles végètent sous les feux de l'équateur comme sous les glaces du pôle. « Les *gramens*, dit Linné, plébéiens, campagnards, pauvres, gens de chaume, communs, simples, vivaces, constituent la force et la puissance du royaume végétal et se multiplient d'autant qu'on les maltraite davantage et qu'on les foule aux pieds. »

L'utilité des graminées est incontestable ; elles consti-

* Voici quelle est la marche chronologique de l'accroissement numérique des plantes étudiées :

Hippocrate	459 ans av. J.-C.,		décrit	234	plantes.
Théophraste	310	»	»	500	»
Dioscoride	20 ans ap. J.-C.,		décrit	600	»
Pline	»	»	»	800	»
Matthiole	1500-1577	»	a figuré	1,898	»
Dalechamp	1513-1588	»	»	2,731	»
J. Bauhin	1511-1613	»	a parlé de	5,266	»
C. Bauhin	1560-1624	»	»	6,000	»
Tournefort	1656-1708	«	»	10,146	»
Linné				7,000	»
Persoon				27,000	»
Stendel				50,649	»
De Candolle				56,000	»

On voit la proportion : Théophraste, le premier ouvrage universel, 500, et De Candolle, 56,000, et approximativement évaluant au double le nombre total des plantes. — L'étude des plantes est immense, conclut M. Fée, ancien professeur à l'Ecole militaire de médecine de Lille, dans ses commentaires sur Pline ; elle est au-dessus des forces d'un seul homme et il faut se résoudre à étudier seulement quelques familles et même quelques genres.

tuent la base de la nourriture pour l'homme et pour la plupart des animaux. Leurs tiges renferment des quantités variables de silice et de sucre, tandis que les graines contiennent toutes de l'amidon, du gluten.

Dans cette famille, nous considèrerons brièvement six individus, vous les avez nommés avant moi : le blé, le seigle, l'avoine, l'orge, le riz, le maïs.

Le blé a été connu de toute antiquité, sa patrie était la Perse, mais ce ne fut qu'avec le temps que se perfectionna l'art d'en faire du pain. Les premiers Romains ignoraient les procédés de sa fabrication ; pendant plus de cinq cents ans ils ne vécurent que d'une sorte de bouillie ou de galette sans levain. Les boulangers ne parurent à Rome, selon Pline, que 580 ans après la fondation de cette ville. Jusque là les édiles du temps n'avaient pas eu de procès-verbaux à dresser pour tromperie sur le poids ou la qualité du pain vendu.

L'Orient, et il ne faut pas s'en étonner, puisque de lui, a-t-on dit, nous vient la lumière, l'Orient était plus instruit. Les Egyptiens savaient mélanger le levain à la pâte, et nous voyons que les Hébreux, quittant l'Egypte, partirent si promptement qu'ils n'eurent pas le temps de faire le mélange. Ce fut le pain azyme ou sans levain.

Des Egyptiens, l'art du boulanger passa chez les Grecs, en même temps que l'écriture cadmique, et les Romains, ayant vaincu Persée, roi de Macédoine, apprirent des vaincus les procédés de panification. C'était le cas de se réjouir d'une victoire qui mettait ainsi du pain sur la planche.

Voici quelles étaient les nombreuses sortes de pain qu'avaient les Romains :

Le *pain astrologique* était une espèce de beignet.

Le *pain artophite* était un pain cuit dans une tourtière, destiné aux gens délicats.

Le *pain autophyre* était le gros pain de ménage.

Le *pain azyme* était le pain sans levain dont je vous parlais plus haut.

Le *pain civil* était le pain qu'on distribuait au peuple à la place du blé qu'on lui donnait anparavant. Ce pain ne commença à être distribué que sous Aurélien.

Ce pain était de deux livres , il avait une forme ronde, et on lui donnait le nom de *couronne*.

Le *pain fiscal* , qui était distribué aux frais du trésor.

Le *pain trempé* , destiné à entretenir la fraîcheur du teint. On le mettait sur le visage comme un masque. Juvénal le nomme *cutoria*. Il était de farine de fèves et du froment le plus pur. (1)

Le *panis militaris* était un pain grossier, mal fait et cuit sous la cendre. Les soldats le faisaient eux-mêmes avec le grain qu'ils broyaient sous des meules portatives. L'empereur Caracalla ne mangeait pas d'autre pain.

Le *pain bis* était celui qui venait après le *siliginens*, qui était fait de la plus belle fleur.

Je vous rappellerai encore que l'on répandait du blé moulu *far molitum* , sur la tête des victimes avant de les égorger, d'où est venu le mot *immoler*.

Le mariage par confarréation (*cum farra* , avec de la farine) , le plus solennel , tirait sa consécration de l'usage d'offrir aux Dieux le far et le sel. On rendait aux jeunes mariés l'hommage réservé aux Immortels. Le mari et la femme

(1) *Tandem aperit vultum et cutoria prima rependit.*
Juv.

Suétone a dit du voluptueux Othon :

Faciem quotidiè pane madido linere consueverat.

Il avait coutume de se couvrir chaque jour la figure de pain trempé.

De notre temps , le veau cru sert de cosmétique à la façon du pain trempé.

mangeaient une partie de gâteau , le reste était jeté sur la tête des victimes (1). Il n'y a pas longtemps , en certains diocèses , ceux qu'on venait de marier rompaient ensemble un gâteau au pied des autels et buvaient un coup de vin en présence du prêtre.

Le froment a quelquefois des exemples d'une rare féconpité. Pline rapporte que le receveur des revenus de l'empereur Auguste lui envoya d'Afrique , de Byzacène , territoire renommé pour sa fécondité, un pied de froment portant 400 tiges, et que Néron reçut de la même contrée un pied composé de 360 tiges.

Je ne vous rappellerai pas les usages variés du blé , qui , sous mille formes, apparaît sur toutes les tables. Pain, gâteau, pâtisserie, pâtes pour les potages, bière , alcool, voilà pour le grain. Nourriture des bestiaux, couchette du pauvre, couverture de sa chaumière, tissu tressé pour son siège , voilà pour la paille.

Moins nombreux dans ses variétés , le seigle est la meilleure succédanée du froment. Où ne pousse pas le roi des gramens, le seigle dresse ses épis aux arêtes longues et barbelées ; chez l'indigent il remplace le pain de froment. Entre les mains du pain d'épicier, il devient, mélangé au miel et à l'orge , une friandise dont certaines époques , dans les pays du Nord, ramènent la présence sur toutes les tables. Dur de végétation, il ne craint guère les froids rigoureux et il mûrit très-vite.

Une maladie attaque le seigle , c'est l'ergot. Qu'est-ce que l'ergot ? Quelle en est la nature? Voici un de ces mystères que la science peut longtemps encore chercher à élucider. Aussi a-t-on beaucoup ergoté à ce sujet. Quoi qu'il en soit, l'ergot

(1) Tite-Live 1. 968.

du seigle consiste en un grain, mélangé aux autres grains de l'épi, et qui se présente sous forme de corne brune dont la médecine a constaté les effets énergiques. Lorsque l'ergot est abondant, on voit se développer, dans les populations qui se nourrissent de pain de seigle, des cas de gangrène.

L'avoine n'a jamais été retrouvée, telle que nous la connaissons, à l'état sauvage. C'est une plante d'une culture très-étendue en Bretagne, au nord de l'Angleterre, en Ecosse, où elle entre pour une large part dans le pain des paysans. L'avoine est une plante gracieuse, à laquelle on donnerait une certaine attention, comme aspect, si elle n'avait le malheur d'être si commune. Ses épillets, dont la balle d'or renferme des grains noirs comme le jais, s'inclinent élégamment sous le vent qui en fait ondoyer la mouvante surface.

L'avoine mondée et dépouillée de son écorce, puis concassée, forme le gruau. L'eau du gruau, épaissie et amenée à la consistance d'un sirop au moyen de sucre, fournit un médicament très-estimé pour la colique. Les Allemands le nomment le sirop de Luther ; il paraît que le grand réformateur n'avait pas à combattre que ses ennemis extérieurs, il faisait grand usage du sirop de gruau.

Comme sept villes de la Grèce se disputaient la gloire d'avoir donné le jour à Homère, la Perse, l'Inde, l'Attique, la Sicile, la Tartarie, la Russie, revendiquent la propriété primitive de l'orge. Plus encore que le seigle, l'orge s'accommode de tous les terrains, les marécages et les terres trop arides seuls exceptés. Le pain qu'on en retire, moins mauvais que celui de l'avoine, ne saurait néanmoins convenir qu'aux estomacs vigoureux. Chez les Romains, ce pain était la nourriture des gladiateurs qu'on nommait, pour cette raison, orgeaires, *hordearii*. L'orge servait à l'alimentation des chevaux. Lorsqu'un soldat avait commis quelque faute, on lui remplaçait le froment par de l'orge. C'était une manière de lui faire entendre qu'il ne devait pas être mieux traité qu'une brute, ayant agi avec aussi peu de discernement qu'elle. Par une singulière inconséquence, après l'avoir employée comme punition, on en faisait la récompense des athlètes; une mesure d'orge était donnée au vainqueur de la course, au cirque.

Comme l'avoine, l'orge sert à fabriquer une sorte de gruau. L'orge mondée, réduite en bouillie au moyen d'un mélange de vin, d'huile, de miel, formait chez les Grecs un gâteau nommé *maza*, que recommandait Hippocrate, ainsi qu'une infusion que l'on appelait *ptisanè*, d'où nous avons fait tisane, autrefois *ptisane*.

Outre cette boisson bienfaisante, nous fabriquons avec l'orge une autre espèce de tisane, c'est la bière, connue des Egyptiens sous le nom de *zythos*, et des Romains sous celui de *cerevisia*, l'ancienne *cervoise* des Romains, peut-être *la cerveza* des Espagnols.

Le riz ne nous est guère connu que par sa graine, les essais de culture faits en France n'ont pu être continués. Il faut au riz un sol inondé et une grande chaleur, on conçoit dès lors quelles causes d'insalubrité renferme une rizière. Aussi le cardinal de Fleury fut-il obligé de proscrire cette culture tentée en Auvergne. En Espagne, les rizières ne peuvent être établies qu'à une lieue des villes.

Les inconvénients de la culture du riz n'existent pas en Chine, dans l'Inde, dans l'Egypte, en Sénégambie, etc.; en raison de la disposition des eaux qui inondent le sol des rizières, cette eau est courante et ne dégage pas, par conséquent, de miasmes putrides.

Le riz est une ressource très-grande pour l'alimentation humaine, il est de digestion facile, il est bon pour les convalescents ; sa farine mélangée à celle du froment donne un pain très agréable au goût et qui se conserve frais plus longtemps. En Chine, on obtient, par la fermentation et la distillation, une eau-de-vie nommée *arrak* ou *rack* et qui enivre très-promptement. Les Arabes arrosent de jus de viandes le riz cuit avec de la volaille, l'assaisonnent de sel et de safran et forment ainsi le *couscoussou* ou *pilau*. Avec la paille, on fabrique un papier usité par les fabricants de fleurs. Nos petits-maîtres, et cette classe qu'un vaudevilliste a récemment mise à la scène sous ce titre : *Les femmes peintes par elles-mêmes*, font un grand usage de la poudre de riz pour mastiquer les inégalités de la peau. Cela , avec de la peinture, a donné naissance à un mot de certaine langue : *le maquillage*.

Malgré son nom, le blé de Turquie paraît avoir le Nouveau-Monde pour patrie. Au rapport des historiens , c'était au Chili qu'on trouvait les plus beaux maïs dans les jardins des Incas ; c'était avec le fruit de cette plante que la main des vierges préparait le pain des sacrifices et que l'on composait une boisson vineuse pour les jours consacrés à l'allégresse publique. Ce grain précieux servait encore de monnaie dans le commerce , et la récolte en était célébrée par des fêtes solennelles.

Les habitants de l'île de Candie , au rapport d'Olivier de Serres , mangent les épis de maïs encore verts et crus. Les Indiens mangent les grains non mûrs comme des petits pois. Ici on confit l'épi jeune dans le vinaigre , comme un achar ; là on le divise par tranches et on le frit à la façon des artichauts. Les tiges du maïs, avant la floraison, sont extrêmement sucrées.

La plante du maïs porte en moyenne deux épis , dont chacun se compose de plusieurs centaines de grains ; on en a compté jusqu'à sept cents.

Le blé maïs nous présente un exemple de la séparation des fleurs mâles et femelles. Vers le sommet de la tige forte, qu'embrassent de larges feuilles glauques et coriaces, apparaît une ample panicule, composée d'épis nombreux, longs de 25 à 30 centimètres, formée de fleurs colorées de blanc, de jaune ou de pourpre, le plus souvent d'un vert pâle. Ce sont les étamines chargées de leur pollen ou poussière fécondante. De l'aisselle des feuilles supérieures sortent un ou deux gros paquets, couronnés d'une longue chevelure qui retombe négligemment vers la terre. Ce sont les styles surmontant les grains de l'épi qui bientôt se colorera en jaune, en rouge, en violet, en pourpre, en noir.

Vous avez vu parfois ces républiques gouvernées par une reine et que l'on a nommées ruches. Là on vit en commun, tout se partage, bonne et mauvaise fortune.

Dans les fleurs une large famille, celle des composées, réalise un état semblable. Les fleurs se sont ouvertes en même temps aux baisers de la brise, ont bu la même larme de rosée, se sont fanées le même soir. Dans un seul calice se trouvent plusieurs centaines de fleurs. Permettez-moi, Madame, quelques détails techniques, je serai aussi bref que possible.

Prenez un bleuet, sur les bords de la fleur vous trouvez comme cinq petits cornets, indépendants les uns des autres, plissés et à cinq divisions, ce sont autant de fleurs; enlevez-les, puis ouvrez ce qui vous reste entre les doigts; vous trouvez une multitude de très-petits cornets, à cinq divisions encore, mais sans plis, ce sont autant de fleurs pourvues d'étamines et de pistils.

Abandonnons ces restes de ce qui fut une des plus jolies fleurs de nos champs, et cueillez cette étoile bleue qui s'épanouit sur la tige de la chicorée. Tirez un de ces petits rayons, il se détache, vous avez entre les doigts une fleur composée d'étamines, de pistils et d'une corolle incomplète, car elle n'a qu'une lame dans sa plus grande partie, vers l'extrémité inférieure seulement se forme le cornet. Tirez un second, un troisième, un dixième rayon, ce sont autant de fleurs.

Or, les premières fleurs se composaient de cornets complets, c'est-à-dire de fleurs entières, nous les nommerons flosculeuses, ou du nom d'un genre, le chardon, *carduacées ;* les secondes, qui n'ont que des demi-cornets, c'est-à-dire des demi-fleurs, seront des semi-flosculeuses, ou du nom du genre chicorée, ce seront des *chicoracées*.

Mais voici une troisième fleur, c'est une marguerite de nos prés. Son disque d'or resplendit au milieu de l'argent des rayons. Examinons la marguerite. Arrachons sa blanche collerette, comme si nous voulions interroger le destin de la fille des champs. Chaque rayon blanc est un demi-cornet. Puis, quand vous les avez fait tomber un à un, contemplez le disque restant et vous le trouverez composé de cornets complets. Voilà donc une fleur à la fois flosculeuse et semi-flosculeuse. Comment nommerons-nous cette division de la famille des composées ? Tout à l'heure nous avons comparé les fleurs de la circonférence à des rayons, nommons donc ces plantes des *radiées*.

Dans cette famille brillent les dahlias, dont la culture a tant varié les espèces et que l'on ne voudrait plus reconnaître dans la plante à fleur simple, dédiée au Suédois André Dahl, et que Cavanilles découvrit au Mexique et décrivit en 1791 ; le chrysanthème qui, mentant à son nom, a changé l'or de ses rayons pour les teintes les plus variées d'une riche palette ; les asters où brillent les reines-marguerites, et parmi lesquelles, astre tombé du ciel, s'épanouit l'étoile œildu-Christ dont le disque jaune est entouré de rayons d'un beau bleu ; les immortelles, dont une fut dédiée à l'impératrice Joséphine ; les hélianthes ou soleils , originaires du Pérou , aujourd'hui si communs chez nous. Quel ne dut pas être l'étonnement de celui qui, le premier, rencontra ce grand soleil dans les plaines de Quito ? Qui mieux que cette superbe fleur pouvait offrir l'image de cet astre dans un pays où les habitants l'adoraient comme le père de la nature !

Dans les composées encore, la plupart de ces herbes bienfaisantes, au suc laiteux, qui ont place sur toutes les tables, ici imbibées du suc parfumé du fruit de l'olivier , là plus modestement adoucies par l'huile du Nord.

Dioclétien mettait à cultiver ses laitues autant d'intérêt qu'il en avait pris à gouverner l'empire. La laitue nous rappelle un crime célèbre dans l'histoire de Perse.

Cambyse , après s'être souillé du meurtre de son frère Smerdis, dînait un jour avec sa sœur Méroe. Cette malheureuse princesse effeuillait une laitue pommée. Quel dommage ! s'écria le tyran , elle était si belle avec toutes ses feuilles !... — Ainsi en est-il de notre famille , osa répliquer Méroe , depuis que vous en avez retranché l'un des principaux rejetons.

Cette hardiesse coûta la vie à la princesse , Cambyse se fit une seconde fois fratricide.

Et le genre nombreux des chardons, auxquels on pardonnera en faveur du gentil chardonneret qui leur a pris son nom. D'ailleurs n'ont-ils pas pour voisin l'excellent artichaut ? Voici la camomille et l'herbe à mille feuilles, le tussilage pas d'âne et la pâquerette, le seneçon et la cinéraire, le souci et l'arnica, l'armoise et l'absinthe

Pour échapper à tant de souvenirs qui se pressent, comme dans une pluie d'été les gouttes succèdent aux gouttes, j'arrive aux légumineuses.

Les *légumineuses,* vous les connaissez, c'est l'acacia, le genêt, le pois de senteur. Comment! dites-vous, Madame, mais rien de tout cela ne se vend au marché aux légumes. C'est vrai. J'aurais dû commencer par vous dire qu'on nomme légume cette fructification en gousse à deux valves dans sa longueur, comme la cosse de pois, celle de fève, celle de la casse. Eu égard à la forme de la fleur, on a appelé aussi cette famille *papilionacées*. Prenez une fleur de pois musqué ou de senteur. Vous trouvez d'abord un large pétale, celui du haut, semblable à une grande voile et que l'on nomme étendard. Il abrite une partie inférieure, formée de deux pétales soudés et qui présente la forme d'un petit batelet, d'un berceau, on l'appelle carêne. Enfin deux pétales latéraux se nomment ailes. Voilà le papillon plante, qui appelle par son parfum son frère de l'air, lequel viendra plonger dans les nectaires sucrés sa trompe élastique.

Nos jardins paysagers doivent une partie de leurs richesses à cette famille où l'on compte les acacias, les faux ébéniers; les ajoncs qui jaunissent avec le gênet à balai dans les bruyères, le cytise aimé des chèvres.

Le bois de courbaril dans lequel on a sculpté les oves de votre piano, Madame, est une légumineuse. Le haricot, la fève, la lentille, le pois sont des légumineuses ; la luzerne, le trèfle, le sainfoin, légumineuses. Une espèce exotique de sainfoin présente un singulier phénomène. Ses feuilles sont composées de trois folioles dont la terminale est très grande, les deux latérales petites. Pendant tout le jour, ces deux dernières sont dans une agitation presque continuelle, elles s'élèvent et s'abaissent successivement en décrivant un arc de cercle ; tantôt elles se meuvent dans le même sens, tantôt l'une monte pendant que l'autre descend.

Cette plante étrange fut découverte au Bengale par Mme

Monson. Selon elle, les Indiens, frappés du phénomène que cette plante leur présentait, en firent l'objet d'un culte particulier. A un certain jour de l'année, alors que les deux folioles latérales sont le plus rapprochées, ils les cueillent, les pilent avec la langue d'une espèce de chouette, et l'amant plein de foi croit, avec cette préparation, attendrir le cœur de la jeune Indienne à laquelle il aspire. Ce n'est assurément pas plus naïf que la croyance des gens qui cherchent le trèfle à quatre feuilles, persuadés qu'ils sont que c'est un gage assuré de fortune.

Ce serait sans doute l'occasion de vous parler maintenant du sommeil des plantes, si remarquable dans cette famille des légumineuses, où l'on voit les folioles des fleurs se replier les unes sur les autres à mesure que l'ombre descend sur la terre. Je voudrais vous entretenir de la délicate sensitive ; mais j'ai déjà été bien long et je suis loin d'avoir tout dit sur les plantes de la Plaine. Je craindrais d'abuser de votre indulgence, Madame, et je remets à huitaine de vous parler des *rosacées*.

III.

LES PLANTES DE LA PLAINE. — LES ROSACÉES. — LA ROSE.

Lille, le 10 janvier 1858.

Bien que cette lettre doive surtout être consacrée à l'histoire de la rose, je ne saurais, Madame, ne pas citer au moins les noms de quelques-unes des espèces de la famille des *rosacées*.

Nous y trouvons les arbres appartenant aux *pomacées*, dont le type est la pomme à laquelle nous reviendrons plus tard ; là aussi est le cognassier, le néflier, le cotonnier, l'alisier ; dans les *rosées*, la rose ; dans les *dryadées*, le fraisier, la ronce, le framboisier, puis c'est l'amandier, l'aubépine. Cette réserve faite, j'entre tout aussitôt en matière.

Je vous écrivais dernièrement que vous retrouverez les fleurs partout et toujours. Il est surtout une fleur qui jouit de ce privilége, c'est la rose. Les poëtes l'ont chantée à l'envie, ils en ont célébré la naissance.

Hésiode, le vieux théogone, Anacréon partagent la même idée.

Couronnons nos coupes de feuilles de roses, la rose est le pur souffle des dieux, la joie des mortels. Lorsque la mer produisit de son écume ensanglantée la belle Vénus et la montra tout éclatante sur les flots tranquilles ; quand Pallas qui aime le bruit des armes, sortit tout armée du cerveau de Jupiter, alors la rose, cette fleur brillante et nouvelle, embellit la terre. Tous les dieux voulant contribuer au développement de cette fleur immortelle de Bacchus, l'arrosèrent de nectar et aussitôt cette plante agréable s'éleva majestueusement sur sa tige épineuse.

Voici Bion, maintenant, qui pleure Adonis, victime d'un farouche sanglier. Vénus versa autant de larmes qu'Adonis avait versé de sang ; larmes et sang furent changés en fleurs, larmes en anémones et sang en roses.

La rose est consacrée à Vénus, dit Bodée dans ses commentaires sur Théophraste; de même que la couleur rose est la plus belle de toutes les couleurs, ainsi Vénus est la plus belle des déesses, et la pudeur dans la femme se doit marquer par l'incarnat du visage.

C'est pour cela que Théocrite dans une de ses Idylles, Virgile dans l'*Enéïde*, comparent Hélène et Lavinie à une rose.

Cornelius Gallus dit aussi : « Je dédaigne le teint le plus blanc, si ce visage serein ne se couvre parfois des teintes roses de la fleur du printemps. C'est la couleur que Vénus chérit avant toute autre, et la reine de Chypre aime à retrouver partout sa fleur préférée. »

Un jour, la déesse de la beauté jouant imprudemment avec les flèches de son fils, piqua son doigt rose. Une gouttelette de sang s'en échappa, elle tomba sur la terre et la rose en naquit. Ainsi parle Sapho.

Ausone la fait naître du sang de Cupidon. Et un autre écrivain, Philostrate (1), fait entre la rose et le fils de Vénus un charmant parallèle que je ne puis m'empêcher de redire en abrégé au moins.

La rose et Cupidon ont tous deux une chevelure d'or ; les aiguillons de la rose sont les flèches du Dieu ; pour torches elle élève au ciel ses étamines aux anthères gonflées ; pour ailes elle a des feuilles. Ni Cupidon ni la rose ne connaissent le temps.

Fulgence dit à son tour (2) : « Les roses, comme le désir voluptueux *(cupido)*, rougissent et font souffrir ; on rougit par crainte de la honte, l'aiguillon du péché se fait sentir ; et comme la rose, agrément d'un moment, passe rapidement ; ainsi le désir qui flatte ne dure qu'un instant et s'enfuit sans retour. »

Ainsi, dit Catulle, Vénus (la mère de la rose), à qui doivent surtout leur naissance les plaisirs et les jeux, porte en son sein des épines acérées.

Les Turcs, d'après Auger de Bousbecques (3), ont pour la rose un respect extrême ; ils la pensent née du sang de Mahomet. Aussi la rose ne saurait-elle ramper dans la poussière.

La rose était née blanche et sans odeur, écrit Bion ; un jour Vénus, assise au banquet des dieux, en portait une couronne. L'Amour, en folâtrant, renversa d'un coup d'aile la coupe de Jupiter et une goutte du nectar qu'elle contenait étant tombée sur la couronne de sa mère, les fleurs rougirent

(1) *De Imaginibus.*

(2) Mythol. de Vénus.

(3) Tome I.

aussitôt et répandirent le doux parfum qu'elles ont conservé depuis.

Elle était blanche, Vénus en avait couvert le plancher de sa chambre, nous dit Cassien. Lorsque la déesse apprit la mort d'Adonis tué par Mars, elle sauta de son lit, les pieds non chaussés, et une épine cruelle perça sa chair délicate. Aussitôt la rose rougit et développa son parfum.

La rose blanche, penchant sa corolle embaumée sur le limpide cristal d'un ruisseau, se vit bien belle, raconte un vieux poëte anglais, et elle rougit de bonheur.

Aussi voyez comme Leucippe exalte la rose. Si Jupiter voulait donner une reine aux fleurs, la rose serait la reine de toutes les fleurs. Elle est l'ornement de la terre, l'éclat des plantes, l'œil des fleurs, l'émail des prairies, une beauté éclatante. Toutes ses feuilles sont charmantes, son bouton vermeil s'entr'ouvre avec une grâce infinie et sourit délicieusement aux zéphirs amoureux.

Moschus raconte qu'Europe, lorsqu'elle fut enlevée par Jupiter, s'était rendue sur le bord de la mer, pour cueillir un bouquet, attirée par les attraits naissants des boutons de rose.

Théocrite dit que les roses mariées au serpolet étaient dédiées aux Muses, filles de l'Hélicon.

Des poëtes ! Mais tous ont chanté la rose.

Cléon, l'humble adorateur du peuple athénien, dit dans les vers d'Aristophan : « Les oracles m'annoncent le pouvoir sur toute la contrée, je serai couronné de roses. Les roses sont l'emblême du pouvoir. »

Properce dit qu'il lui est bon, pendant que sévit l'orage, de se ceindre le front des roses du printemps. De même Martial.

Ovide nous apprend qu'on en couvrait les tables du festin. Horace, dans sés odes, nous confirme la coutume.

D'après le poëte Fortunat, chez les Francs les tables étaient couvertes de fleurs, les mets reposaient sur des roses ; les murs de la salle étaient tapissés de rameaux et de lierre ; le sol était jonché de lis, de pavots et d'herbes odorantes.

Homère, dans *l'Iliade*, nous vante l'huile de roses (1).

Phasèle avait la palme pour l'essence de rose ; Naples, Capoue, Préneste la lui enlevèrent.

A mon avis, dit Pline, le parfum le plus généralement répandu est l'essence de rose, car partout la rose croît en abondance.

Columelle nous montre les roses dans les fêtes sacrées. Que la jeune fille, les joues couvertes de l'incarnat ingénu de la pudeur, offre des roses en hommage aux dieux.

Les coureurs, à Rome, se ceignaient de roses, emblême de leur célérité. La rose passe vite.

Hérodote raconte que les Téménides (2) se retirèrent vers les jardins de Midas où naissaient spontanément des roses à soixante feuilles, d'une odeur plus parfumée que les autres.

Un grave père de l'Eglise, saint Ambroise, a introduit la rose dans ses œuvres. La vie est semblable à la rose, car bien que dans la fleur il y ait un doux parfum, il y a aussi une amertume. L'aiguillon blesse facilement. Ainsi dans la vie humaine, quelle qu'en soit la douceur, il y a les amertumes de nombreuses sollicitudes ; par là, la tristesse s'unit à la joie.

(1) XXIII, v. 146.
(2) Liv. VIII.

Vous ferez bon accueil, maintenant, à nos poëtes français. Écoutez Desperriers à Jeanne de Navarre :

Un jour de mai que l'aube retournée
Rafraîchissoit la claire matinée,
Afin d'un peu récréer mes esprits,
Au grand verger, tout le long du pourpris,
Me promenois par l'herbe fraische et drue,
Là, où je vis la rosée épandue,
Et sur les choux ses rondelettes goutes
Courir, couler, pour s'entrebaiser toutes :
Le rossignol, ainsi qu'une buccine (1),
Par son doux chant, faisoit au rosier signe
Que ses boutons à rosée il ouvrît,
Et tous ses biens au beau jour découvrît
L'aube naissante avait couleur vermeille
Et vous étoit aux roses tant pareille,
Qu'eussiez douté si la belle prenoit
Des fleurs le teint, ou si elle donnoit
Aux fleurs le sien, plus beau que mille choses :
Un mesme teint avoient l'aube et les roses,
Là commençoient à leurs aisles étendre,
Les beaux boutons ; l'un estoit mince et tendre,
Encore tapi dessous sa coëffe verte,
L'autre montroit sa crête découverte,
Dont le fin bout un petit rougissoit :
De ce bouton la prime rose issoit (2) ;
Mais celui-ci démeslant gentement
Les menus-plis de son accoustrement,
Pour contempler sa charnure refaite,
En moins de rien fut rose toute faite ;
En un moment devint sèche et blesmie (3)
Et n'étoit plus la rose que demie.
Vu tel meschef, me complaignis de l'âge :
Qui me sembla trop soudain et volage ;
Et dis ainsi : « Las ! à peine sont nées
Ces belles fleurs qu'elles sont jà fanées. »

(1) Trompette.

(2) Sortait.

(3) Pâle

Je n'avois pas achevé ma complainte
Qu'incontinent la chevelure peinte,
Que j'avois vue en la rose brillante
Tomba aussi en chute violente,
Dessus la terre, étant gobe (1) et jolie
D'ainsi se voir tout à coup embellie
Du teint des fleurs chutes à l'environ,
Sur son chef brun et en son vert giron.
. . . .
Or si ces fleurs un seul instant ravit,
Ce néanmoins chacune d'elles vit
Son jour entier. Vous donc, jeunes fillettes,
Cueillez bientost les roses vermeillettes,
Puisque la vie, à la mort exposée,
Se passe ainsi que roses ou rosée.

Tout le monde connaît ces vers charmants d'un autre poëte du même temps :

Mignonne, allons voir si la rose
Qui ce matin avait déclose
Sa robe de pourpre au soleil
N'a point perdu, cette vesprée,
Les plis de sa robe pourprée
Et son teint au vôtre pareil.

Et ceux de Malherbe :

Et rose, elle a vécu ce que vivent les roses,
L'espace d'un matin.

Et Delille et Châteaubriand :

Epuisez, en riant, la corbeille élégante,
Enfants, jetez des fleurs et qu'en pluie odorante
Elles retombent sous vos pas ;
Jetez des fleurs, enfants, vous qu'on nomme des anges,
Vos mains ne les flétriront pas.

(1) Joyeuse.

« Cependant des groupes d'adolescents marchent entre les rangs de la procession. Les uns présentent des corbeilles de fleurs ; les autres, les vases des parfums. Au signal répété par le maître des pompes, les choristes se retournent vers l'image du soleil éternel et font voler des roses effeuillées sur son passage. »

Chaque année, à Rome, au 5 août, le jour de Notre-Dame des Neiges, dans la chapelle libérienne, pendant la messe, on jette de la voûte une pluie odorante de fleurs, de roses et de jasmins blancs, rappelant le miracle du mont Esquilin, où tomba, en pleine chaleur d'été, vers le milieu du IVe siècle, la neige miraculeuse, signe de bénédiction pour le patrice Jean.

On lit dans la vie de sainte Dorothée qu'un ange vint lui offrir une rose.

Sainte Cécile pensait que la musique et les roses, harmonies et parfums, étaient agréables au Seigneur.

Dans l'église Sainte-Suzanne, à Rome, on voit une mosaïque representant Charlemagne à genoux, recevant du pape un étendard semé de roses.

Ecoutez maintenant l'abbé Banier, nous racontant la cérémonie de la bénédiction de la rose d'or :

« Urbain V envoya en 1366, le quatrième dimanche de carême, une rose d'or à Jeanne, reine de Sicile, et fit un décret par lequel il ordonnait que les papes en consacreraient une tous les ans en pareil temps. Cette rose d'or est enrichie de pierreries. Le pape l'envoie souvent à des princesses ou à quelque église qu'il affectionne particulièrement. Sa Sainteté bénit cette rose dans la chambre des Parements avant que d'aller entendre la messe à sa chapelle. La bénédiction de la rose se fait avec de l'encens, de l'eau bénite, du baume et du musc mêlés ensemble. Après la bénédiction, le pape sort de la chambre : un de ses camériers secrets porte la rose devant lui et la pose sur un chandelier. Un cardinal diacre la présente à Sa Sainteté qui, en s'acheminant à la chapelle, la tient à sa main gauche et bénit de la droite les fidèles qui se trouvent sur son passage.

« . . . N'oublions pas que le dimanche de la rose d'or s'appelle aussi *Lœtare*, et que le sacré collége paraît alors à la chapelle en soutanes de couleur de roses sèches.

« La rose a trois qualités remarquables, dont on doit faire l'application aux fidèles de l'Eglise : la couleur, l'odeur et le goût. La matière de la rose d'or, le musc et le baume qu'on y emploie sont des emblêmes de la divinité, de la spiritualité et de l'humanité de Jésus-Christ (1). »

Le 19 juin 1856, Mgr. l'évêque de Nancy et de Toul, et Mgr. l'évêque d'Adras, premier et second aumôniers de Leurs Majestés, assistaient à la cérémonie de la remise à S. M. l'Impératrice de la rose d'or que le Pape Pie IX lui envoyait à l'occasion du baptême du prince impérial dont Sa Sainteté avait accepté d'être le parrain.

Qu'on se représente un superbe socle de marbre rouge antique, aux armes du Saint-Père et de l'Empereur, en mosaïque d'un fini parfait ; ce socle, surmonté d'un vase en or orné d'élégantes sculptures, portant une tige de rosier couvert de boutons et de roses, et formant un magnifique bouquet d'or ; parmi ces roses, une se distingue particulièrement, plus grande et plus pleine, c'est celle où le Saint Père, au moment de la bénédiction solennelle, le jour de la Pentecôte, inséra le baume bénit, et l'on aura une faible idée de cette œuvre qui fit l'admiration de toute l'assistance.

(1) *Histoire des Cérémonies religieuses*, (abbé Banier, 1741, tome II, page 228.)

Le splendide présent du souverain pontife a été offert à Sa Majesté l'Impératrice pendant la messe qu'a célébrée dans la chapelle du palais de Saint-Cloud S. Em. le cardinal-légat.

Voici la traduction de l'allocution qu'a dû employer S. Em. pour accomplir la mission que le Saint Père lui a confiée près de Sa Majesté l'Impératrice.

« Recevez de nos mains la rose que nous vous remettons par un mandat exprès de notre Saint Père et Seigneur en Jésus-Christ, Pie, par la divine Providence, pape, neuvième du nom. Cette rose est l'emblême de la joie de l'une et l'autre Jérusalem, c'est-à-dire de l'Église triomphante et militante ; par elle se manifeste aux yeux de tous les fidèles chrétiens celui qui est lui-même la fleur par excellence, la joie et la couronne de tous les saints. Prenez cette rose, fille bien-aimée, qui, noble selon le siècle, êtes encore douée d'une grande puissance et d'une éminente vertu, afin que vous soyez de plus en plus ennoblie de toute grâce en Jésus-Christ notre Seigneur, comme la rose plantée sur les rives des eaux abondantes. Daigne, dans sa clémence infinie, vous accorder cette faveur, Celui qui, un seul Dieu en trois personnes, règne dans les siècles des siècles. Ainsi soit-il ! »

Vous connaissez sans nul doute, Madame, la charmante énigme : Nous sommes cinq frères, nés au printemps ; deux ont de la barbe, deux n'en ont pas, le dernier n'en a que sur une joue.—Ce sont les cinq divisions du calice de la rose — les bengales exceptés — dont deux divisions sont ornées de folioles vertes, deux en sont dépourvues, une n'en a que d'un côté. (1)

(1) Quinque sumus fratres, quorum duo sunt sine barba ; barbati duo sunt, sum semibarbatus ego.

La baillée aux roses est chose historique et qui réclame quelques-uns de vos moments.

Le 6 mai de l'an 1227, la reine Blanche de Castille était allée au Poitou tenir le Parlement, comme régente du royaume en la minorité de son fils. Parmi les jeunes pairs se trouvait le comte de la Marche, éperdûment épris de la douce Marie, fille unique du premier président, Pierre Dubuisson.

Quand vint la nuit, le comte s'en alla dans le Champ-aux-Rosiers, chanter près de la demeure du père de Marie, une des tendres chansons du comte Thibault. Avant que son second couplet fût terminé, une fenêtre s'ouvrit et une voix en sortit disant :

« N'avez-vous pas honte, Monseigneur, de perdre ainsi en folles pensées de galanterie les heures que vous devriez consacrer à l'étude pour remplir demain les graves devoirs qui vous sont imposés. Regardez ces fenêtres du Parlement, à travers lesquelles glisse la lumière incertaine ; là sont vos collègues se préparant aux suprêmes fonctions qui les attendent demain. Suivez cet exemple. »

Le lendemain, Philibert de la Marche étonnait le Parlement par la sagesse avec laquelle il avait fait son rapport sur la question de la succession du Vidame de Bergerac, question épineuse où le droit écrit et la coutume de deux provinces étaient en désaccord.

La reine-mère complimenta le comte et ajouta :

« Je savais d'où vous venait cet amour subit des labeurs sérieux ; hier soir je me promenais au Champ-aux-Rosiers lorsque le conseil vous vint d'en haut. Or ça, Messire Dubuisson, je vous nomme chancelier de France, et vous ma belle enfant, dit-elle en se tournant vers Marie, recevez le prix de vos bons avis. Demain la cour saluera en vous la comtesse de la Marche. Et pour perpétuer le souvenir de Marie, je veux qu'en mémoire de la nuit d'hier, les jeunes pairs présentent à mon parlement, comme tribut annuel, le 1er mai, une moisson de roses. Comte de la Marche, rendez le premier cet hommage à mon parlement. »

Depuis cette époque, le plus jeune des pairs de France accomplissait cette touchante et naïve cérémonie. Cet usage était encore dans toute sa vigueur au XVIe siècle.

En 1541, la baillée aux roses donna lieu à une contestation sur la préséance, entre le jeune duc de Bourgogne, Montpensier et le duc de Nevers. La question fut vidée par le Parlement, qui décida « qu'ayant égard à la qualité de prince du sang, jointe avec la qualité de pairie, la cour ordonnait que le duc de Montpensier pourrait le premier bailler les roses. »

Vers 1589, dit M. Jacquemart, qui nous fournit ces détails, la baillée aux roses cessa par la raison que les ducs et pairs n'eurent garde de se soumettre à cette cérémonie envers un parlement de la façon de la Ligue.

A la rose se rattache encore la fête de la Rosière, instituée par saint Médard, évêque de Noyon. Tous les habitants du village ont revêtu leurs plus beaux habits ; les curieux arrivent en foule de tous côtés ; on se presse, on s'agite, on se heurte, on se pousse ; des milliers de voix répètent un même nom. Mais le roulement du tambour s'est fait entendre, les bannières flottent au vent, le cortége s'avance, le plus grand silence règne dans l'assemblée, et chacun se découvre avec respect en voyant passer une jeune fille que le maire, accompagné des autres autorités locales, conduit par la main au sanctuaire où elle va recevoir, de la main du ministre des autels, une couronne de roses et une petite dot en récompense de sa vertu. (1)

La rose est la fleur chérie des Orientaux, symbole de perfection et de jeunesse. La fête des roses est célébrée dans la Perse, dans l'Inde et dans la charmante vallée de Cachemire. C'est celle du printemps. Un amusement singulier de ces fêtes consiste à se jeter, avec des tubes de verre, une eau balsamique, ou bien une poudre fine colorée de safran ou de toute autre poussière parfumée, rouge, jaune. En quelques lieux ce sont des feuilles de roses déposées à cet effet dans de larges paniers.

Je m'aperçois que j'ai mille choses à dire encore, sur la guerre des deux roses, rose rouge de Lancastre, rose blanche d'Yorck, sur les coutumes de la Bretagne où, dans le moyen-âge, le chapel de roses était la seule dot pour la pauvre damoiselle qui laissait sa part d'héritage à l'aîné du nom ; sur les roses d'Apulée, et tant d'autres détails. Je ne puis vous lasser cependant, Madame, et je veux terminer par une page charmante de M. de Montalembert et par une légende que m'a racontée un homme des vieux temps, un patriarche qu'à sa mine enjouée et vermeille on prendrait pour un des anciens vassaux de l'abbaye de Montmille (Oise), lorsqu'il vous offre les fruits exquis d'un reste d'espalier monastique et vous montre un charmant bahut provenant des religieux.

Je venais de jeter un regard sur l'antique manoir de l'Amie-au-Roy, consacré par l'amour d'un monarque. La plus épaisse obscurité enveloppe l'origine de cet ancien castel, enterré dans le marais, au pied du Bois du Parc, envahi par un moulin à foulon. Je m'étais désaltéré à la fontaine miraculeuse. L'eau, autrefois guérissait les maux du corps et

(1) Ed. Audouit (*Herbier des demoiselles.*)

ceux de l'âme ; elle est toujours entretenue aux frais de la commune ; elle est d'une limpidité séduisante. Mais qu'est devenue sa puissance ? Au bout d'une immense prairie, on arrive à la colline de Montmille, plantée de noyers ; on est dans la sente de la Rosière.

Le 8 janvier de l'an 290, saint Lucien, premier évêque de Beauvais, avait subi, avec un grand nombre de ses disciples, le supplice de la décollation. Comme saint Denis, il revenait à sa ville épiscopale, humble bourgade aux trois quarts romaine, portant dans ses bras sa tête que le fer du bourreau avait séparée du tronc. Arrivé au bas de la colline, le saint avait à traverser la rivière. Une femme lavait de la toile de l'autre côté. Saint Lucien lui fait signe d'étendre cette toile sur l'eau et il traverse la rivière comme sur le pont le plus solide. La femme retira ensuite à elle la toile, sans prendre garde, dans son trouble, que l'étoffe s'allongeait indéfiniment sous sa main, jusqu'à ce qu'une exclamation aux dieux de l'Olympe fît cesser le prodige. Pendant ce temps, le martyr, arrivé là où devait s'élever plus tard la grange, se reposa un moment. Et lorsqu'il reprit sa route, un rosier était né au lieu où étaient tombées les gouttes de son sang, et malgré la saison, l'arbuste était couvert de fleurs.

Voici maintenant le récit recueilli par M. de Montalembert, le 29 juin 1834, de la bouche d'un paysan des environs de Marbourg :

« Elisabeth aimait à porter elle-même aux pauvres, à la dérobée, non-seulement l'argent, mais encore les vivres et les autres objets qu'elle leur destinait. Elle cheminait ainsi chargée par les sentiers escarpés et détournés qui conduisaient de son château à la ville et aux chaumières des vallées voisines. Un jour qu'elle descendait, accompagnée d'une de ses suivantes favorites, par un petit chemin très rude que l'on montre encore, portant dans les pans de son manteau du pain, de la viande, des œufs et d'autres mets, pour les distribuer aux pauvres, elle se trouva tout à coup en face de son mari qui revenait de la chasse. Etonné de la voir ainsi ployant sous le poids de son fardeau, il lui dit : « Voyons ce que vous portez » ; et, en même temps, ouvrit malgré elle le manteau qu'elle serrait tout effrayée contre sa poitrine ; mais il n'y avait plus que des roses blanches et rouges, les plus belles qu'il eût vues de sa vie ; cela le surprit d'autant que ce n'était pas la saison des fleurs. S'apercevant du trouble d'Elisabeth, il voulut la rassurer par ses caresses, mais s'arrêta tout à coup en voyant apparaître sur sa tête une image lumineuse en forme de crucifix. Il lui dit alors de continuer son chemin sans s'inquiéter de lui, et remonta à la Wartbourg, en méditant avec recueillement sur ce que Dieu faisait d'elle et emportant avec lui une de ces roses merveilleuses qu'il garda toute sa vie. . . . » — C'est le plus célèbre et le plus populaire des miracles d'Elisabeth : elle a été souvent représentée, par les peintres et les sculpteurs catholiques, avec des roses dans son manteau. On cultive encore des roses en grande quantité autour de son église à Marbourg, comme aussi sur la Wartbourg. Le peuple de ces deux lieux, quoique protestant, a conservé avec amour cette légende.

IV.

LES PLANTES DES EAUX. — LES ALGUES. — LES NYMPHÉACÉES. — LES ROSEAUX.

Lille, le 15 janvier 1858.

MADAME,

« Dieu dit alors : « Que la terre produise de l'herbe verte qui porte de la graine et des arbres fruitiers qui portent des fruits, chacun selon son espèce. » A la voix du Tout-Puissant les végétaux parurent avec les organes propres à recueillir les bénédictions du ciel. L'orme s'éleva sur les montagnes qui bordent le Tanaïs, chargé de feuilles en forme de langues ; le buis touffu sortit de la croupe des Alpes et le câprier épineux des rochers de l'Afrique, avec leurs feuilles creusées en cuillers. Les pins des monts sablonneux de la Norwége recueillirent les vapeurs qui flottaient dans l'air, avec leurs folioles disposées en pinceaux ; les verbascum étalèrent leurs larges feuilles sur les sables arides, et la fougère présenta sur les collines son feuillage en éventail aux vents pluvieux et horizontaux. Une multitude d'autres plantes, du sein des rochers, des cailloux et de la croûte même des marbres, reçurent les eaux des pluies dans des cornets, des sabots et des burettes. Depuis le cèdre du Liban jusqu'à la violette qui borde les bocages, il n'y en eut aucune qui ne tendît sa large coupe ou sa petite tasse, suivant ses besoins ou son poste. »

Ces lignes que j'emprunte à Bernardin de Saint-Pierre, l'amoureux enthousiaste de la nature, ouvrent dans ses *Études* les pages qu'il consacre aux harmonies des plantes. M'égarant à sa suite dans le poétique sentier qu'il m'indique du doigt, je voudrais vous redire quelques-unes de ces rêveries attrayantes ; mais je ne puis ainsi m'arrêter à toutes les fleurs de la route, et, pour obéir à mon programme, autant que me le permet votre indulgence, j'ai à vous entretenir aujourd'hui des familles de plantes qui croissent plus spécialement dans les eaux ; j'espère y trouver assez de détails intéressants pour obtenir de vous la continuation de cette bienveillante attention que vous avez bien voulu jusqu'ici m'accorder.

C'est dans les plantes qui tirent des eaux leur essence vitale que nous allons trouver les *oscillaires* et les *nostocs*, productions singulières écloses sur la frontière du royaume, comme dit M. Le Maout, croûtes vertes et rougeâtres, filaments entourés d'une enveloppe muqueuse et feutrés par leurs bases, composés de cellules tubuleuses, emboîtant l'une dans l'autre, exécutant des oscillations continues. Leur extrémité libre se meut librement, se balance d'avant en arrière, ou décrit des ondulations variées. Sont-ce des plantes, sont-ce des animaux ? Science, tu es bien peu de chose en présence du plus simple mystère.

A côté des oscillaires, des nostocs qui croissent dans les gazons humides, voici la famille des *algues* ou varecs qui nagent au milieu des mers, s'attachent aux pilotis des estacades ou contre les pierres des digues. Vous vous rappelez sans doute ces plantes vésiculeuses que la vague balance dans son ressac ; vous connaissez la zostère dont la feuille plate, flexible, servit, Madame, à remplir les matelas des berceaux de vos enfants.

Et ne dédaignez pas ces plantes parce qu'elles n'ont pas de fleurs apparentes, qu'elles vous paraissent bien humbles dans leurs proportions. Elles ont dans leurs frondes des couleurs éclatantes, leur fructification est bizarre et des plus jolies. Rien n'est agréable comme un herbier d'algues. Et quant à leur taille, il en est qui surpassent dans des proportions démesurées celle des plus grands arbres des îles de l'Océanie. Certains varecs ont jusqu'à cinq cents mètres ; les habitants de la Nouvelle-Hollande se servent du cuir épais du fucus des buveurs comme d'un seau pour puiser de l'eau. Aux pôles, on se nourrit de fucus, on se chauffe de fucus.

Sur les côtes de l'Océan indien on rencontre de gigantesques débris de l'algue la trompette de Neptune. Jamais on n'en a eu d'entière. Elle pousse à des profondeurs inconnues. Grosse comme le pouce à son origine, elle s'évase et se développe jusqu'à la dimension d'un arbre ordinaire, et au pavillon de ce buccin des tritons s'épanouit une couronne de feuilles de plus d'un mètre de long.

Un autre fucus que l'on nomme le baudrier de Neptune, croît au fond de la mer où il s'accroche par des crampons rameux et se couvre de feuilles de deux mètres de long sur quinze centimètres de large. Lorsqu'on l'a lavé à l'eau douce, il se forme après dessication une efflorescence blanchâtre, sucrée, que l'on cristallise. Beaucoup d'autres jouissent de cette propriété.

C'était de l'algue digitée que se servaient, comme d'un fouet, les sorcières d'Islande, de Norwége ou d'Ecosse, pour exciter les chevaux marins qu'elles montaient lorsqu'elles parcouraient la surface des mers orageuses.

Voici le fucus nageant, formant à la surface des eaux des tapis flottants si épais, d'une si vaste étendue, qu'ils trompent l'œil du matelot inexpérimenté et présentent à ses regards dans le lointain comme des îles fertiles en pâturages. Le navire qui les traverse semble se promener au milieu d'une belle prairie, sa marche en est ralentie à tel point qu'il a fallu quelquefois, surtout avec un vent faible, s'ouvrir un passage à l'aide d'un instrument tranchant.

« Les vagues mugissantes, dit le docteur Hoefer, sont apaisées et comprimées sous cette masse de verdure, spectacle non sans intérêt pour des hommes dont la vue n'a été pendant longtemps frappée que par des flots roulant les uns sur les autres, et pouvant enfin se reposer un instant sur une plaine verdoyante, image de celles qu'ils ont quittées. »

Aristote parle de la mer herbeuse des navigateurs phéniciens. Christophe Colomb, s'en allant à la découverte de l'Amérique, entra dans ces prairies marines. Ses compagnons effrayés considéraient avec stupeur cette plante élégante dont les feuilles sont en forme de fer à dentelures bordées de soies et couvertes de globules aérifères qui la soutiennent à la surface des eaux.

C'est encore un fucus que mangent les hirondelles qui en bâtissent ensuite leurs nids, nommés nids de salanganes, si renommés.... pour les amateurs de mets extraordinaires ! La plante subit, par le suc gastrique des oiseaux, une transformation analogue à celle que produirait une ébullition longtemps continuée ; le fucus est devenu matière gélatineuse.

Le fucus cordon habite l'Océan indien. De la grosseur d'une corde à violon, il en a la souplesse et la résistance.

J'ai dit que les algues avaient des couleurs charmantes, je devrais ajouter que généralement ces couleurs se développent lorsque les plantes sont mises en herbier, desséchées, privées de vie et placées en contact avec l'air atmosphérique. En outre leurs formes sont délicates, à découpures profondes, à bords gaufrés et bouillonnés. Vous-même, Madame, possédez un de ces délicieux albums, dont les plantes ont été collectionnées patiemment sur les rivages des mers de France.

Les plantes de nos rivières et de nos marais ne vous présenteront pas des prodiges semblables de végétation puissante, en revanche, elles vous offrent des fleurs généralement délicates et de formes particulières.

Dans les *alismacées*[1], le butôme à ombelles ou jonc fleuri enlace les rubans de ses feuilles dans les fers de la flèche d'eau et les barques des feuilles du plantain d'eau. Ces trois plantes ont été placées sur les bords de la flaque dont on a gratifié le jardin de l'Esplanade de Lille que certains ont la bonté d'appeler le jardin botanique.

La fleur du butôme est en rose pâle ce qu'est en bleu la tubéreuse agapanthe. Pauvre fleur dédaignée, le butôme est demeuré pour orner les rives de nos fossés, tandis qu'à l'agapanthe on a donné la place d'honneur aux jardins. C'est qu'il y a pour cette dernière l'heureuse chance d'être une étrangère. Même injustice pour leurs noms ; celui du butôme signifie : je blesse les bœufs, celui de l'agapanthe veut dire : je chéris.

La flèche d'eau élève majestueusement ses grosses tiges

rondes sur lesquelles s'étage en verticilles l'épi de ses fleurs d'un blanc pur, à trois pétales.

Parmi les divinités mythologiques, les unes habitaient aux forêts, les autres sous le cristal des eaux ; ces dernières étaient les Naïades. Les botanistes, qui sont bien un peu païens, ont peuplé les fontaines et les rivières de *naïadées* ou *nayadacées*. Il n'y a parmi elles aucune plante qui attire votre attention, les fleurs sont de couleur verdâtre, les feuilles dans le genre de celles que l'on nomme vulgairement des roseaux.

Les *hydrocharidées* justifient leur dénomination, grâces des eaux. C'est d'abord le mors de grenouille, nénuphar en petit, étalant sur l'eau ses feuilles en disque. Ses fleurs blanches présentent un phénomène assez intéressant : ouvertes pendant le jour, aux rayons du soleil, elles se ferment aux approches de la nuit et rentrent dans l'eau d'où elles ne sortent que lorsque l'aurore leur a annoncé le retour de la lumière. Le mors de grenouille est abondant aux fossés de la Citadelle de Lille.

Dieu est admirable jusqu'en ses moindres œuvres, les merveilles de ses mains confondent nos esprits. Voyez s'il est rien de plus charmant que l'histoire de la vallisnerie, plante du Rhône et qui croît si abondamment dans quelques rivières d'Italie, dit Bosc, qu'on est obligé de l'arracher avec de grands râteaux pour l'empêcher d'obstruer la navigation.

Vous vous rappelez, Madame, que je vous ai dit : Dans la fleur se trouvent des mâles et des femelles, les étamines et les pistils. Le plus souvent réunis, ces organes de la floraison sont quelquefois séparés, et sur deux fleurs différentes. C'est ce qui arrive pour la vallisnerie. Or, comment viendra pour ces plantes le moment marqué par le Créateur pour le phénomène qui doit assurer la conservation de l'espèce par la fructification de la plante.

Voici l'heure où la floraison va commencer, la fleur garnie de pistils, la fleur femelle, se déroule sur son pédoncule en spirale et vient épanouir à la surface du fleuve sa corolle : l'eau baisse, la spirale se raccourcit ; l'eau monte, la spirale s'allonge. Etrange spectacle ! les fleurs à étamines, les mâles, non pourvues de spirale, ont rompu la tige qui les retenait au fond du fleuve et viennent flotter à la surface. On dirait d'une nymphe pleine de grâce et de légèreté, effleurant de son pied l'onde mouvante, tandis que s'empressent autour d'elle ses adorateurs jaloux de faire agréer leurs hommages. L'hymen des fleurs terminé, les mâles errent à l'aventure, se flétrissent et meurent. La fleur femelle redescend dans son humide demeure, mûrit ses graines et les dépose sur le lit du fleuve.

Au rapport de Bernardin de Saint-Pierre : « cette plante nous présente encore un autre phénomène. Si on la déracine, dit-il, et qu'on la mette sur un grand vase plein d'eau, on aperçoit à la base de ses feuilles des masses d'une gelée bleuâtre, qui s'allonge insensiblement en pyramides d'un beau rouge. Bientôt ces pyramides se sillonnent de cannelures qui se détachent de leur sommet, se renversent tout autour et présentent, par leur épanouissement, de très-jolies fleurs formées de rayons pourpres, jaunes et bleus. Peu à peu chacune de ces fleurs sort de la cavité où elle est contenue en partie et s'écarte à quelque distance de la plante, en y restant cependant attachée par un filet. On voit alors chacun des rayons dont ces fleurs sont composées se mouvoir d'un mouvement particulier qui communique un mouvement circulaire à l'eau, et précipite au centre de chacune d'elles tous les petits corps qui nagent aux environs. Si on trouble par quelque secousse ces développements merveilleux, sur-le-champ chaque filet se retire, tous les rayons se ferment et toutes les pyramides rentrent dans leurs cavités, car ces prétendues fleurs sont des polypes. »

Plus brillante encore nous apparaît la famille des *nymphéacées*, qui emprunte son nom au nymphéa, genre auquel appartient le nénuphar. Je me rappellerai toujours l'impression qu'enfant je ressentis la première fois que je vis des nénuphars. J'allais à la cueillette des macres ou châtaignes d'eau. C'était un double plaisir, une partie d'eau, c'est-à-dire une de ces parties que la prudence maternelle ne m'accordait qu'à de rares fêtes, puis l'étude des fleurs par les fruits. J'avoue mon faible, Madame, j'aime à cueillir moi-même l'airelle violacée, la fraise au parfum pénétrant, la mérise pourpre, l'alise jaunissante, la faîne triangulaire, la nèfle vineuse ou la châtaigne au manteau épineux.

Je cheminais le long de la prairie que fermaient des tourniquets, devançant mon professeur de botanique, quand tout à coup je m'arrête. Un étang immense était en vue. A sa surface paraissaient nager des troupes de canards aux aîles verdâtres, au ventre blanc. Oh ! les beaux oiseaux ! m'écriai-je. Mon professeur sourit, nous avançons. Mes beaux oiseaux étaient des nénuphars dont le vent soulevait les larges feuilles en découvrant et cachant alternativement les corolles aux nombreux pétales d'un blanc pur, au milieu desquels s'épanouissait l'or des anthères.

Quoi de plus ravissant qu'un *aquarium* dans lequel fleuriraient le nénuphar jaune, le nénuphar blanc, le nénuphar bleu, le nénuphar rose, confondant l'azur, l'or, l'argent, le carmin, de leurs pétales.

Vais-je essayer de me donner un petit air d'érudition au moyen de cette plante ? Et d'abord son nom nous vient des

Arabes qui l'appellent *nihofar*, les Grecs le nommaient *nymphæa*, nymphe, ou *héraclion*, parce qu'ils racontaient qu'une nymphe jalouse d'Hercule mourut de sa passion fatale et fut changée en nénuphar. Athénée rapporte que l'on faisait à Alexandrie deux sortes de couronnes, nommées les unes *lotines* et formées des fleurs du lotus ou nymphéa à fleurs bleues ; les autres *antinoïennes,* composées de fleurs de nymphæa rose. Le même auteur raconte que ce fut un poëte qui présenta à l'empereur Adrien, pendant son séjour à Alexandrie, un lotus rose, comme un objet merveilleux, et dit qu'il fallait appeler antinoïen ce lotus né de la terre arrosée du sang d'un lion terrible. Le lion dont il est question avait ravagé une partie de la Lybie et avait fini par succomber dans une chasse dirigée par l'empereur Adrien.

Les anciens Egyptiens ayant remarqué cette propriété du nymphæa qui lui est commune avec le mors de grenouille, d'ouvrir ses fleurs en même temps que le soleil paraît sur l'horizon et de les fermer quand cet astre quitte nos cieux, s'étaient imaginé qu'entre la plante et l'astre existaient des rapports mystérieux ; ils consacrèrent le nymphæa en en faisant la coiffure du dieu du jour, comme aussi celles des rois. Harpocrate est représenté sur les monuments égyptiens au-dessus d'une fleur ou du fruit du lotus rose.

Le nénuphar blanc est un véritable thermomètre, ses feuilles commencent à sortir du collet de la racine dès les premiers jours de l'automne, mais elles ne se déroulent et s'agrandissent qu'avec le retour de la belle saison, s'allongeant à mesure que la température s'échauffe, s'arrêtant si la température baisse, n'apparaissant au-dessus de l'eau que lorsque les gelées sont entièrement passées, aussi les jardiniers consultent-ils cette plante pour sortir les arbustes de l'orangerie.

Plus récemment, les jardins de luxe se sont enrichis d'une plante la plus belle, la plus grande, que nous vîmes à Paris à l'exposition d'horticulture, je veux parler du *Victoria regia*, dédié à la reine d'Angleterre.

« Elle habite, dit le docteur Le Maout, les eaux tranquilles des lacs peu profonds formés par l'élargissement des grands fleuves de l'Amérique méridionale. Les feuilles ont de 5 à 6 mètres de circonférence, assez fortes pour supporter le poids d'un enfant, vertes au-dessus, cramoisies par dessous. Les fleurs, de 1 mètre à 1 mètre 35 de circonférence, se composent d'une centaine de pétales, d'abord d'un blanc pur et passant en vingt-quatre heures par des nuances successives d'un rose tendre à un rouge vif. Elles exhalent une odeur agréable pendant la première journée de l'épanouissement ; à la fin du troisième jour la fleur se flétrit et se replonge sous les eaux pour mûrir ses graines. Le fruit à sa maturité offre le volume de la tête d'un enfant, il est comestible. »

La victoria fut découverte par le célèbre Haenke qui voguait en pirogue sur le Rio-Mamoré, affluent de l'Amazone, en compagnie du père Lacueva, missionnaire espagnol. Le botaniste, avec cette ardeur qui caractérise tous ceux qui, s'étant occupés de l'étude des œuvres de Dieu uniquement, ont conservé leurs qualités natives, Haenke se précipita à genoux et adora le Créateur. Son compagnon dut être bien touché de ce *Te Deum* spontané.

M. Bridges, suivant à cheval les rives boisées du Yacouma, rive du Mamoré, arriva devant un lac enclavé dans la forêt et tout peuplé de victorias. Entraîné par son admiration, il allait se précipiter à la nage pour cueillir des fleurs, lorsque les Indiens l'avertirent que ces eaux abondaient en alligators. Rendu plus prudent, Bridges courut à Santa-

Anna où le corrégidor lui fournit un canot pour se rendre au lac où se trouvaient les trésors, objet de son ambition. Les feuilles étaient si énormes qu'il ne put en placer que deux dans le canot, et il fut obligé de faire plusieurs voyages pour compléter sa récolte. Ce fut lui qui rapporta les graines qui ont introduit en Europe cette plante superbe.

Après la beauté dans la grandeur, laissez-moi vous parler de la grâce dans des fleurs moins gigantesques. Il y a quatre ou cinq ans, je remontais en batelet l'Arbonnoise à la hauteur du bois d'Esquermes (Nord). Mes yeux furetaient pour découvrir les richesses botaniques de ces lieux, lorsque je vis dans une prairie à ma droite une feuille à trois divisions, dont le vert gai luisait au milieu des joncs. J'ai reconnu le trèfle d'eau, le bateau est à la rive, je saute à terre, bravant le garde-champêtre s'il existe aux environs, et je fourrage les trèfles. Vous ne connaissez rien de délicat comme cette fleur. Ce petit chef-d'œuvre de beauté représente assez un épi de jacinthe à fleurs simples, la corolle a cinq divisions, elle est d'un blanc de neige, teinte avant l'entier développement de rose à l'extérieur, garnie sur les parois intérieures d'une touffe de filaments d'une grande délicatesse et d'une blancheur éblouissante. Au milieu de cette étincelante parure se montrent cinq anthères d'un brun jaunâtre.

Le trèfle d'eau appartient aux *gentianées* qui nous fournissent encore diverses variétés de gentianes du plus charmant effet.

Avant de quitter la rive, cueillez, Madame, quelques-unes de ces larges fleurs jaunes de l'iris croissant du milieu de la touffe de feuilles semblables à des sabres. C'est une modeste variété du genre dont Pline disait : L'iris en fleurissant revêt mille teintes comme l'arc-en-ciel qui lui a donné son nom.

L'iris germanique avec ses fleurs où le pourpre bleuâtre, le violet et le cramoisi se disputent d'éclat, l'iris naine, croissent aux lieux incultes, aux vieux murs, aux toits de chaume. Il semble que la nature, ou plutôt son auteur, ait voulu masquer par une de ses plus brillantes productions les signes extérieurs de l'indigence et couvrir de fleurs l'habitation du pauvre. En quittant son berceau pour passer dans nos jardins, l'iris n'est restée qu'une belle fleur, elle a perdu sa poésie.

La famille des roseaux, les *arundinées,* est tout humble, toute modeste, et cependant elle aurait beau jeu à demander ses quelques lignes de réclame dans ce travail sommaire. Le roseau servit à fabriquer les pipeaux rustiques, la flûte de Pan à sept tuyaux, dont l'invention se perd dans la plus haute antiquité. Ce fut aux roseaux que le barbier de Mydas conta l'aventure étrange de son royal client. Moïse fut exposé dans les roseaux du Nil. L'indiscret Syrinx fut changé en roseau babillard. Horace dit en parlant des vieillards qui s'amusent à des jeux d'enfants : Ils vont à cheval sur un roseau. Virgile chante les louanges de Varus sur un chalumeau. Ailleurs le roseau est la flèche légère qui fend l'air avec rapidité.

Dans l'Écriture, l'ami léger est comparé au roseau qui, en se brisant, perce la main de l'imprudent qui s'appuyait dessus. Mais je réserve pour plus tard d'autres souvenirs proverbiaux.

Le bambou est un roseau qui sert aux constructions dans l'Inde ; en France, il est porté par les élégants sous le nom de *stick,* et donne lieu de faire entre sa tige droite et les jambes arquées des fashionables, des comparaisons où le règne animal n'a pas toujours l'avantage.

Je passe sous silence bien des plantes curieuses à plus

d'un titre ; je termine les plantes des eaux en vous faisant connaître les particularités qui distinguent les *utriculariées*.

Le genre utriculaire, qui en est le type, est intéressant par ses fleurs qui flottent à la surface de l'eau, et par ses feuilles entièrement plongées dans l'eau, divisées en filaments rameux très-menus, chargés de nombreuses vésicules. Celles-ci sont composées d'une membrane transparente, élastique et cornée, ayant une ouverture munie d'une soupape qui ne peut s'ouvrir qu'en dehors avant le temps de la floraison. Ces vésicules sont remplies d'eau, mais lorsque la fleur se prépare à paraître, il se fait dans la plante une décomposition de l'air qui chasse l'eau des vésicules, de façon que devenues plus légères elles servent à élever le pédoncule à la surface, afin que la fleur puisse se développer en plein air; mais dès que la floraison est achevée et que les graines sont parvenues à leur maturité, l'air fait à son tour place à l'eau dans les vésicules et la plante alourdie retombe au fond pour répandre ses graines sur la vase.

Que de merveilles, Madame, dans cette étude sans cesse nouvelle de la nature, comme tout y a sa raison d'être, son but, ses harmonies ; et quelle joie pour celui qui découvre une de ces règles en soulevant un coin du voile !

V.

LES PLANTES DES MONTAGNES. — LES ARBRES VERTS. — LE CHÊNE.

Lille, le 20 janvier 1858.

Après avoir formé notre première gerbe de fleurs dans la plaine, Madame, nous avons suivi le cours du ruisseau en moissonnant les plantes de la rive ; prenez mon bras maintenant, et je vous conduirai jusqu'à la source cachée au sommet de la colline. Puis, animés d'un nouveau courage, nous gravirons les montagnes pour en admirer les merveilles botaniques.

Sur leurs flancs s'échelonnent les zones de végétation, depuis les plantes des plaines jusqu'à celles des neiges éternelles. Ce sont d'abord les arbres vigoureux ; après les pins, les chênes, les noyers, les romarnis, les genêts, les lis martagons, après les thyms odorants, les lavandes, mêlés aux buis rabougris, apparaissent les hêtres qui cèdent la place aux rhododendrons, aux sapins, aux mélèzes, aux aulnes verts, aux saxifrages. Puis les prairies sont moins grasses, l'herbe moins haute, les pentes deviennent plus rapides et se recouvrent d'un gazon serré. Enfin se montrent les flaques de neige dans les dépressions du sol et sur des gradins abrités des rayons du soleil ; des ruisseaux s'en échappent et tout à l'entour la terre est abreuvée d'eau glacée.

Nous ne pouvons ramasser toutes les fleurs de ce jardin aux incessantes décorations dont Dieu a paré les croupes de nos montagnes. Ici, encore, nous nous attacherons à quelques espèces. Nous ne faisons point, je vous le répète, Madame, un cours de botanique, nous soulevons un coin du rideau.

Voici tout d'abord la famille des *lichens*. Vous connaissez le *lichen*, non-seulement par la pâte sucrée que vous portez à votre fils, au collége, lorsque le rhume oppresse sa poitrine ; vous le connaissez pour l'avoir vu. A Fontainebleau, vous avez recueilli de ces petites forêts en miniature, grises, blanches, de 10 à 20 centimètres de hauteur, arbres sans feuilles : ce sont des lichens. Contre l'écorce des arbres, des pommiers, par exemple, vous avez remarqué des lichens, taches jaunes, oranges, rouges, grises, blanches.

Le lichen est comme l'essai de la végétation. Il naît un jour, on ne sait comment, tombe du ciel, sur le haut de la montagne, sur le rocher, à l'abri du soleil, noyé dans l'humidité des brouillards. Il enfonce, ainsi que des coins, ses racines ou hypothalles dans les moindres crevasses, puis il se développe activement. Le lichen crustacé meurt, se décompose, forme un humus et fournit un peu de terre végétale à une espèce plus vigoureuse, coriace, foliacée, à laquelle succèdent des lits de mousse, des graminées et autres plantes qui tous les ans augmentent indéfiniment la couche.

De telle sorte se poursuit le travail de la nature, lentement, mais sûrement si l'homme n'y vient mettre obstacle.

Le plus connu, de nom au moins, c'est le lichen d'Islande, près duquel vient se ranger , plus commun et non moins utile , le lichen des rennes. Il résiste aux froids les plus rigoureux , dans les prairies montagneuses il recouvre le sol de ses expansions en buisson. A l'aide de leurs bois et avec le secours de leurs pieds , les rennes retournent les amas de neige sous lesquels se trouve leur aliment favori.

La médecine , qui longtemps n'a agi qu'à tâtons et ne s'est point toujours gardée des idées les plus ridicules à l'examen , a cru trouver des remèdes merveilleux dans plusieurs autres espèces de lichens auxquels les Anciens donnaient le nom d'usnée. Un lichen poussa par hasard sur un crâne abandonné dans quelque lieu humide. Vîte on s'imagina qu'une pareille plante, retrouvée sur les rochers, devait guérir les maladies du cerveau. Et de fait, on cita des guérisons. Dans le lichen pulmonaire on pensa reconnaître la forme d'un poumon ulcéré, dès lors on le vanta pour la guérison des maladies de ce viscère. Peut-être a-t-on remarqué quelque chien arrachant des touffes du lichen canin, aussitôt on dit : Voilà un antidote sûr contre la rage. Des médecins très-distingués partagèrent cette croyance , tels que Mead , Haller, Van Swieten , etc. Le lichen aphteux présente dans les tubercules de ses frondes quelque ressemblance avec les aphtes de la bouche des enfants , on l'employa pour les guérir de cette incommodité.

Pauvre nature humaine , si facile à croire aux fables les plus naïves et si rebelle à abaisser sa raison devant les vérités révélées !

Parmi les végétaux qui attirent surtout nos regards aux flancs des montagnes figurent en premier lieu les arbres verts. Généralement leur inflorescence est en cône, d'où leur a été donné le nom de *conifères*. Quatre tribus ont été formées dans cette famille, nous ne nous occuperons que de trois : les *abiétinées*, du nom du sapin *abies ;* les *taxinées*, du nom de l'if, *taxus ;* et les *cupressinées*, du cyprès, *cupressus*.

Le plus près de la région des neiges est le mélèze qui ne conserve point ses feuilles, mais les renouvelle chaque année. Il abonde aux montagnes les plus élevées et il est le plus haut, le plus droit, le plus incorruptible de tous les bois indigènes. En 1778, on voyait dans le Valais une maison de paysan, toute de mélèze et construite depuis plus de deux cent quarante ans. Le bois en était entier, sain, et le couteau ne l'entamait qu'avec peine. Pline rapporte que Tibère fit transporter à Rome une poutre de mélèze de 120 pieds de long, sur 2 pieds d'équarrissage. On a vu sur la montagne d'Endzon, dans le Valais, un mélèze que sept hommes ne suffisaient pas à embrasser.

Son bois est très-uni, presque point sujet à se fendre ; les peintres s'en servent pour leurs tableaux. Il était employé au même usage du temps du naturaliste romain.

Le cèdre se distingue du mélèze en ce qu'il conserve ses feuilles plusieurs années. Le Liban est sa patrie. Son nom viendrait du mot arabe *kedroun*, *kedr*, signifiant puissance, et c'est sous ce rapport qu'on lui compare les monarques.

En 1734, Bernard de Jussieu apporta d'Angleterre le cèdre que l'on va visiter au Jardin des Plantes où il fut planté des mains du célèbre botaniste. Une balle en rompit le sommet, néanmoins il est arrivé à des proportions très-remarquables.

Le cèdre est un des plus beaux arbres. Son port est majestueux. « Ses rameaux, dit M. Desfontaines, disposés par étages et couverts de feuilles nombreuses , fines , serrées et persistantes , se déploient horizontalement en larges tapis qui couvrent de leur ombre un espace immense. La flèche est constamment dirigée et inclinée vers le nord. Son tronc acquiert avec les années jusqu'à 10 à 12 mètres de circonférence et il en a quelquefois plus de 30 d'élévation. Il vit un grand nombre d'années. Son bois passe pour incorruptible. »

Ce fut le cèdre du Liban qui fut employé à la construction du temple de Jérusalem élevé par Salomon. On lit au livre III des Rois : Il lambrissa d'ais de cèdre le dedans des murailles du temple depuis le pavé jusqu'au plancher d'en haut, et il planchéia tout le temple de bois de sapin. . . . . , et les jointures du bois étaient faites avec grand art et ornées de sculptures et de moulures, et il ne paraissait point de pierres dans la muraille.

Vous reconnaîtrez le sapin à ses feuilles éparses , il croît aux montagnes, en Suède, en Norwége, il forme d'immenses forêts connues sous le nom de *nadelholz* (bois à feuilles aciculaires). Le peuplier se plaît aux fleuves, le sapin aux monts élevés, dit Virgile (1).

Très-recherché , écrit Pline , pour la construction des vaisseaux ; il croît sur la cime des monts comme s'il cherchait à fuir la mer.

Selon les terrains , il a pris sa croissance de 76 à 115 ans. Quelques espèces s'élèvent jusqu'à 80 pieds.

Les pins ont les feuilles disposées par deux, trois ou cinq dans une même gaîne. Nous en remarquerons seulement quelques variétés.

Le plus facile à reconnaître est le pin cembro dont chaque

(1) *Populus in fluviis , abies in montibus altis.*

fascicule se compose de cinq feuilles, fines, élégantes, et formant un feuillage touffu.

Il pousse sur les hautes montagnes de la Provence, du Dauphiné, en Sibérie, aux lieux les plus froids et où la neige reste une partie de l'année. Les bergers du Tyrol et de la Suisse fabriquent avec son bois mou, odorant et facile à travailler, de petites figures d'animaux et d'autres objets qu'ils vendent dans les villes.

Dans le pin maritime, les feuilles sont deux à deux ; on le nomme aussi pin de Bordeaux. Il se plante sur les côtes sablonneuses pour fixer les sables mouvants. On en retire de la résine, du brai, du goudron, de la térébenthine.

On lit dans Pline qu'à Seplasia (place publique de Capoue où demeuraient les parfumeurs), on mélangeait la résine du pin maritime à l'encens pour le falsifier. Les modernes n'ont pas su mieux faire, avec la résine du pin ils forment le galipot ou faux encens.

Chez les Romains, le pin maritime était consacré aux funérailles, on le plaçait comme un emblême devant la porte du défunt ; de ses tiges vertes on formait les bûchers.

Le pin mugho, ou de Briançon, élève sa haute tige dans les marécages des montagnes. Les anciens le nommaient ***tæda*** (1) ou pin à flambeau, à torche.

Le mot tède est encore usité dans le patois des Landes pour désigner la partie du pin qui a été entaillée. C'était avec ces sortes de flambeaux que l'on célébrait les mystères d'Isis et de Cérès :

Du suc des pins altiers les flambeaux se nourrissent. (2)

(1) *Tæda* vient du grec δαιω, brûler.

(2) *Tædas sylva alta ministrat*
Pascuntur ignes nocturni et lumina fundunt
VIRGILE.

La déesse des moissons s'en servit pour s'éclairer dans la recherche de sa fille Proserpine enlevée par Pluton. Au figuré, le *tœda* signifiait le mariage ; c'était un usage de faire précéder par des hommes portant des flambeaux de pin les jeunes épouses emmenées le soir à la maison nuptiale :

Je n'ai point prétendu jamais aux flambeaux de l'épousée. (1)

Quel est ce rapport entre la torche et l'union des époux ? Ne trouvons-nous pas aussi dans la langue anglaise un même mot, *match*, signifiant allumette et mariage ?

Le pin était consacré à Sylvain. On représente ce dieu tenant de la main gauche un rameau de pin chargé de ses fruits.

Il est peu d'arbres dont les étamines soient plus nombreuses, le pollen, ou poussière séminale, plus abondant, plus volatil. Ce pollen, emporté par les vents à une grande distance des forêts, va souvent couvrir les plaines d'une poussière jaune et d'apparence sulfureuse ; ce qui a donné lieu aux récits de pluies de soufre.

Le pin silvestre a les feuilles géminées. Il est tellement ami du froid que Linné rapporte qu'en Laponie il parvient à une hauteur considérable, il y est très-commun, il vit 400 ans, son bois est d'une grande force, et avec l'écorce de son tronc, prise sur les arbres les plus élevés, les Lapons font une sorte de pain dont ils se nourrissent. Pour cet effet, ils ne prennent que les couches intérieures de l'écorce, les coupent en morceaux, les broient sous la meule

(1) . . . . . *nec conjugis unquam*
Prætendi tœdas.
VIRGILE.

et les réduisent en une sorte de farine qu'ils délaient dans de l'eau pour en former une pâte dont ils font des galettes fort minces qui, séchées au feu, peuvent se conserver pendant un an.

L'if a pris son nom latin *taxus* au grec Τοξος, arc, à cause de l'usage du bois.

Les ifs se tordent en arcs d'Iturée, dit Virgile (1). Dans leur mythologie pleine d'allégories ingénieuses, les anciens prétendaient que les rives du Styx et de l'Achéron en étaient ombragées. En effet son feuillage triste et sombre en fait un arbre d'aspect lugubre. On voit dans la Thébaïde de Stace, une Furie, portant à la main un rameau d'if enflammé, aller à la rencontre des âmes qui descendent au séjour des ombres pour leur en éclairer la route ténébreuse.

C'est un arbre nuisible, écrit Pline, mais il cesse de l'être si on y enfonce un clou d'airain. Singulier moyen de combattre une influence maligne. Théophraste a regardé les feuilles comme un poison pour les chevaux. D'après Plutarque, l'if est malfaisant quand il est en fleurs. Le jésuite Schott affirme que les rameaux plongés dans de l'eau dormante assoupissent le poisson qui se laisse alors prendre à la main. Ray rapporte que des jardiniers chargés de tondre un if très-touffu dans le jardin de Pise ne pouvaient continuer ce travail plus d'une demi-heure de suite sans éprouver de violentes douleurs de tête.

Voici ce qui est arrivé dans le courant de 1856 à un fermier des environs de Cambrai. Cet homme ayant conduit, selon son habitude, ses quatre vaches dans une prairie, vit mourir trois d'entre elles quelques instants après leur rentrée à l'étable.

(1) *Ituræos taxi torquentur in arcus.*

D'après les renseignements qui lui furent fournis par des personnes du voisinage, il apprit que ses vaches avaient mangé des feuilles d'if.

Peu de jours auparavant des fagots d'if, pourvus de feuilles, avaient en effet été mis dans la pâture.

Le lendemain, l'autopsie des trois vaches mortes ayant été faite par des vétérinaires, des feuilles et des petits morceaux de bois d'if furont trouvés dans l'intérieur de l'estomac, mais aucune lésion ne fut constatée.

La quatrième vache, qui n'a pas péri, a été gravement malade.

Les fruits seraient sans danger, d'après toutes les expériences qui ont été faites. Les oiseaux en sont friands, on a vu des enfants en manger en grande quantité sans être incommodés.

L'if est de tous les arbres un de ceux qui se prêtent le mieux à prendre toutes sortes de formes sous la main de celui qui le taille. Aussi en a-t-on usé et abusé. Les ifs de Versailles ne peuvent à cet égard que nous donner une bien faible idée de ce que l'on avait réalisé dans certains jardins.

En Normandie, l'if est l'arbre des cimetières : Beaucoup de villages ont leur vieil if adossé contre l'église et puisant sa vigueur dans la terre bénie où sont déposées tant de générations. Plusieurs de ces arbres séculaires ont vu bâtir les églises contre lesquelles ils s'appuient. Le tronc de quelques-uns, miné par le temps, pourrait contenir une quinzaine de personnes ; chaque année pourtant, ils renouvellent leur sombre verdure, et les petits fils de ceux qui contemplent aujourd'hui leur caducité sont peut-être destinés à être enterrés à l'ombre de leurs rameaux.

L'if que l'on voit dans la commune de Foulbec est un des

plus remarquables : il a 7 mètres de pourtour : sa grosseur prodigieuse et sa solidité suffisent pour soutenir le chœur de l'église à laquelle il est adossé et qui s'écroulerait dans un profond ravin si l'arbre ne lui servait d'appui. Le terrain où il est planté se compose de sable et de cailloux ; au-dessous de l'if on voyait, il n'y a pas longtemps, la coupe d'un cercueil de plâtre, dont la direction était de l'ouest à l'est, comme celle de l'église. Il était facile de reconnaître, par le diamètre de la coupe et par les os du squelette, qui perçaient la terre, que l'extrémité seule, répondant aux pieds, s'était cassée dans l'éboulement du sol et que le milieu de l'if occupait le milieu du cercueil. Cela fait présumer que cet arbre fut autrefois planté sur le tombeau de la personne dont on apercevait la tombe, et qui, sans doute, était d'un rang distingué. Dans le feuillage de ce vieil if nichent une foule d'oiseaux, tels que fauvettes, merles et grives, qui se nourrissent des baies que l'arbre produit encore en abondance. (1)

Les deux ifs de la commune de la haie de Routot, près de la forêt de Brotonne, dans le département de l'Eure, donnent un exemple remarquable de longévité. Leur tronc, qui est creux, a près de 9 mètres de circonférence; en comparant leur volume à celui d'autres ifs dont l'âge est connu, et placés dans les mêmes circonstances de sol et d'exposition, on a pu évaluer leur âge à 1460 ans.

Le cyprès doit son nom soit à l'île de Cypre, sa patrie, soit à Cyparisse, favori d'Apollon (2).

Le poëte latin nous montre les arbres venant se ranger autour d'Orphée, attirés par ses chants mélodieux.

(1) *Merveilles et beautés de la nature en France.*
DEPPING.

(2) *Métamorphoses.*
OVIDE.

Parmi eux se trouvait encore le cyprès, taillé en cône comme la borne des champs ; arbre maintenant, il fut jadis un enfant aimé du Dieu qui manie également l'arc et la lyre. Dans les champs de Carthée vivait un cerf à la haute stature et cher aux Nymphes de la contrée ; son bois répandait un vaste ombrage sur son front, l'or brillait sur ses tempes; un collier enrichi de pierreries pendait à son cou arrondi et descendait sur ses flancs. Attachée par des liens légers, une étoile d'argent s'agitait sur sa tête ; deux perles de l'airain le plus poli et d'une égale grosseur flottaient à ses oreilles. Libre de toute crainte, affranchi même de la timidité que la nature a donnée à sa race, il fréquentait les demeures de l'homme et présentait son cou aux caresses d'une main inconnue. Tu l'aimas plus que personne, toi le plus beau des habitants de Céos, ô Cyparisse : tu le menais dans des pâturages toujours nouveaux et aux sources limpides. Tantôt tu entrelaçais son bois des fleurs les plus variées; tantôt sur son dos assis, tu aimais à diriger çà et là ses élans, et à soumettre à un frein de pourpre sa tête docile. Une chaleur dévorante régnait vers le milieu du jour : près du rivage de la mer, le cancer sentait ses bras recourbés en proie à tous les feux du soleil.

Accablé de lassitude, le cerf reposait sur le gazon et goûtait le frais à l'ombre dont les arbres couvraient la terre. Le jeune Cyparisse le frappa imprudemment de son dard ; mais à peine le voit-il expirer, par cette cruelle blessure, qu'il veut mourir lui même.... Cependant l'excès de ses larmes tarit son sang; ses veines, privées de leur azur, commencent à verdir ; les cheveux qui flottaient naguère sur son cou d'albâtre se changent en un feuillage hérissé : ils durcissent et leur cime effilée s'élève vers les cieux. Le dieu soupire, et sa voix triste fait entendre ces mots : Tu seras l'objet éter nel de mes regrets ; associé aux chagrins des mortels , tu deviendras le symbole du deuil.

Les îles de l'Archipel furent donc la patrie du cyprès, ce qui a fait dire à Pline que si on y labourait la terre il naîtrait d'abord des cyprès et que leur produit était tel qu'on les appelait la dot de la jeune fille.

Les idées funèbres attachées à cet arbre nous viennent des Grecs et des Romains. Les restes des personnes distinguées étaient placés dans des caisses de bois de cyprès.

On mettait également dans des coffrets de même nature les objets précieux, ou on en formait des tablettes. Nous espérons voir éclore des vers dignes d'être parfumés d'huile de cèdre et conservés dans des tablettes de cyprès , dit Horace dans son ***Art poétique.***

Ce fut sur des planches de cyprès que furent écrites les lois des douze tables.

La durée de ce bois est très-longue. Pline parle d'une statue de bois de cyprès , placée à Rome dans la citadelle de Jupiter, et qui avait 661 ans. Il y a quelque temps , ajoute un commentateur du naturaliste latin, on a retiré de l'eau ***le Trajan ,*** après treize siècles d'immersion , et il a offert des planches de cyprès encore entières.

On assure que les portes de Saint-Pierre de Rome , faites de ce bois, avaient duré depuis Constantin jusqu'à Eugène IV , espace de plus de onze siècles, et encore ne furent-elles enlevées que pour être remplacées par des portes d'airain.

Virgile nous apprend que le bois de cyprès entrait dans la construction des maisons (1).

Ces bois

Dans leur stérilité sont encore fertiles,
Pour former nos lambris leurs arbres sont utiles.

(1) *Dant utile lignum*
Navigiis pinos, domibus cedrosque cupressosque.

On voit au Mexique, dans le cimetière de sainte Marie de Testa, à deux lieues ouest d'Oaxaca, un cyprès chauve qui a 100 pieds de haut et 118 pieds de circonférence. Il fut mentionné par Fernand Cortez qui abrita sous son ombre toute sa petite armée, lorsqu'au commencement du XVIe siècle il alla faire la conquête du Mexique. Ce colosse toujours vivant et toujours vert est un objet de haute vénération pour les Mexicains indigènes.

Nous ne parlerons pas des thuyas, ils sont tous originaires d'Amérique ou des Indes.

Arbrisseau rustique, hérissé de feuilles dures, très-étroites, aiguës, très-piquantes, couvert de rameaux difformes, tortueux, ramassés en buisson, le genévrier a un aspect sauvage, conforme aux lieux arides et pierreux qu'il habite. Tous les genévriers, écrit Pline, ont toujours l'aspect sombre et triste. N'est-il pas aussi des hommes dont la vie n'a jamais été semée de fleurs !

On connaît la liqueur spiritueuse qui lui a pris son nom ; assez souvent elle ne lui prend que cela, les baies du genévrier vont chez le fabricant de dragées.

Le hêtre serait-il par nous oublié ? Les hêtres à feuilles pourpres de votre parc ne me le pardonneraient pas. Et les poètes donc ? Combien de fois Virgile nous en a-t-il parlé. C'était sous un hêtre au feuillage touffu que Corydon venait gémir sur l'indifférence d'Alexis ; sous un hêtre épais Tityre accordait ses pipeaux légers tandis que Mœlibée quittait les champs paternels et les campagnes douces à son cœur. Sur l'écorce grise et unie, Mopsus traçait ses regrets de la mort de Daphnis.

Aujourd'hui que M. de Florian a tué bergers et bergères sous les rubans de leurs houlettes et de leurs agneaux, nos enfants ne vont plus sous le hêtre que pour ramasser les faînes délicates, le poète y rêve 4 1/2 p. 0/0 ou actions industrielles, le peintre ébauche l'étude qui paiera les frais de crémaillère chez Mariette.

Nous sommes bien trop positifs pour nous inquiéter si les châtaignes ont pris leur nom à Castane, ville de la Pouille, où les allèrent chercher les Romains. Que nous importe que les conquérants du monde en mangeassent tellement qu'on appela ces fruits *popular es !*

Les montagnards qui les vendent sous l'abri des grand'-portes se soucient peu des Grecs et des Romains. Oh ! la bonne chose ! un plat de châtaignes bouillies, du cidre chaud et des roties, avec la légende normande, au coin d'un grand feu !

Vous connaissez, de nom au moins, le fameux châtaignier *di Centi Cavalli*, près d'Aci, dans le voisinage du mont Etna. L'histoire, croyez-en ce que vous voudrez, rapporte que Jeanne d'Aragon se rendant d'Espagne à Naples, s'arrêta en Sicile pour voir le mont Etna. Pas plus qu'Alphonse le Sage ou Canut le Grand, la belle Jeanne ne pouvait se vanter de commander aux éléments. Les femmes, Madame, ont bien des points de supériorité sur les hommes, ne serait-ce que de savoir leur imposer leurs lois ; mais jamais femme, la plus femme, n'a su faire le beau et le mauvais temps dans le ciel. Passe pour produire l'un ou l'autre dans l'esprit des hommes. Il arriva donc qu'une orage éclata et Jeanne réduite avec les cent cavaliers de sa suite à chercher un abri le trouva sous le châtaignier en question.

Ce qu'il y a de bien positif, c'est que le tronc, dit Houel, dans son *Voyage aux îles de Sicile*, etc., a 160 pieds de ciconférence, qu'il est creux et sert de demeure à un berger et son troupeau.

En France, on peut citer le châtaignier de Sancerre (Cher)

qui mesure 10 mètres de circonférence et compte mille ans d'existence.

Virgile dans ses *Géorgiques*, pour mettre en contraste les terrains cultivés, nous transporte sur les rochers incultes et sauvages. Quel plaisir, dit-il, de voir les ondulations que forme le buis sur le mont Cytorus (1).

Le buis est de nos bois d'Europe le plus pesant et le plus dur, aussi fait-on dériver son nom du vieux français *bouys*, né du celtique : *bou*, bois, *ys*, fer.

On sait quels jolis ouvrages l'art du tourneur fait sortir de ce bois jaune au tissu fin et serré, susceptible d'un beau poli :

Le buis au gré du tour prend une forme heureuse.

Au jour de la fête des Rameaux, dans nos contrées du Nord, il remplace les palmes.

Les feuilles du buis renferment un purgatif violent. Par un procédé très-blâmable, certains cabaretiers font infuser du bois dans la bière, le goût en est très-agréable, mais l'usage n'est point sans danger.

Par ses caractères floraux, le buis est rangé dans la famille des *urticées*, ainsi nommée des orties.

Il ne nous reste, pour compléter nos notions générales sur les arbres à feuillage persistant, qu'à parler du houx.

Le houx est un charmant arbrisseau, s'élevant jusqu'à 8 à 10 mètres, Il plaît à la vue par le vert foncé et luisant de son feuillage contrastant avec le rouge écarlate de ses fruits, brillant au milieu des neiges. Son bois est souple, ses jeunes rameaux servent à faire des verges de fléau à battre le blé, des baguettes de fusil, des manches de fouet, d'où est venu le mot houssine.

(1) *Et juvat undantem buxo spectare Cytorum.*

Des lames de l'écorce on retire de fort bonne glu.

Je terminerai cette lettre, un peu longue, Madame, par le chêne, le géant de force et de majesté,

> De qui la tête aux cieux était voisine,
> Et dont les pieds touchaient à l'empire des morts ;

dit La Fontaine imitant Virgile.

Le chêne, de la famille des *quercinées*, est l'arbre par excellence. Voyez son nom : *Quercus*, en latin, a pour étymologie deux mots celtiques : *quer*, beau, *cuez*, arbre.

Son nom grec δρῦσ a été la racine du mot signifiant arbre, dans les idiomes germaniques, l'allemand excepté. La lettre *delta* ou *d* a éte changée en son équivalente *t* et on a formé : *tree* en anglais, *trae* en danois et suédois, *trie* en islandais, *thara* en scandinave ; et par retour du *t* au *d*, *dera* en teuton, *drezewo* en polonais, *dreue* en russe, *drevu* en carniole, *druu* en épirote.

Quant au mot arbre, il dut sa naissance à la langue de nos ancêtres : *ar*, le, *bos*, arbre en celtique ; *arbor* en latin, *albero* et *arbore* en italien, *arbos* en espagnol, *arvore* en portugais.

Le chêne formait jadis de vastes forêts, et ce n'est pas sans un sentiment de religieux effroi qu'on lit la description publiée par le père Montfaucon, d'après j'ai oublié quel auteur, du bois sacré de Marseille, en grande partie formé de chênes. Aujourd'hui, de ces espaces immenses couverts de l'arbre consacré à Jupiter, à peine reste-t-il quelques portions échappées à la hache du forestier. C'était sous leur voûte épaisse qu'un peuple superstitieux allait consulter ces oracles si renommés des chênes de Dodone. N'ai-je point lu en un auteur que les jantes des roues d'un char construit avec ces arbres sacrés, rendirent un son plaintif, un cri déplorable, lorsque le guerrier du char fut atteint par un javelot ennemi. Un critique malin répond à cela : La chose me paraît des plus naturelles ; on avait oublié de graisser l'essieu.

Je laisse parler Pline à propos du gui du chêne. Auparavant, lisons les vers de Virgile :

Son or brille à travers une sombre verdure.
Tel, quand le pâle hiver nous souffle la froidure,
Le gui sur un vieux chêne étale ses couleurs,
Et l'arbuste adoptif le jaunit de ses fleurs :
Tel était ce rameau ; tel, en lames bruyantes,
S'agite l'or mouvant de ses feuilles brillantes.

Le gui s'offrait au renouvellement de l'année, d'où le cri demeuré en certaines parties de la France : ***Auguinel !*** au gui nouveau, au gui l'an neuf. Dans le pays Chartrain, particulièrement, les étrennes se nomment encore *aiguillan*.

Voici maintenant ce que dit l'historien latin :

« Les Druides n'ont rien de plus sacré que le gui et le chêne qui le produit : Ils choisissent des bois sacrés qui soient de chênes et ne font aucune cérémonie ni acte de religion qu'ils ne soient ornés de feuilles de cet arbre, ce qui pourrait avoir donné lieu de croire que leur nom vient du mot grec δρῦσ qui veut dire chêne ; ils croyaient que tout ce qui naît sur cet arbre est envoyé du ciel, et que c'est une marque que cet arbre est choisi du Dieu. On ne trouve le gui que très-rarement et quand on l'a trouvé on va le chercher en grande cérémonie. Ils observent sur toutes choses que ce soit au sixième jour de la lune, par lequel ils commencent leurs mois, et leurs années, et leur siècle, qu'ils recommencent après la trentième année, parce que la lune commence au sixième jour d'être dans sa forcé sans qu'elle soit pourtant arrivée au milieu de son accroissement. Ils lui donnent un nom qui marque, qu'il guérit de toutes sortes de maux : après avoir préparé le sacrifice et le repas qui se doivent faire sous un arbre, ils amènent pour le sacrifice deux taureaux blancs à qui on lie pour la première fois les cornes. Le prêtre vêtu de blanc monte sur l'arbre, coupe le gui avec une serpe d'or et le reçoit dans son habit blanc. Après quoi ils immolent des victimes et prient le Dieu que le présent qu'il leur fait soit favorable à ceux à qui il l'a donné. Ils croient que les animaux stériles deviennent féconds en buvant de l'eau de gui et que c'est un préservatif contre toutes sortes de poisons, tant il est vrai que bien des gens mettent leur religion en des choses frivoles (1). »

Cette sorte de culte pour le chêne avait pris sa source plus haut ; elle se reliait au chêne de Mambré, à l'ombre duquel Abraham éleva un autel au Seigneur et où il reçut sous sa tente les anges qui vinrent lui annoncer la naissance d'Isaac.

Près de ce même chêne de Mambré, Josué fit reposer l'arche du Seigneur, et selon Don Calmet, là aussi Abimélech, fils de Gédéon, se fit proclamer roi des Sichemites.

Lorsque Rachel quitta avec Jacob la maison de Laban, elle emporta les idoles de son père, les dieux lares. Jacob les enfouit au pied du chêne de Mambré, afin que la crainte d'une violation d'un arbre sacré empêchât personne de les déterrer.

On voyait encore ce chêne du temps d'Eusèbe de Césarée et du grand Constantin.

Saint Basile, parlant des avantages de la solitude, dit qu'on y trouve le chêne de Mambré. Figure du recueillement que l'on va chercher au désert pour que l'âme s'y élève à

(1) Vieille traduction.

Dieu, comme les prières du père des nations montaient à Mambré vers le Seigneur.

Ce fut sous un chêne que périt Absalon. Il fut rencontré par les gens de David, « car, lorsqu'il était sur son mulet et qu'il passait sous un grand chêne fort touffu, sa tête s'embarrassa dans les branches du chêne et son mulet passant outre, il resta suspendu entre le ciel et la terre... Dix jeunes écuyers de Joab accoururent, le percèrent de coups et l'achevèrent. »

Le chêne dut aussi en partie les honneurs qui lui furent rendus à la ressource qu'il présentait aux hommes comme nourriture en temps de disette. Cornelius de Alexander dit que « les habitants de Sio gardèrent leur ville encore qu'elle fût étroitement assiégée, n'ayant autre munition que les veillottes (glands du chêne ballotta), de sorte qu'ils contraignirent l'ennemi à lever le siége. »

Les temps modernes fournissent un pareil exemple de détresse. En France, lors de la disette de 1709, les malheureux furent obligés d'avoir recours à cette chétive ressource. Réduit en farine et converti en un pain grossier, le gland fut alors un objet de consommation considérable.

Il ne faut pas en effet juger le fruit du chêne d'après ce fruit à goût âcre que l'on connaît à peine dans le département du Nord. On trouve dans la Grèce et l'Asie mineure, dans les montagnes de l'Atlas, un gland doux, assez semblable en goût aux châtaignes. On le vend sur les marchés de Bone, de Constantine, d'Alger. Ces chênes sont en Espagne et en Portugal l'objet d'un commerce assez lucratif. Le gland a été parfois, non sans succès, employé comme succédanée du café.

On connaît l'emploi du chêne dans la construction des maisons, des meubles, comme aussi l'usage de l'écorce pour tanner, c'est-à-dire pour préparer les peaux destinées à faire des cuirs.

Une espèce de chêne donne dans son écorce un produit précieux par ses applications, vous avez nommé le chêne-liége.

Ce chêne croit dans le midi de la France, en Espagne, en Portugal, dans les terrains secs et montueux. Quand l'arbre a atteint 25 à 30 ans, on l'écorce, en juillet ou en août. On fend longitudinalement l'écorce de distance en distance, jusqu'au collet de la racine, puis on fait aux deux extrémités des fentes une incision circulaire. On frappe l'écorce pour la détacher, puis on introduit le manche de la cognée entre elle et le bois. On partage le liége par planches, on en gratte la surface pour la rendre unie et on la flambe pour en retrécir les pores. L'arbre peut être écorcé tous les 8 à 10 ans, et sa durée pourra être encore de 150 ans.

L'yeuse est une sorte de chêne qui conserve ses feuilles pendant l'hiver. Son accroissement est très-lent et sa durée d autant plus longue. Pline cite un chêne vert qui existait sur le Vatican et qu'on disait être plus ancien que la ville elle-même. Il parle d'un autre qui avait plus de 10 mètres de pourtour et qu'on voyait de son temps, près de Tusculum, dans le voisinage d'un bois consacré à Diane.

Une dernière variété de chêne dont j'ai à vous entretenir est le chêne à kermès, sorte de cochenille. Le nom de *kermès* vient de l'arabe *quermez,* petit ver, vermillon, *vermiculus,* dont la couleur s'appelle *quermezi*, d'où nous avons fait cramoisi. L'insecte, qui vit sur le chêne auquel il a donné sa désignation, se présente sous l'apparence d'une petite boule brune de la grosseur d'un pois ; recouverte d'une poudre blanche Avant la cochenille, autre insecte qui vit sur les nopals du Mexique. on faisait un commerce considérable du kermès.

Un autre insecte vit sur les chênes et par sa piqûre y produit des excroissances que l'on a nommées noix de galles et qui entrent dans la composition de l'encre.

Une porte de Rome se nommait ***Querquetulane***, du grand nombre de chênes qui l'avoisinaient ; ainsi le mont ***Viminal*** avait pris son appellation aux saules qui y croissaient, et le quartier ***Fagutal*** aux hêtres.

Quelques chênes ont encore maintenant une certaine réputation, je vous en citerai trois : Le chêne des partisans, dans l'arrondissement de Neuf-Château (Vosges), point de ralliement dans les guerres du XIVe au XVIIe siècle. Il a 22 mètres de hauteur. A 1 mètre 60 de terre, son diamètre est de 5 mètres 60.

Près de la Seillé et à peu de distance du Vieux-Château de Mailly (Moselle), se voit le chêne à la Vierge, dont la circonférence a 8 mètres. Il portait autrefois une statue de la Vierge. La tradition racontait qu'elle était sortie miraculeusement du tronc, appelée par les prières du peuple pour apporter un baume propre à guérir les blessures fréquentes dans ces temps de guerre.

Il n'y a pas bien longtemps que ce lieu était le but de pieux pèlerinages après la première communion, après le mariage, pour les malades. Aujourd'hui de petites croix suspendues aux branches montrent que l'on n'a pas perdu toute foi en la bonne Vierge.

Chacun a entendu parler du célèbre chêne-chapelle d'Allouville, près Yvetot. Son tronc, creusé par les siècles, a été, il y a 150 ans, transformé en chapelle par le curé du lieu. Cette chapelle a 7 pieds de diamètre, elle est soigneusement lambrissée et fermée par une porte grillée. Au-dessus est un petit ermitage contenant une couchette ; on y arrive par un escalier qui tourne autour du tronc. Le sommet de ce petit donjon est abrité par un toit en pointe surmonté d'une croix en fer qui s'élève au-dessus du feuillage. D'après les calculs qui ont été faits, ce chêne n'aurait pas moins de 870 ans.

L'été dernier, sont morts deux chênes d'une certaine réputation. Le premier était à Pleischurtz, près de Breslau; il avait 22 mètres d'élévation au-dessus du sol, sa circonférence présentait un développement de 11 mètres. Un banc ménagé dans le tronc pouvait recevoir commodément 9 personnes. Les constatations de la physiologie végétale lui ont donné une durée de 15 siècles environ.

Le second était à Hartford (Connecticut), peut-être le patriarche des forêts américaines, et à coup sûr le plus célèbre de tous par les souvenirs historiques qu'il rappelait. Le *Chêne de la Charte* était une relique précieuse des temps anciens. Bien avant la fondation des colonies, cet arbre était un objet de vénération pour les sauvages. Quand le gouverneur Wyllis vint en Amérique et voulut faire tomber sous la hache un bois dont faisait partie ce chêne, une députation d'Indiens vint le supplier de ne point donner suite à ce projet, et d'épargner un arbre qui avait toujours servi de guide à leurs ancêtres : c'était, dit l'*American*, pour eux une sorte de calendrier végétal, et les semailles commençaient dès que les premières pousses avaient paru.

Qu'on juge de sa grosseur par ce fait que dans une cavité du tronc vingt-sept personnes pouvaient se tenir debout en même temps. Son antiquité était immémoriale, et ses dimensions étaient colossales, nous parlons de l'an 1635. Depuis cette époque, le chêne, respecté par la tradition indienne, avait acquis des droits à la pieuse estime des colons.

Charles II avait octroyé en 1662 une charte dont l'original existe encore, et qui a servi de loi organique à cet État jusqu'à sa constitution actuelle décrétée en 1818. Quand Jacques II eut ordonné la dissolution du gouvernement de la Nouvelle-Angleterre et institué un nouveau gouvernement, le Connecticut refusa d'obéir. Une assemblée fut convoquée à trois reprises et réélut l'ancien gouverneur Threat.

Le 31 octobre 1587, sir Edmond Andross, envoyé du roi, entra dans Hartford et voulut se faire livrer la Charte par la force. L'assemblée fut réunie par le gouverneur ; la Charte fut apportée sur une table. Andross croyait l'avoir en son pouvoir quand soudain les lumières qui éclairaient la séance s'éteignirent. Une grande confusion fut la suite de cet incident, et quand tout fût rallumé, la Charte avait disparu ; la main de Jérémiah Wadsworth l'avait enlevée pour la cacher dans le vieux chêne auquel elle donna son nom. Elle ne reparut qu'en 1689, quand l'abdication de Jacques II eut remis les choses dans leur premier état.

Le 21 août 1857, jour de la chute du Chêne de la Charte, les cloches ont sonné, les ouvriers de la grande manufacture d'armes que le colonel Colt possède à Hartfort ont fait entendre des chants funèbres sur les débris du vieux chêne. Assurément la récolte du gui sur les chênes de l'antique Gaule n'offrait pas une solennité plus touchante et plus patriotique.

Si vous voulez bien, Madame, dans une prochaine lettre, nous nous occuperons des autres arbres des montagnes et des collines et spécialement de la vigne.

VI.

PLANTES DES MONTAGNES. — L'ORME. — LE LAURIER. — LA VIGNE

Lille, le 25 janvier 1858

La dernière fois que j'eus l'honneur de vous écrire, Madame, je vous fis gravir les montagnes neigeuses où la famille des arbres verts répand les ombres obscures de ses pyramides au sombre feuillage, et nous terminâmes par le chêne croissant sur les pentes plus douces. Permettez-moi de vous conduire de nouveau aux cîmes les plus élevées, dans les régions alpines où aucun autre arbre que le bouleau ne saurait subsister. Peu susceptible aux impressions de l'air et à la rigueur du froid, facile dans le choix du sol, il s'avance jusque vers les glaces du pôle arctique, il fournit aux Groenlandais, aux Lapons, aux habitants du Kamschatka le bois de leur foyer ; son écorce, pour le tannage et la coloration des toiles, pour couvrir les toits des cabanes, pour des cordes, des boîtes ; sa sève à la préparation d'un sirop remplaçant le sucre, à la fabrication d'une liqueur spiritueuse ; ses châtons, avec leur cire. Il récrée la vue et s'annonce au loin par son épiderme lisse, satiné, d'une blancheur éclatante.

A Rome primitive, on brûlait des torches d'épine le jour des noces, afin de porter bonheur aux jeunes mariés, parce que, disait-on, les bergers, ravisseurs des Sabines, en tenaient à la main. Plus tard on leur substitua des baguettes de bouleau (1).

Le bouleau, grâce à ses branches menues, flexibles, retombant élégamment parées d'un léger feuillage, avait été destiné par les Romains à certains instruments dont se servirent contre leur pédagogue les enfants du maître d'école de Falisques. On en faisait des verges pour punir les élèves indociles. Il entourait les faisceaux des licteurs, aussi le nommait-on : Terrible par les verges des magistrats, *terribilis magistratuum virgis*.

En France on l'appela longtemps : L'arbre de la sagesse, *Arbor sapientiæ*, probablement en raison du vieux mot que : les verges font entrer la science.

Le bouleau est un des plus jolis arbres que je sache ; mais, aux yeux de la mode, il a le tort d'être indigène et on ne le regarde pas. « Nul n'est prophète..... » Voici à son sujet une particularité que l'on ignore généralement. La sève est extrêmement abondante dans ces arbres, avec la curieuse particularité que l'incision faite près de la racine donne de l'eau pure et insipide ; sur les grosses branches, la liqueur est légèrement acide et devient par la fermentation un vin léger. Souvent, dans le pays de Bray, j'ai fait cette expérience de percer l'écorce blanche du bouleau, puis avec une feuille formant rigole, j'avais mes conduits de sève.

(1) Varrus, Festus, Ovide.

L'eau du bouleau a été préconisée contre les tâches de rousseur.

Redescendons vers la plaine, voici l'orme si poétisé, attendu sans doute qu'ormeau rime avec hameau, comme lauriers avec guerriers. Des cimes du Jura et des Vosges, la samarre ailée, qui renferme ses graines, a été emportée par le vent vers le donjon féodal, et bientôt le châtelain le fit planter près du manoir pour que les vilains — les campagnards, disons-nous maintenant, — y vinssent danser aux jours de fêtes.

On s'étonnerait peut-être qu'un arbre, dont les racines sont aussi délicates à la gelée que celles de l'orme, pousse aux sommets des montagnes. Ajoutons comme explication qu'on le trouve souvent a la ligne des neiges. On n'ignore pas que la neige est le meilleur préservatif contre l'intensité de la gelée.

Je ne vous rappellerai point les qualités qui font de l'orme un des bois les plus utiles, je me bornerai à quelques indications historiques :

Sully, le ministre du grand Henri, avait ordonné de planter des ormes à la porte de toutes les églises séparées des habitations. On voit encore de ces arbres auxquels la reconnaissance publique a donné le nom de ***Rosni***. Il n'est pas rare d'en rencontrer dont le tronc a cinq à six mètres de circonférence et d'une très-grande hauteur.

Enfin ce fut sous un orme placé non loin de Gisors que Philippe-Auguste et Henri II arrêtèrent la troisième croisade, après s'être reconciliés.

Admirons encore aux montagnes le sorbier que l'on a transporté aux jardins et dont le fruit, d'un rouge de feu, se détache au milieu de la neige et convie les grives au festin.

« Le sorbier, dit De Theis, jouait un rôle important dans les mystères religieux des druides. . . . L'Ecosse septentrionale est un des lieux où ils restèrent le plus tard. On y trouve encore sur les montagnes, où étaient leurs temples, de grands cercles de pierre entourés de vieux sorbiers ; cet arbre, comme on le sait, est de la plus grande durée. Au 1er de mai, les montagnards écossais sont encore dans l'usage de faire passer tous leurs moutons et leurs agneaux dans un cerceau de sorbier pour les préserver d'accidents. On est encore en usage dans quelques endroits de la Suisse de répandre le fruit du sorbier sur les tombeaux. On ne connaît pas dans le pays l'origine de cette coutume ; mais l'analogie qu'elle présente avec celles des Ecossais est singulière. Il est à remarquer, — ajoute De Theis dans une note, — que saint Chrysostôme, en parlant des superstitions des habitants d'Antioche, reproche aux mères de mettre aux bras de leurs enfants des fils d'écarlate pour les préserver des sortiléges. »

« Le frêne est superbe aux forêts, l'orne sur les monts, » dit Virgile.

L'orne n'est qu'une espèce de frêne, celui que l'on nomme à fleurs, qui croît plus particulièrement au midi. Vers le nord on voit plus communément le grand frêne. C'est sur cet arbre qu'habite la cantharide dont les essaims ont fini vite de dévorer toute la verdure. Le frêne est un puissant despote, il s'élève de toute la tête au-dessus des arbres qui l'environnent. Il étend au loin ses racines, et sur sa route tout périt ou languit. C'est un voisin puissant qui veut vivre dans l'aisance et qui s'inquiète peu de ce que les autres souffrent pourvu que rien ne lui manque.

Il rachète ses inconvénients par ses qualités : outre les cantharides que j'ai citées, il nous fournit un febrifuge dans son écorce, un purgatif dans ses feuilles, et particulièrement la manne qui en découle, soit naturellement, soit par incision.

Avec les branches, les anciens faisaient des hampes de lance, les modernes fabriquent des queues de billard. Distance du peuple guerrier au peuple de commis-voyageurs.

Pline, l'amateur de fables, raconte qu'il a expérimenté le fait suivant pour prouver l'aversion des serpents pour le frêne : « Que l'on circonscrive un serpent dans un cercle moitié de feu, moitié de feuilles de frêne, le reptile, pour en sortir, s'élancera à travers les flammes plutôt que de toucher les feuilles. »

Que répondre à un homme qui ajoute : « J'ai vu, » et qui conclut :

« Admirons la bonté de la nature qui a placé la floraison du frêne avant l'époque à laquelle les serpents sortent de terre, et la chute de son feuillage après l'instant de leur retraite. »

Ce fut aux monts Acrocérauniens, sur la tombe d'Elpénor, que poussa le myrte, plus tard consacré à Vénus. Donnée alternativement à chacun des convives dans un festin, une branche de myrte était une invitation à chanter. La muse Érato en était couronnée.

Les idées des Grecs, relativement à l'emploi de cette plante dans les cérémonies du culte, se rencontrent chez d'autres peuples. A la fête des Tabernacles, les Hébreux en mêlaient les rameaux avec des branches de dattier et d'olivier qu'ils portaient à la main.

Il y eut à Rome une histoire célèbre de deux myrtes poussés dans le temple de Quirinus : l'un était le patricien, l'autre le plébéien. Pendant beaucoup d'années le patricien fut le plus beau, il était couvert de fruits, brillant, énorme, et cela tant que dura la puissance du sénat. Le plébéien, de son côté, était chétif et rabougri.

Mais rien n'est stable ici-bas, et un jour le plébéien triompha du patricien jaunissant. Ce fut lors de la guerre des Marses, quand l'aristocratie romaine, à son déclin, vit la décrépitude remplacer son pouvoir majestueux.

S'il faut en croire le naturaliste romain, tout voyageur fatigué qui portera à la main une baguette de myrte se sentira aussitôt soulagé.

Le proche voisin du myrte c'est le laurier.

Dans le temps où Livie Drusille était promise à César, un aigle, du haut des airs, laissa tomber sur les genoux de la princesse assise une poule blanche qui était sans blessure. Nouvelle merveille, la poule tenait dans son bec un rameau de laurier chargé de baies. Les aruspices consultés recommandèrent de planter cette branche et d'en prendre un soin religieux ; ce que l'on fit dans une maison de plaisance des Césars, sur la voie flaminienne. Ce laurier fournit une forêt. Depuis, Auguste, dans ses triomphes, entrait à Rome, ayant sur la tête une couronne de laurier et tenant à la main de ce laurier miraculeux. Tous les empereurs ont suivi son exemple.

Le laurier est le seul arbre qui ait donné des noms propres aux Romains, le seul dont la feuille ait eu une appellation spéciale. Sur le mont Aventin se trouvait un lieu nommé Loretum, à cause d'une forêt de cet arbre.

Le laurier consacré à Apollon, qui l'adopta pour son arbre favori après la métamorphose de Daphné ; le laurier chanté par les poëtes, nommé par Pline le portier des Césars : *gratissima domibus janitrix..... antè limina Cæsarum excubat ;* le laurier se nomme aujourd'hui le laurier à jambons et marie son parfum pénétrant à celui du thym et de la sauge.

« C'était une croyance généralement répandue que jamais le laurier n'était frappé de la foudre. Tibère se couronnait de laurier dans les temps d'orage pour se mettre à l'abri du tonnerre. Admis dans les cérémonies religieuses, le laurier entrait dans les mystères et les feuilles étaient regardées comme un instrument de divination. Si, jetées au feu, elles rendaient beaucoup de bruit, c'était un bon présage ; si, au contraire, elles ne pétillaient point du tout, c'était un signe funeste. Voulait-on avoir des songes favorables, on plaçait les feuilles de cet arbre sous le chevet de son lit. Chez les Grecs, ceux qui venaient de consulter l'oracle d'Apollon se couronnaient de lauriers s'ils avaient reçu du dieu une réponse favorable ; de même chez les Romains, tous les messagers qui en étaient porteurs ornaient de laurier la pointe de leurs javelines. On entourait également de laurier les lettres et les tablettes qui renfermaient le récit des succès ; on faisait la même chose pour les vaisseaux victorieux (1). »

Le camphre, la cannelle, la casse sont dus à diverses espèces de lauriers : le camphrier du Japon, le cannellier de Ceylan, la casse de Cochinchine.

Lorsque les eaux du déluge se furent retirées, Noé, s'appliquant à l'agriculture, commença à labourer et à cultiver la terre, et il planta la vigne (2).

La vigne est l'arbre dont il est le plus souvent parlé dans la Bible. Elle est fréquemment l'un des termes des comparaisons. — « Allez à ma vigne, » dit à ses ouvriers le père

(1) Hoefer.
(2) Genèse.

de famille. — « Je suis la vigne, vous êtes les rejetons. » — Pour indiquer un jour de bonheur : « En ce jour-là, l'ami appellera son ami sous sa vigne (1). »

Je ne vous demande la permission que de vous faire entendre deux passages de la poétique voix de David et du génie prophétique d'Isaïe :

« Dieu des armées, vous avez transporté votre vigne de l'Egypte, et, après avoir chassé les nations, vous l'avez plantée en leur place.

« Vous lui avez servi de guide dans le chemin en marchant devant elle. Vous avez affermi ses racines, et elle a rempli la terre.

« Son ombre a couvert les montagnes et ses branches les cèdres de Dieu.

« Elle a étendu ses branches jusqu'à la mer et ses rejetons jusqu'au fleuve.

« Pourquoi avez-vous donc détruit la muraille qui l'environnait et pourquoi souffrez-vous que tous ceux qui passent par le chemin la pillent ?

« Le sanglier de la forêt l'a toute ruinée et la bête sauvage l'a dévorée. »

Pourquoi tant de misères ? demande David. Isaïe répond :

« Mon bien-aimé avait une vigne sur un lieu élevé, gras et fertile.

« Il l'environna d'une haie, il en ôta les pierres et la planta d'un plant rare et excellent ; il bâtit une tour au milieu et il y fit un pressoir ; il s'attendait qu'elle porterait de bons fruits ; et elle n'en a porté que de sauvages.

« Maintenant donc, vous, habitants de Jérusalem, et vous hommes de Judas, soyez juges entre moi et ma vigne.

(1) Zacharie.

« Qu'ai-je dû faire de plus à ma vigne que je n'ai point fait ? Est-ce que je lui ai fait tort d'attendre qu'elle portât de bons raisins, au lieu qu'elle n'en a produit que de mauvais ?

« Mais je vous montrerai maintenant ce que je vais faire à ma vigne : J'en arracherai la haie, et elle sera exposée au pillage ; je détruirai tous les murs qui la défendent, et elle sera foulée aux pieds.

« Je la rendrai toute déserte et elle ne sera ni taillée ni labourée ; les ronces et les épines la couvriront et je commanderai aux nuées de ne plus pleuvoir sur elle.

« La maison d'Israël est la vigne du Seigneur des armées ; et les hommes de Judas étaient le plant auquel il prenait ses délices ; j'ai attendu qu'ils fissent des actions justes et je ne vois qu'iniquité. »

La vigne fut connue de toute antiquité ; vous n'entendrez pas sans plaisir, Madame, les vers du poëme de l'agriculture où Rosset trace son histoire généalogique :

Des ceps qu'il rassembla Noé forma les rangs,
Armé de la serpette, il tailla les sarments.
Sous ses pieds empourprés les raisins se foulèrent,
A ses regards surpris les flots de vin coulèrent.
L'Arménien charmé goûta le jus divin ;
La Grèce, avec transport, le reçut dans son sein.
La vigne, sur les pas de chaque colonie,
Passa de l'Orient aux climats d'Ausonie.
L'Ebre en couvrit ses bords ; pour posséder ses dons
Nos antiques Gaulois traversèrent les monts.
L'Eridan vit bientôt leurs mains victorieuses
Tirer le jus fécond de ses grappes vineuses.
Avant que des Romains, dans les climats gaulois,
Le Volsque arécomique eût reconnu les lois,
La vigne ornait déjà les rivages du Rhône ;
Du sein de ses étangs, l'humide Maguelonne
Admirait ses coteaux de pampre revêtus ;
Sous l'empire adoré du vertueux Probus,

Le Celte, au lieu de glands, par un utile échange,
Dans ses bois arrachés recueillit la vendange;
Et le Belge, à son tour, du vin de ses coteaux,
De la Vesle et du Rhin rougit les froides eaux.
La vigne parvenue aux champs de Germanie
Etendit ses rameaux jusqu'à la Pannonie;
Mais pour ses tendres fruits craignant les noirs frimats,
Du char glacé de l'Ourse elle fuit les climats,
Et l'aspect enflammé de l'ardente écliptique
Dessèche ses raisins sur les sables d'Afrique.

En effet, il paraît que les limites naturelles de la vigne se trouvent à peu près entre entre le 30e et le 50e degré de latitude. Outre Noé, les auteurs nomment comme premier cultivateur de la vigne Osyris, le Bacchus des Grecs, qui l'ayant trouvée dans les environs de Nisa, ville de l'Arabie-heureuse, l'aurait transportée dans les Indes. On pense que ce fut le roi Géryon qui l'introduisit en Espagne.

La patrie de la vigne paraît être la Perse. Michaux André l'a rencontrée dans le Mazanderan et Olivier l'a vue dans plusieurs parties des montagnes du Curdistan. Elle est très-commune en Crimée (1).

Comme nous l'avons vu, elle fut apportée dans les Gaules par les Phocéens, fondateurs de Marseille, elle s'avança bientôt jusqu'à Autun. Elle occupait une grande partie de nos départements méridionaux, lorsque Domitien fit arracher toutes les vignes qui croissaient dans la Gaule, à la suite d'une année où la récolte du raisin avait été aussi abondante que celle du blé avait été chétive et misérable. Cette privation dura deux siècles. Le vaillant Probus, après avoir donné la paix à l'empire par ses nombreuses victoires, rendit aux Gaulois la liberté de planter la vigne. Ce fut un spectacle ravissant, au rapport de Demad, que de voir la foule des

(1) Baron de Tott.

hommes, des femmes et des enfants, s'empresser, se livrer à l'envi et presque spontanément à cette grande et belle restauration.

Par quelque cause que ce fût, la culture de la vigne ne connut plus ses anciennes limites, le nord des Cévennes ; elle gagna les coteaux du Rhône, de la Saône, le territoire de Dijon, les rives du Cher, de la Marne, de la Moselle.

La vigne, de nos jours, est cultivée aux environs de Paris, Argenteuil, Pierrefitte, Suresnes ; nous avons plus d'une fois ensemble, Madame, traversé les vignobles de Taverny et de St.-Leu, pour conduire nos enfants dans la forêt de Montmorency.

Il paraît qu'autrefois les vignobles du Beauvaisis même faisaient parler d'eux, non point d'une façon avantageuse, il est vrai.

Henry d'Andely, conteur du XIIIe siècle, a laissé à ce sujet des preuves dans un fabliau intitulé : *La Bataille des vins*.

Le gentil roi Philippe fait paraître les vins devant lui : il a pour conseiller un prêtre anglais, son chapelain et cervelle un peu folle, qui, l'étole au cou, se charge d'un examen préliminaire.

« D'abord se présentèrent Beauvais, Etampes et Châlons ; mais à peine les eut-il vus que les excommuniant aussitôt, il les chassa honteusement de la salle et leur défendit d'entrer jamais où se trouveraient d'honnêtes gens. Ce début sévère fit une telle impression sur ceux du Mans et de Tours, qu'ils tournèrent d'effroi (il est vrai qu'on était en été) et se sauvèrent sans attendre leur jugement. Il en fut de même d'Argence (entre Lisieux et Caen), de Rennes et de Chambeli. Un seul regard que le chapelain par hasard jeta de leur côté suffit pour les déconcerter ; ils s'enfuirent aussitôt et ils firent bien ; s'ils eussent tardé plus longtemps, je ne sais trop ce qu'il leur serait arrivé.

» La salle, un peu débarrassée de cette canaille, il n'y resta que ce qui était bon, car le prêtre ne voulait pas même souffrir le médiocre. Clermont et Beauvoisin parurent donc et ils furent reçus d'une manière distinguée. Enhardi par cet accueil favorable, Argenteuil s'avança d'un air de confiance et se donna *sans rougir* pour valoir mieux que tous ses rivaux ; mais Pierrefitte, rabattant avec les termes qui lui convenaient, l'orgueil d'une prétention pareille, prétendit à son tour mériter la préférence et appela en témoignage Marli, Montmorency et Deuil, ses voisins... »

Les autres vins qui se présentèrent sont ou célèbres encore aujourd'hui, ou tous originaires du centre et du midi de la France. Après les avoir goûtés, le chapelain trouvant alors que le vin valait un peu mieux que la cervoise de sa patrie, jeta une chandelle à terre et excommunia toute boisson faite en Flandre, en Angleterre et *par de là l'Oise.*

« La vigne appartient si essentiellement au terroir parisien, dit le *Moniteur vinicole*, qu'on la trouve en culture dès les premiers temps dans l'île si restreinte qui fut le berceau de Paris, appelé alors Lutèce. L'île de la Cité, jusqu'à la fin du seizième siècle, n'avait ni la même forme ni la même étendue que celles qu'elle présente aujourd'hui.

» A la suite de l'île principale qui, au dire des historiens de Paris, offrait la figure d'une nef naviguant vers l'Orient, il existait deux îlots ou atterrissements formés par le limon de la Seine, et qui semblaient être les embarcations de ce grand navire. Le plus étendu de ces deux îlots n'était séparé de la Cité que par un cours d'eau coulant dans la direction de la rue du Harlay actuelle. Il a porté différents noms aux diverses époques de l'histoire parisienne. Le plus ancien est celui de l'île aux Treilles, ainsi nommé parce qu'il était composé de treilles et de vignes. On le trouve ainsi dénommé dans un des titres de 1556.

» L'île aux Treilles, malgré son peu d'importance relative, occupe une certaine place dans les annales de Paris. Elle était, comme nous venons de le dire, plantée de vignes, qui produisaient un vin destiné aux commensaux du roi. On voit en effet que, l'an 1160, Louis VII fit don au chapelain de la Sainte-Chapelle de Saint-Nicolas-du-Palais, bâtie par le roi Robert, et qui a précédé la Sainte-Chapelle actuelle, de six muids de vin du crû des vignes qu'il avait dans l'île aux Treilles, derrière le palais.

» Ces vignes, quelque peu aquatiques, furent abandonnées depuis, et en 1250, on n'y voyait plus que des prés et des saussaies. Au commencement du quinzième siècle, alors que l'usage des bains chauds se généralisa tellement à Paris, qu'on y voyait des étuves dans presque toutes les rues, les rois, qui faisaient encore leur résidence dans le palais de la Cité, en établirent de semblables dans l'île aux Treilles pour eux et les seigneurs de leur cour.

» Comme on le voit, Paris a eu ses vignes, non pas seulement ses treilles royales, qui mûrissaient là où passent à présent les rues des Jardins Saint-Paul et Culture-Sainte-Catherine, mais des clos luxuriants dans lesquels on faisait de belles et bonnes vendanges aux seizième et dix-septième siècles. Le Georgeau, riche parcelle des terrains de la butte aux Moulins, le clos Bruneau, sur l'autre rive de la Seine, ont encore laissé leur nom aux voies publiques qui leur ont succédé ; de même les rues de la Cérisaie, de la Ferme-des-Mathurins, des Vignes, Beautreillis, viennent rappeler le temps où Paris avait ses vignobles cultivés avec un soin tout particulier pour le compte de quelques ordres religieux auxquels ils appartenaient en grande partie comme dépendance. »

Saint-Martin fit planter des vignes en Touraine avant la fin du IVe siècle. Par son testament, Saint-Remi légua à diverses églises ses vignobles de Reims et de Laon.

Henri IV possédait un clos, aux environs de Vendôme, dans les pays de Suren ; il en retirait un vin blanc assez agréable, qui était bu à sa cour. Les courtisans ne manquèrent pas d'imiter le roi. Louis XIII n'estimait pas également ce vin, la mode en passa. Puis ce fut par erreur qu'on attribua au bon Henri le goût du vin de Suresnes.

Les Romains connaissaient la vigne du temps de Romulus ; ce prince défendit l'usage du vin dans les sacrifices, on devait se servir de lait. Numa, par la loi Posthumia, proscrivit les libations de vin sur les bûchers comme aussi d'user dans les cérémonies religieuses de vin de vigne non taillée. Il avait ainsi en vue d'encourager la culture de la vigne. « Mais, dit M. Couverchel, le législateur ne tarda pas à se repentir de ce qu'avait permis l'économiste. Des lois furent jugées nécessaires pour réprimer la licence que développa et favorisa l'abus de cette liqueur, non-seulement chez les hommes, mais encore chez les dames romaines. L'une de ces lois, et bien certainement la plus singulière, autorisait les parents à s'assurer de leur sobriété en leur donnant un baiser. »

« Cette mesure, raconte à son tour l'auteur de *la Corbeille de fruits*, eut ses inconvénients ; on mit bientôt tant d'empressement à offrir, d'une part, la preuve de cette abstinence, et de l'autre à l'acquérir, qu'il ne fallait plus que se trouver mutuellement aimables pour se prétendre parents. »

Pline nous fournit à ce sujet diverses anecdotes :

Egnatius Mecenius tue sa femme à coups de bâton pour avoir bu du vin au tonneau ; Romulus absout le mari.

Dans ses annales , Fabius Pictor rapporte qu'une dame romaine ayant ouvert le sac où étaient les clefs de la cave , ses parents la firent mourir de faim.

Le juge Cn. Domitius condamna à perdre sa dot une femme qui , à l'insu de son mari , avait bu plus de vin que sa santé ne l'exigeait.

Le vin d'Italie avait une grande renommée si on juge que les Gaulois , arrêtés par les Alpes , rempart jusqu'alors insurmontable , se déterminèrent pour la première fois à se répandre sur l'Italie, parce que Hélicon , artisan helvétien , ayant travaillé quelque temps à Rome , en avait rapporté des figues sèches et des raisins , de l'huile et du vin d'élite. « Qu'on les excuse, ajoute Pline , d'avoir recherché ces productions , même au prix de la guerre. »

Cependant qu'étaient-ce que ces vins ? Les uns étaient enfumés , les autres à la myrrhe , à la poix , à l'aloès. Les vins du Languedoc et de la Provence étaient réputés détestables si l'on n'y mêlait de l'eau de mer, de la farine avec du miel. De nos jours , il est vrai , qu'on compose des vins où il entre encore un peu moins de jus de raisin.

Ecoutez M. Galtier : « La fraude consiste surtout à mêler les vins peu colorés , les vins blancs , soit avec des vins très-colorés , dits teinturiers , ceux de Roussillon , du Languedoc , d'Auvergne , de Cahors , etc. ; soit avec de la lie , laquelle contient souvent le détritus des matières qui ont servi à la clarification , étendue d'eau et additionnée d'alcool ; soit avec des matières colorantes , les bois d'Inde , bleu , de campêche , de Brésil , les baies de troëne , de myrtille , de sureau , d'hyèble , de phytolaca , les mûres , les prunelles, les pétales de coquelicots, etc. Quelquefois on fabrique du vin artificiel avec ces matières colorantes, de l'eau, de l'alcool, de la crême de tartre. Les vins acides sont additionnés de carbonate de potasse, de soude, de chaux, de litharge. On avive la couleur du vin avec de l'alun.... »

Je ne veux pas révéler tous les secrets des fabricants de vin modernes, mais avant de revenir aux anciens, permettez-moi de vous donner quelques détails sur la manière dont on conduit l'importante opération de la cueillette du raisin.

Le vigneron soigneux prend autant de vendangeurs qu'il peut pour cueillir tous ses raisins le même jour, ou du moins pour remplir une cuve. Quelques propriétaires ne veulent pas que l'on entre dans leurs vignes avant le lever du soleil, afin que le raisin ne soit pas imbibé des humidités de la nuit ; c'est le plus petit nombre ; on se hâte de profiter du travail de ses ouvriers, et on regarde comme une perte le retard qu'on met à les utiliser.

Cette pratique, qui peut être bonne quand il s'agit du vin rouge, ne convient pas quand il s'agit de vins blancs et de vins mousseux. On doit cueillir, dans ces deux cas, les raisins dans la rosée et même quand il fait du brouillard ; le raisin n'en est que plus limpide et se cueille mieux. On a même fait en Champagne un calcul sur cet objet, et l'on a trouvé que l'on faisait un bénéfice d'un 25e et même d'un 20e en vendangeant par la rosée ou le brouillard.

Quand les vendangeurs sont introduits dans une vigne, on les dispose sur une même ligne, et chacun d'eux coupe devant soi, à l'aide d'une petite serpe ou d'un couteau, tous les raisins qui se présentent : on appelle cela *suivre son ordon*. D'une main ils coupent les raisins qu'ils tiennent de l'autre, afin de ne jamais les égréner. On ne saurait trop recommander, dans les années où le raisin est très-mûr, de placer sous le cep le petit panier dont chaque vendangeur est muni, afin de recevoir les grains qui se détachent d'eux-mêmes et qui sont les meilleurs.

Une fois les petits paniers remplis, un des hommes de la troupe, qui porte le nom de *vide-paniers*, se détache, prend les corbeilles pleines et va les vider dans d'autres grands paniers placés de distance en distance, dans l'intérieur de la vigne. Une personne de confiance suit les vendangeurs dans leur travail et ramasse les raisins qui leur ont èchappé.

Dès que les grands paniers sont remplis, les porte-paniers les chargent sur leurs épaules et les portent jusqu'à l'endroit où peut aborder une voiture sur laqúelle est placé un grand vase ovale appelé *balonge ;* on y vide les raisins contenus dans les paniers. Dans certaines localités, la vendange, au lieu d'être mise dans des paniers, est versée dans des hottes que portent des hommes qui ne font que ce travail. Ceux-ci vident leurs hottes dans des tonneaux défoncés qui sont placés en bas de la vigne, et dans lesquels ils pressurent les raisins, qui sont ensuite vidés dans les balonges.

Le travail des vendangeurs est interrompu par deux repas qui se donnent, l'un dès le matin, souvent avant d'aller à la vigne, et le second entre une heure et deux de l'après-midi. Autrefois ces repas, modèles de la frugalité lacédémonienne, consistaient d'ordinaire, le premier, en un plat de haricots ou de pommes de terre assaisonnés avec un peu de lait et un morceau de pain ; le second, en une frottée d'ail faite sur la croûte du pain, avec un peu de sel. Mais on a reconnu que c'était une économie très-mal entendue que de donner de si chétifs repas, puisque les vendangeurs étaient en quelque sorte forcés de manger beaucoup de raisins pour suppléer à leur insuffisance, et on leur fournit aujourd'hui une nourriture plus substantielle ; aussi travaillent-ils avec plus d'ardeur et mangent-ils moins de raisins.

« On s'imagine que c'est peu de chose que le plus ou le moins de raisins avalés, dit M. le docteur Morelot dans sa *Statistique de la Vigne :* on se trompe. Si l'on veut calculer ce que cinquante ou soixante vendangeurs peuvent en engloutir, on verra que le calcul peut s'élever fort haut, et l'on pourrait même assurer que leurs journées en sont souvent plus que triplées. »

Quand la balonge est arrivée à la halle du pressoir, on place la charrette de manière à pouvoir en extraire commodément les raisins et à les jeter sans perte dans la cuve destinée à les recevoir. On ramène ensuite la balonge à la vigne, et on la remplit de nouveau, jusqu'à ce que la vendange soit terminée.

Athénée parle de vins d'Asie conservés dans de grandes bouteilles qu'on pendait au coin de la cheminée et qui acquéraient par l'évaporation et la fumée la dureté du sel.

Aristote dit que les vins d'Arcadie se desséchaient tellement dans les outres, qu'on les en tirait par morceaux et qu'on devait les faire fondre dans l'eau pour en composer une boisson.

M. Louis Judicis nous rapporte qu'il en est encore ainsi en Corse, où l'on fait fondre une tablette de vin épaissi pour en former une boisson délicieuse (1).

En l'an de Rome 633, Caïus Gracchus, tribun du peuple, fut tué dans une sédition populaire. — Il faisait excessive-

(1) *Souvenirs de la Corse.*

ment chaud cette année-là, et il paraît que l'influeuce caniculaire est pour quelque chose dans les révolutions. Rappelez-vous juillet 1830. — Quoi qu'il en soit, la chaleur était extrême, et le soleil confit les raisins. Le vin qui en fut fabriqué se conserva pendant 200 ans, il avait pris l'aspect de miel durci.

Les vins bien en vogue ne datèrent à Rome que de l'an 600. Parmi les alcooliques, le Falerne tenait le premier rang. Le Cécube avait aussi quelque réputation. Et on en buvait !

Lucullus disait qu'enfant il n'avait jamais vu chez son père, quelque magnifique que fût le festin, servir plus d'une fois du vin grec dans un même repas.

Plus tard, ce même Lucullus, de retour d'Asie, fit distribuer au delà de cent mille cadi au peuple.

Ce n'était pas là la modération de C. Sextius, chez lequel il n'était entré de vin que par ordonnance du médecin et pour son estomac.

L'ivresse est malheureusement un vice qui date de loin. Horace (1) nous dit que la vertu de Caton l'Ancien reçut souvent de fréquentes atteintes du vin.

On connaît assez la triste réputation de Wenceslas l'Ivrogne.

Les Romains étaient friands du raisin muscat et surtout de son vin. C'est ce vin que les Italieus nomment moscatello et qu'on récolte à Montefiascone. Dans l'église de Saint-Floriano, on voit le tombeau de l'allemand Fugger, mort pour avoir trop bu de ce vin. De chaque côté de son bon-

(1) Lib. III. od. XV.

Narratur et Prisci Catonis
Sæpe mœro incaluisse virtus.

net sont sculptés deux verres avec cette épitaphe singulière :

Est ; est ; est.
Et. propter. nimium. est,
Dominus. meus. mortuus est (1).

On dit que Fugger, en voyageant, expédiait en coureur son secrétaire, chargé de goûter les vins et d'écrire le mot — *est* — sur les murs des auberges où le vin était bon. Arrivé à Montefiascone, le secrétaire écrivit trois fois de suite le même mot, pour indiquer la qualité supérieure du moscatello, et bientôt il les retraçait une dernière fois sur le tombeau de son maître, mort d'indigestion.

Mézence porta secours aux Rutules contre les Latins, à condition qu'on lui abandonnerait les vins qui se trouveraient dans le Latium.

Cinéas, l'ambassadeur de Pyrrhus, n'en faisait point tant de cas. Frappé de l'élévation des ceps d'Aricie et faisant allusion au goût un peu âpre du vin de ce vignoble, il dit plaisamment que la mère d'un tel liquide avait bien mérité un gibet si élevé.

Vous avez, sans aucun doute, entendu parler du célèbre vin de Rosenwein (vin de la rose) dont la ville libre de Brême est si justement fière. Les bourgmestres seuls de cette ville, comme on sait, se permettent d'en tirer quelques bouteilles pour leur consommation particulière ou pour les envoyer en cadeaux aux souverains et aux princes régnants. Le *Sport* nous fait connaître les particularités suivantes sur ce vin fameux :

L'historique de ce vin, dont chaque bouteille revient aujourd'hui à près de 11 millions de francs, ceci n'est pas une

(1) Il l'est, il l'est, il l'est. Et parce qu'il l'est trop, mon maître est mort.

faute typographique, a tout le merveilleux d'une légende, et pourtant en Allemagne, il ne viendrait à l'idée de personne de révoquer en doute la réalité des faits et de la statistique sur lesquels cette évaluation est basée ; nous allons les reproduire ici à titre de curiosité.

La cave de Brême est la plus ancienne de toutes les caves de l'Allemagne ; elle est située au-dessous de l'Hôtel-de-Ville. Un de ses caveaux, appelé la *Rose* — parce qu'un bas-relief en bronze, représentant des roses, lui sert d'ornement et d'enseigne, — contient le fameux vin dit Rosenwein qui a maintenant plus de deux siècles et demi. C'est en 1624 qu'on y a descendu six grandes pièces du vin du Rhin nommé Johannisberger (Schloss-Johannisberg, l'ancienne abbaye, appartient aujourd'hui à la famille Metternich) et autant de celui nommé Hocheimer.

La partie adjacente de la cave contient des vins de même espèce, non moins précieux, quoique âgés de quelques années de moins ; ils sont contenus dans douze grandes pièces dont chacune porte le nom d'un des douze apôtres ; et le vin de Judas, malgré la réprobation attachée à son nom, est encore plus estimé que les autres. Dans les autres parties de la cave se trouvent les différents vins des années postérieures. A mesure que l'on tire quelques bouteilles du Rosenwein, on les remplace par le vin des apôtres, celui-ci par un vin plus jeune, et ainsi de suite ; de manière que, à la différence de la tonne des Danaïdes, les pièces sacrées ne désemplissent jamais.

Voici, dit le *Sport*, comment une seule bouteille de Rosenwein coûte plus de deux millions de rixdallers (un rixdaller vaut 4 fr.). Uue grande pièce de vin contenant 5 oxhoft de 204 bouteilles coûtait 500 rixdallers en 1624. En comptant les frais de l'entretien de la cave, les contributions, les intérêts de cette somme et les intérêts des intérêts, un oxhoft coûterait aujourd'hui 555,657,640 rixdallers, et, par conséquent, une bouteille coûte 2,723,810 rixdallers, un verre ou huitième partie de la bouteille coûte 340,476 rixdallers (environ 1,361,904 fr.), et enfin une goutte coûte, en comptant 1,000 gouttes dans un verre, 540 rixdallers, environ 1,362 francs.

Un bourgeois de Brême a le droit d'obtenir une bouteille lorsqu'il reçoit chez lui un hôte distingué dont le nom est renommé en Allemagne ou en Europe.

La ville de Brême envoyait quelquefois une bouteille de vin à la rose à Gœthe le jour de sa fête.

Pendant l'occupation française, quelques généraux de l'Empire ont vidé une quantité considérable de cette précieuse liqueur ; aussi les bourgeois de Brême prétendent que leur ville a payé ainsi à la France une plus forte contribution que toutes les villes de l'Allemagne réunies.

On a beaucoup moralisé sur l'ivresse, ce vice est malheureusement aussi vieux que le vin, et nous trouvons dans Pline un raffinement qui vous prouvera jusqu'où peut aller cette passion. Il était une croyance que le vin était un puissant contre-poison : « On va, dit notre auteur, jusqu'à employer le poison, les uns même prennent de la ciguë pour que la crainte de la mort les oblige à boire. »

La vigne n'est point ce que vous connaissez dans votre jardin, Madame, elle a parfois atteint d'énormes proportions.

A Populonium existait un Jupiter taillé dans un seul cep de vigne. Le temple de Jupiter à Métaponte était soutenu par vingt colonnes en bois de vigne. Aujourd'hui encore, dit Pline, on monte au temple de Diane, à Ephèse, par un escalier dont tous les degrés ont été fournis par un seul cep de vigne de Chypre.

Les grandes portes de la cathédrale de Ravenne étaient construites de bois de vigne et les planches avaient plus de 4 mètres de hauteur, sur 10 à 12 pouces de largeur.

Strabon rapporte qu'il y avait dans la Margiane des vignes que deux hommes ne pouvaient embrasser.

Rosier (1) raconte qu'il existait autrefois à Besançon une vigne dont le tronc avait plus d'un mètre d'épaisseur au-dessus de terre.

On a vu naguère dans les châteaux de Versailles et d'Ecouen de grandes tables d'une seule planche de ce bois.

Il est mort en 1793, dit M. Fée, un pied de vigne dont le tronc avait près de 6 pieds de circonférence (2).

Près de Cornillon (Gard), sur le chemin de Barjac, était une vigne dont le tronc avait acquis la grosseur d'un homme et dont les rameaux ayant grimpé sur un grand chêne s'étaient étendus sur toutes ses branches. Cette seule vigne a produit une fois 350 bouteilles d'un vin fort agréable.

L'***Histoire de l'Académie des sciences de Paris*** (1737) rapporte qu'un particulier nommé Bilot, menuisier à Besançon, planta en 1720, à l'un des coins de sa maison, un sarment de muscat blanc, qui s'étendit sur les murs et le toit, où l'on pratiqua une galerie en bois de 37 pieds de long sur 9 de large, pour en soutenir les branches ; que de là ce cep gagna les maisons voisines qu'il couvrit également de ses rameaux. En 1751, cette vigne produisit 4,206 grappes de raisin ; elle continua encore à se développer et enfin elle prit un tel accroissement qu'elle fournissait au propriétaire tout le raisin dont il avait besoin pour sa consommation et de plus un muid de vin par année.

(1) *Dictionnaire d'Agriculture.*

(2) *Notes sur Pline.*

La vigne d'Hampton-Court, près de Londres, a une réputation que personne n'ignore. Le roi George III en donna un jour à ses comédiens cent douzaines de grappes, si on pouvait les trouver. Non-seulement on les trouva, mais le jardinier déclara qu'on pouvait en cueillir encore autant sans que cela dégarnît trop la treille.

En Brie, un cep de vigne isolé, soutenu par un pommier, a produit, en 1755, deux pièces de vin.

Au rapport de Pline, la vigne qui ombrageait le portique de Livie fournit jusqu'à douze amphores, soit trois pièces de Bourgogne.

Cette année nous a offert des exemples d'une fécondité merveilleuse, particulièrement en Alsace : A Bebleinhem, près de Colmar, sur un seul pied de vigne faisant partie d'une treille de muscat rouge-gris on a compté 690 raisins, portant en moyenne chacun 120 grains, ce qui donne en totalité près de 83,000 grains. On estime que ce pied seul a dû produire plus de 70 litres de vin, quoique placé dans des conditions de végétation asez défavorables, puisqu'il est pour ainsi dire implanté dans le mur qui supporte la treille.

On nous signale, dit le *Courrier du Bas-Rhin*, « un cep de vigne planté contre la maison du sieur Gaïs, jardinier au cimetière de Sainte-Hélène, près de la route de Brumath, qui porte en ce moment 1,157 grappes de raisin. »

En Campanie on mariait la vigne au peuplier. Le cep embrasse son époux, serpente amoureusement parmi les rameaux qu'enlacent ses tiges noueuses et arrive ainsi au sommet. Sa hauteur était telle que le vendangeur faisait marché pour être, en cas de chûte, brûlé et enterré aux frais du propriétaire.

Je suis obligé d'abréger mes notes, car je n'en finirais

point si je voulais user des matériaux que me fournissent les divers auteurs. Il me faudrait autant de pages que d'espèces de vignes, et si Pline en a décrit 91, Bosc à son tour en avait su rassembler 1,400 au jardin du Luxembourg, et encore n'était-ce que moitié des variétés connues.

Cependant voici un fait trop curieux pour être laissé de côté. J'emprunte le récit au *Courrier de Saône-et-Loire*.

« Dans l'arrondissement de Charolles, à Saint-Martin-la-Patrouille, M. Merlin possède une treille où l'on remarque un raisin, que l'on peut appeler le *raisin-sapeur*, véritable curiosité qui reçoit chaque jour de nombreuses visites et qu'on ne peut examiner sans un véritable étonnement. Ce raisin est *barbu ;* — ceci n'est point un conte, nous avons un certificat authentique qui atteste la chose ; — la barbe est adhérente à la grappe ; elle est semblable à celle du fruit du maïs, mais elle a une énorme dimension : elle est longue de 70 centimètres. Le propriétaire ne veut à aucun prix se défaire de cette merveille que ne cessent de venir voir les habitants du lieu et des localités voisines. Voici le certificat de M. le maire, qui témoigne de ce fait étrange :

« Nous, soussigné Emiland Dubuisson, maire de la commune de Saint-Martin-la-Patrouille, canton de la Guiche, arrondissement de Charolles, département de Saône-et-Loire, certifions à tous ceux à qui il appartiendra que le nommé Merlin François, propriétaire en cette commune, possède une treille joignant sa maison, où il se trouve un raisin qui a une chevelure de soixante-dix centimètres environ, en foi de quoi nous délivrons le présent certificat.

» Délivré en la mairie de Saint-Martin-la-Patrouille, cejourd'hui 10 septembre 1857.

» Le maire de Saint-Martin-la-Patrouille,

» DUBUISSON. »

Je ne voudrais pas me causer de méchante affaire avec M. le maire de Saint-Martin-la-Patrouille, cependant, le raisin barbu n'est pas si nouveau, et si j'en crois Valmont de Bomare, ce phénomène serait dû à la présence sur les grains de raisin d'une parasite que l'on nomme la cuscute.

Faut-il vous énumérer les vins ? Ceux de la France sont déjà bien nombreux, soixante-treize départements les fournissent ; la culture de la vigne occupe 1,868,000 hectares, répartis entre 5,000,000 de propriétaires ou de cultivateurs, payant en impôt indirect 200,000,000 de francs. Faut-il vous dire : Les vins de l'Est ont le goût de pierre à fusil ; ceux du Midi, le goût de cuit ; ceux de Bordeaux, le goût d'encens ; ceux de Bourgogne, le goût d'églantier, de rose fanée ; ceux de l'Orléanais et de la Touraine, le goût de framboise et de violette pour les rouges, de fleurs de sureau pour les blancs ?

En Espagne, les vins les plus célèbres sont ceux de Tinto, Alicante, Rota, Malaga, Xeres, Paxaret, Grenache : en Portugal, Porto, Sétuval ; en Italie, Lacryma-Christi, Montefiascone, Malvoisie, Syracuse ; en Allemagne, les vins du Rhin, le Tokay, le Johannisberg. La Russie en récolte à Zimslensk.

L'Asie, patrie de la vigne, n'a guère de vins, on cite celui de Schiraz, en Perse. L'Afrique consomme ses raisins en grains. La vigne, importée d'Europe en Amérique, n'y fournit que peu de vin.

Faut-il vous dire qu'outre le vin, le raisiné, le sirop et le sucre de raisin, l'alcool ou esprit-de-vin, le raisin fournit encore le tartre, le vinaigre, le vert-de-gris ?

Au fond d'un noir cellier, la grappe de raisin,
Dans une urne est plongée et s'enivre de vin.
Là, d'un cuivre battu les feuilles étendues,
Dans la grappe longtemps demeurent confondues.

Le vin s'aigrit, fermente, et l'esprit exhalé,
D'une verte vapeur couvre l'airain rouillé.
Vous dont la main savante imite la nature,
Et par des traits hardis fait vivre la peinture,
Pour nous tracer le vert qui pare nos coteaux,
De cette poudre heureuse abreuvez vos pinceaux. (1)

Devrai-je ajouter : On retire de l'huile des pépins des grains, on en fait du café, on en fait du tan, etc.

Non, le pouce incliné, vous me criez : Grace. Je termine.

---

(1) Rosset.

VII.

LES PLANTES VÉNÉNEUSES.

Lille, le 30 janvier 1858.

C'est une tâche ingrate que celle que j'aborde aujourd'hui, Madame; dépouillant les fleurs des qualités diverses qui charment chacun de vos sens, je dois vous montrer quels périls elles renferment dans les plis odorants de leur manteau fleuri, dans les fruits sucrés qui tentent et sollicitent le palais.

Est-ce à dire que toutes les fleurs soient dangereuses et que nous soyons obligés de nous en priver totalement? Non, certes; et à défaut des jouissances du goût, de l'odorat, il nous restera le plaisir de la vue. Encore y faut-il quelques précautions.

Je me rappelle qu'étant enfant j'allai passer mes jours de vacances au château du père d'un de mes compagnons d'études. Là, je vis l'arrière-grand'mère, aimable femme, charmant les loisirs des soirées de la vie de campagne par sa conversation variée, tandis que sa main promenait l'aiguille sur un canevas de tapisserie. Ses yeux , d'habitude, étaient baissés ; parfois elle relevait leur disque d'azur sur nous, mais hélas ! la vie en était absente. Les fleurs lui avaient ravi l'usage de ce sens. Un jour, c'était celui de sa fête, on lui avait offert des moissons de fleurs parfumées. Les bouquets demeurèrent dans sa chambre, les émanations des plantes vicièrent l'air de l'appartement, et le lendemain Mme de M... était retrouvée presque mourante dans son lit. Des soins empressés lui rendirent la santé, mais ses yeux, paralysés, ne devaient plus voir désormais.

A ce fait que je puise dans mes souvenirs je puis joindre les constatations de la science. En effet, si les feuilles dégagent pendant le jour de l'oxygène, gaz qui rend à l'air atmosphérique la qualité vitale que lui avait enlevée en partie la respiration des animaux, elles exhalent, pendant la nuit, du gaz acide carbonique, gaz délétère. Les fleurs, au contraire, ne dégagent jamais que du gaz acide carbonique. Une expérience bien simple vous en convaincra.

Placez, le soir, plusieurs roses sous une cloche, de manière à ce que l'air extérieur ne puisse y pénétrer. Le lendemain introduisez une bougie allumée sous la cloche, sans la renverser ; la bougie s'éteindra, parce que les fleurs auront absorbé l'oxygène, l'auront remplacé par de l'acide carbonique et auront vicié l'air.

Les fleurs embaumées de nos jardins nous punissent, par des maux de tête, des défaillances de cœur, de notre avidité à jouir de leur parfum. Voici ce que raconte le savant Fodéré :

« J'avais cueilli, dans la campagne, une belle fleur
» *(atropos mandragora)* que je plaçai, par inadvertance,
» sur la table de mon cabinet de travail. Après être resté
» quelque temps à travailler dans ce local, les portes et les

» fenêtres fermées, je fus pris de vertige, de faiblesse, puis
» d'une langueur telle que j'avais peine à me soutenir. Je
» ne songeais plus à la mandragore, mon premier mouve-
» ment fut d'ouvrir la fenêtre, ce que je fis en m'appuyant
» par hasard sur la plante, qui exhala une odeur fortement
» nauséabonde. Je reconnus alors la cause des accidents
» que j'éprouvais, lesquels se dissipèrent aussitôt que j'eus
» jeté la plante vénéneuse par la croisée. »

J'emprunte les lignes suivantes à Jules Janin, à propos du peintre Redouté :

« Pauvre homme, si aimable et si bon, il est mort d'apo-
» plexie par la mauvaise et brutale volonté d'un méchant
» commis du ministre de l'intérieur, qui avait refusé de lui
» commander un tableau. Le matin même il avait fait sa
» dernière leçon au Jardin des Plantes, puis en passant
» dans le jardin il avait demandé un beau lis tout chargé
» de rosée ; rentré chez lui, il avait posé la belle fleur dans
» un vase de porcelaine et il s'était mis à la dessiner avec
» cette calme passion qu'il apportait à toutes ses œuvres.
» Cependant la nuit était venue déjà ; la fleur perdait peu
» à peu ce nacré transparent qui la rend si brillante, le lis
» se penchait sur sa tige languissante, la corolle fatiguée
» s'entr'ouvrait avec peine, laissant échapper son pollen
» maladif. — Il faut que je me hâte, dit Redouté, voici déjà
» que m'échappe mon beau modèle ; il ne sera plus temps
» demain, hâtons-nous ce soir. En même temps il allumait
» sa lampe ; le lis fut placé sous cette lueur favorable. Re-
» douté continuait son travail. Hélas ! qui l'eût cru, qui
» l'eût jamais pensé ? Entre le peintre et son modèle,
» c'était un duel à mort. A ce moment solennel, la noble
» fleur royale jetait autour d'elle toute son odeur suave,
» toute son âme ; le peintre résistait de toutes ses forces.

» A la fin, il tomba vaincu, il tomba raide mort sur cette » page commencée. Il dura moins longtemps que cette » fleur. »

Les journaux de Londres ont raconté la mort d'une dame dont on trouva le cadavre dans son lit, la veille elle était bien portante. Les médecins firent l'autopsie et ils déclarèrent que la mort provenait d'un empoisonnement de l'air causé par les émanations d'une quantité de lis trouvés dans deux grands vases, sur la cheminée de la chambre à coucher.

Une dame me racontait récemment un fait analogue arrivé, il y a soixante ans environ, à Calais : une Anglaise habitant cette ville était décédée subitement. Le docteur Souville, appelé le matin, attribua cette mort à la présence de deux vases d'aubépine en fleurs que la dame avait placés dans le foyer de la cheminée qui, du reste, était bouchée.

Avant de quitter ce chapitre des odeurs et d'arriver directement à vous entretenir des plantes vénéneuses, permettez-moi de vous rappeler, à titre de bizarrerie, quelques courtes anecdotes.

L'odeur d'ail, qui faisait le désespoir de Henri III, réjouissait le bon Henri ; au reste, c'était pour le Béarnais un goût de naissance, son père lui en ayant frotté les lèvres dès le berceau. Un secrétaire de François Ier était frappé d'hémorrhagie nasale chaque fois que la plus légère odeur de pommes de reinette venait irriter ses nerfs olfactifs. Son frère était incommodé par l'odeur des pommes cuites et le fils de ce dernier ne pouvait sentir les pommes d'api sans éprouver une sécheresse de gosier accompagnée de violentes quintes de toux. Voilà une famille qui n'eût pas disputé la pomme du berger Pâris ou celles d'Atalante.

Une de ces ladies qui, malgré leur corpulence, sont toutes vaporeuses, tombait en syncope à l'odeur des roses rouges ;

les blanches lui plaisaient beaucoup. Peut-être descendait-elle de la famille d'Yorck et était-elle ennemie des Lancastre. C'était continuer à distance la guerre des deux roses. Au rebours, le médecin-légiste Zacchias horripilait devant une rose blanche, les rouges lui étaient fort agréables. Voltaire était incommodé de l'odeur de l'anis. Le professeur Orfila a parlé d'une dame qui ne pouvait se trouver dans un lieu où l'on préparait une décoction de graine de lin sans éprouver bientôt une tuméfaction à la face, suivie d'un violent mal de tête.

Hannemann cite un bourgeois de Copenhague qui, dans sa jeunesse, éprouvait d'affreuses coliques en flairant un citron. Il légua cette susceptibilité nerveuse à ses enfants, et tous, jusqu'à l'âge de vingt ans, éprouvèrent cette étrange influence. Une cantatrice perdait la voix chaque fois qu'elle respirait l'odeur des fleurs d'oranger, et ne la retrouvait qu'après plusieurs bains froids. Un frère quêteur, priseur déterminé et qui aurait épuisé la plus profonde tabatière sans sourciller, était atteint d'éternuements convulsifs chaque fois qu'il marchait sur des euphorbes.

L'imagination est bien pour quelque chose dans ces bizarreries, je citerai un trait dont fut témoin le médecin Thomas Capellini :

Une noble dame romaine, aux nerfs délicats, lui racontait un jour qu'elle n'avait jamais pu souffrir l'odeur d'une rose ; que cette fleur était son cauchemar, son enfer. Pendant cet entretien, une de ses amies, portant un bouton de rose dans sa coiffure, entra pour lui faire visite. La petite maîtresse pâlit aussitôt, fit quelques grimaces, agita les bras et défaillit sur son canapé. *Corpo di Bacco*, pensa le docteur, quelle susceptibilité nerveuse ! Il fallait que l'odorat de la belle évanouie fût bien subtil, le parfum du bouton de rose bien puissant pour produire un si violent spasme... On s'empressa autour d'elle ; on voulut éloigner l'indiscrète amie, en lui faisant apercevoir qu'elle était la cause de ces attaques de nerfs. Mais l'amie prouva son innocence en détachant la fleur de ses cheveux et la donnant au médecin. Alors les personnes qui entouraient la noble dame se mirent à sourire, quelques-unes haussèrent les épaules... Ce fatal bouton de rose était artificiel !

Une odeur vireuse décèle toujours une plante dangereuse, cette odeur vous la trouvez spécialement dans les fleurs de la famille des *solanées*, parmi lesquelles sont la pomme de terre, les morelles, la pomme épineuse, la jusquiame, la belladone, le tabac. Ces plantes ont un aspect triste, sombre; elles croissent volontiers aux décombres, dans les cimetières, dans les lieux humides, obscurs, ainsi la mandragore, dont le nom signifie ornement des cavernes. De ces plantes, les unes ne sont pas communes dans le Nord, les autres se rencontrent partout. Telles sont les morelles dont la fleur est semblable à celle des pommes de terre, de la tomate. La graine se présente sous la forme d'une baie jaune, rouge, violette ou noire. Celle de la belladone ressemble à la cérise nommée guigne, sa saveur est douce et elle a trop souvent été l'occasion de terribles méprises.

Pour ne citer que des faits récents, voici des extraits de la *Gazette des Tribunaux* du 12 et du 14 août 1857 :

« Un empoisonnement accidentel qui aurait pu coûter la vie à seize ou dix-sept personnes, a été constaté avant-hier dimanche, à Maisons Laffitte. Ce jour-là, un certain nombre d'ouvriers, de diverses professions, les uns de Sartrouville, les autres de Mesnil-le-Roi, de Carrière-sous-Bois et de Paris, travaillant à Maisons, étaient allés, selon leur habitude, prendre leur premier repas, à neuf heures du matin, chez le sieur C...., marchand de vins, à l'extrémité de l'avenue qui conduit du pont du chemin de fer à la colonie dans cette dernière commune. Leur repas était composé, comme à l'ordinaire, d'une soupe grasse et d'un morceau de bœuf, quelques-uns même n'avaient pris qu'une tasse de bouillon. Ce modeste repas était à peine terminé, que les dix-sept personnes qui y avaient pris part se trouvèrent en proie à un malaise indéfinissable qui se révélait par une forte pesanteur dans la tête, un affaiblissement dans la vue, une somnolence invincible, puis par des tiraillements et des contractions dans l'estomac, par des crispations nerveuses et par des vomissements chez quelques-uns. On s'empressa de faire appeler plusieurs médecins qui se rendirent en toute hâte sur les lieux et trouvèrent plusieurs des malades dans une situation fort grave. D'après les symptômes identiques qu'ils remarquèrent chez chacun d'eux, ils furent persuadés que ces personnes avaient dû avaler une substance vénéneuse, et il les soumirent immédiatement à une médication intelligente qui fit peu à peu disparaître les symptômes les plus alarmants.

» A la première nouvelle de cet événement, le maire de Maisons et la gendarmerie s'étaient rendus sur les lieux et avaient ouvert une enquête pour en rechercher la cause. Les personnes de l'établissement qui se trouvaient aussi plus ou moins grièvement atteintes ne purent donner aucune explication à ce sujet. La cuisinière qui avait préparé le repas en était d'autant plus surprise qu'elle s'était arrangée de manière, disait-elle, à faire la soupe meilleure que les autres jours, en n'y mettant pas de choux et en colorant le bouillon, pour la première fois, avec du fin caramel qui avait été laissé la semaine précédente par une personne qu'elle citait.

» Comme le mot de fin caramel avait été prononcé plusieurs fois et qu'aucune des autres substances qui avaient servi à la confection du bouillon ne pouvait paraître suspecte, l'autorité se fit représenter le vase qui le contenait, et les hommes de l'art reconnurent que le conteuu, que l'on croyait être du fin caramel, n'était autre que de l'extrait de belladone, substance vénéneuse narcotique qui, absorbée à une certaine dose, peut déterminer promptement la mort, et qui, prise à une dose moindre, sans nécessité, c'est-à-dire sans prescription médicale, peut causer des désordres graves. Le vase qui contenait l'extrait de belladone avait été oublié, à ce qu'il paraît, par un marchand de farine qui avait fait à Paris une provision de médicaments pour son gendre, pharmacien en province. Un de ses amis, voisin du sieur C..., l'ayant ouvert le lendemain et ayant goûté au contenu, avait cru que c'était du caramel, et il avait autorisé la cuisinière à s'en servir au besoin, le pharmacien pouvant, croyait-il, s'en procurer facilement dans son pays ou en faire lui-même.

» Une fois que l'on a été définitivement fixé sur la nature du poison absorbé, le traitement s'est poursuivi résolument ; des calmants et des contre-poisons ont été administrés à tous les malades, et, en même temps, on les a obligés à un mouvement continuel pour les empêcher de dormir, car le sommeil aurait pu aggraver leur situation. Ce traitement a complétement réussi. Au bout de quelques heures, quelques-uns des malades domiciliés à Paris se sont trouvés en état de supporter le chemin de fer, et ils ont été, sur leur demande, reconduits chez eux. Mais la situation des autres était encore assez grave pour les obliger à rester dans une salle de l'établissement, qui avait été transformée en ambulance.

» On s'était aperçu, après le premier traitement, que

l'une des personnes qui avait pris part au repas et qui devait être aussi affectée que les autres avait disparu. C'était un jeune homme de vingt-un ans, le sieur Louis C..., domicilié au Mesnil-le-Roi. S'étant assuré qu'il n'avait pas reparu depuis le matin chez sa mère, on fit des recherches dans tous les environs, et enfin des employés du chemin de l'Ouest le trouvèrent couché et endormi sur la voie de ce chemin. Ils le portèrent chez le marchand de vins où il reçut les soins des médecins. A peine réveillé il se trouva en proie à un délire maniaque qui inspira des craintes sérieuses ; le délire se prolongea jusque dans la soirée, et ce ne fut que dans le courant de la nuit qu'on parvint à le mettre tout à fait hors de danger. Interrogé alors sur le motif de sa fuite, il répondit que, se trouvant tout étourdi après avoir mangé sa soupe et craignant qu'on ne supposât qu'il était en état d'ivresse, il s'était éloigné et était allé se coucher contre la clôture extérieure de la ligne du chemin de fer de Rouen. Il ne lui est resté aucun souvenir d'avoir escaladé cette clôture pour passer à l'intérieur de la voie. Il est probable que c'est pendant son sommeil qu'il a exécuté cette escalade. Hier, dans la matinée, sa situation et celle de tous les autres malades qui avaient passé la nuit dans l'établissement du sieur C...., où ils n'avaient par cessé de recevoir les soins empressés des médecins, était suffisamment améliorée pour leur permettre de retourner à leur domicile.

» Les seize ou dix-sept personnes qui ont été victimes de cet empoisonnement accidentel sont aujourd'hui toutes hors de danger et en état de vaquer à leurs occupations ; néanmoins, la plupart se plaignent encore d'une faiblesse de la vue qui les empêche de distinguer nettement les objets, et d'une certaine raideur dans les membres, principalement aux extrémités. Mais tout fait espérer que ce malaise disparaîtra promptement et qu'il ne restera chez eux aucune trace de cet accident, qui aurait pu avoir des conséquences beaucoup plus graves si la cuisinière n'avait pas modifié sa dose. Cette fille mettait habituellement, dans une marmite contenant vingt-cinq litres de bouillon, deux ou trois cuillerées de caramel ; cette fois, persuadée que ce *fin caramel* devait avoir plus de vertu que celui qu'elle employait précédemment, elle n'en avait mis que la moitié. Il est probable que si elle avait mis la portion entière, plusieurs des victimes, peut-être même toutes, auraient succombé. »

« Nous avons fait connaître avant-hier les circonstances d'un empoisonnement accidentel causé par l'extrait de belladone, mis par erreur en minime quantité dans une marmite de bouillon. On se rappelle que, par suite de l'ingestion de ce bouillon, la vie de dix-sept personnes avait été plus ou moins gravement compromise, dimanche dernier, à Maisons-Laffitte. Nous avons encore à mentionner aujourd'hui un empoisonnement accidentel de la même nature, qui a eu lieu à Paris, et qui a été causé cette fois, non pas par l'extrait, mais par le fruit même de la belladone, et dont les conséquences ont été plus funestes qu'à Maisons.

» Deux enfants du quartier de la Douane, un petit garçon de quatre ans et une petite fille de trois ans étaient allés jouer dans un terrain vague, dépendant de l'Hôpital Saint-Louis et donnant sur la rue Saint-Maur, et après avoir cueilli quelques fleurs, ils s'étaient arrêtés devant une touffe d'herbe à tiges molles, grosses comme le petit doigt, portant des feuilles qui ont quelque analogie avec celles de la pomme de terre et un peu avec celles du cassis. Cette touffe était chargée de fruits gros comme celui du cassis, mais adhérents à la feuille, et principalement au dessous des feuilles supérieures, c'est-à-dire à l'extrémité des tiges où le fruit était moins abondant. Ce fruit était d'un bleu foncé tirant sur le violet, et ces enfants, supposant qu'ils avaient devant eux un buisson de cassis, en mangèrent une certaine quantité. Ils retournèrent ensuite chez leurs parents, enchantés de leur découverte, et se promettant de revenir le lendemain. Malheureusement ce qu'ils avaient pris pour du cassis n'était autre que de la belladone, plante des plus vénéneuses. A peine arrivés chez leurs parents, ces deux enfants se sont trouvés exposés aux désordres internes inévitables que cause toujours l'ingestion du fruit pernicieux de cette plante. Comme on ignorait qu'ils eussent mangé de ce fruit, on a cru à une indisposition passagère, et ce n'est que lorsque leur situation s'est aggravée qu'on s'est décidé à appeler un médecin. Mais le mal avait fait des progrès si rapides, que la petite fille était déjà dans un état désespéré, et qu'elle a succombé un peu plus tard, malgré les soins empressés qui lui ont été prodigués. Quant au petit garçon qui avait mangé de ces fruits en moins grande quantité, on est parvenu à lui conserver la vie. »

La pomme épineuse vous est connue. On la nomme *datura ;* dans quelques variétés les fleurs ont une odeur agréable ; les graines renfermées dans une coque semblable à l'enveloppe du marron d'Inde sont noires et luisantes, elles forment un poison violent ; les feuilles ont une action énergique que la médecine a utilisée en certains cas, ainsi qu'elle a fait de nombreux poisons.

Toutes les solanées sont suspectes, et même parmi celles qui sont comestibles, il faut certaines précautions pour en user ; on ne doit les employer que bien mûres, en outre la cuisson en fait disparaître les principes délétères.

Le tabac devrait appeler un moment notre attention. Il

renferme ce terrible poison, la nicotine, qu'un procès fameux a fait connaître de tous. Mais pour ne pas embrasser trop de détails, je dois me borner aux indications les plus sommaires. D'ailleurs, Madame, le tabac aura sa lettre spéciale.

J'ai prononcé le nom de la mandragore. Quelques détails sur cette plante, autrefois si renommée, seront peut-être accueillis par vous avec intérêt.

La mandragore était réputée fleur magique, douée de puissantes vertus. On la voit se mêler aux sombres enchantements des Thessaliennes, aux philtres des Orientaux, aux charmes nocturnes des sorcières du moyen-âge. Le plus souvent, dit M. Sébastien Rhéal (1), elle était censée croître sur le tombeau d'une jeune fille morte d'amour ou d'un voyageur assassiné. Les magiciennes, armées d'une petite serpe, les cheveux dénoués, les pieds nus, allaient la cueillir au clair de la lune, en observant des cérémonies particulières. La fleur répandait du sang au moment où on la séparait de sa tige. Les croyances cabalistiques et populaires lui attribuaient la merveilleuse faculté de chanter à minuit. Ceux qui l'entendaient connaissaient l'avenir. On sait le parti que tira de cette fable Charles Nodier, dans son conte de la ***Fée aux Miettes***, et Hoffmann, le fantastique, dans son ***Klein-Zacht***.

Jean Bodée, dans ses commentaires sur Théophraste, dit que la mandragore naissait sous les cadavres des pendus. On lui attribuait la faculté de rendre les femmes fécondes, parce que Lia en avait donné à Rachel, stérile jusque-là, et qui alors devint mère. C'est du moins la mandragore que la plupart des traducteurs ont cru reconnaître dans le mot hébreu : ***duddaïm***.

(1) Divines féeries de l'Orient et du Nord.

Le duddaïm, selon Olaüs Celsius, serait le *lotus* cueilli, d'après les anciens rabbins, sur l'arbre müch que le botaniste arabe Abou'l Fadhli assure être le lotus des Grecs. Sprengel, comme Linné, veut que ce soit un concombre ; Bruckman, la truffe ; M. Vircq, le salep ou pulpe des orchis. D'autres y voient le *zifzouf*, jujube. D'autres encore le *sidr*, dont le fruit, *nebisk*, doit être servi par les houris aux bienheureux, et dont le bois fort épineux aurait servi, au rapport d'Hasselquist, au couronnement d'épines.

La mandragore était citée parmi les proverbes des Grecs et des Latins. Il a mangé de la mandragore, signifiait : C'est un homme mou, sans énergie, endormi. Ainsi Démosthènes, dans sa IVe philippique, Julianus César écrivant à Calixènes. Lucien dans Timon, à propos des marchands lents au négoce, endormis sur leurs comptoirs dit : Ils ont dormi sous la mandragore.

Voici ce que rapporte Julius Frontinus : Annibal, envoyé par les Carthaginois contre les Africains révoltés, sachant que ces derniers étaient avides de vin, mélangea ce liquide avec de la mandragore, dont l'action tient le milieu entre le sommeil et la mort par le poison. Une légère escarmouche ayant eu lieu, Annibal se retira à dessein. La nuit était venue, une nuit orageuse, il feignit de fuir et quitta le camp, y laissant une grande quantité de vin arrangé. Les barbares s'emparèrent du camp, pleins de joie. Puis, lorsqu'ils eurent bu le vin gloutonnement, tandis qu'ils gisaient semblables à des morts, Annibal revint et les massacra.

Je résume ces quelques mots sur les solanées en vous disant : Craignez les fleurs à l'aspect sombre, à l'odeur affadissante ; comme le méchant, elles ont une physionomie sinistre.

Les *renonculacées* ne sont pas moins dangereuses ; les

plus répandues sont les aconits, les anémones, les renoncules, les pieds d'alouette, l'hellébore (rose de Noël).

Les renonculacées exercent généralement sur l'économie animale une action tellement énergique qu'elles produisent, par la contraction spasmodique des joues et de la bouche, une sorte de rire que les anciens nommaient *sardonique*, occasionné par une plante commune en Sardaigne et qui est peut-être notre renoncule scélérate.

L'aconit est une plante aux feuilles profondément découpées et du sein desquelles s'élèvent des tiges terminées par un épi de fleurs bleues, jaunes ou panachées. Quelques espèces, dit le docteur Galtier, sont cultivées dans les jardins, à tort, parce qu'elles deviennent souvent causes d'empoisonnements ; sèches, cuites même, les tiges, les feuilles, les fleurs sont vénéneuses au plus haut degré. L'aconit est un poison très-prompt, très-actif pour toutes les espèces animales, spécialement pour l'homme. Il était connu des anciens, qui, en raison de l'intensité de ses propriétés toxiques, en attribuaient l'origine à la terrible Hécate.

On est exposé à manger les racines ou les feuilles en salade, comme du céleri ; les enfants, séduits par la beauté de la fleur, la cueillent et la mangent. Les ouvrages spéciaux sont remplis de faits qui doivent nous être de graves enseignements. J'extrais le suivant du *Journal de Chimie*.

« Un enfant de 21 mois, plein de vie, conduit par sa mère dans un jardin, cueille une tige d'aconit, en mange deux ou trois fleurs. Au bout d'une demi-heure, il chancelle. Deux heures après les parents s'inquiètent, un médecin est appelé ; il arrive pour voir le petit malheureux succomber cinq minutes après. »

La renoncule, outre la variété qui nous vient d'Asie,

fournit aux jardins le bouton d'or et le bouton d'argent ; aux prairies un grand nombre de plantes à fleurs jaunes. Mères prudentes, écartez-les du moins de vos enfants.

Chacun connaît les anémones. Les effets de cette plante sont également des plus funestes. J'en dirai autant de la rose de Noël qui développe en février ses fleurs blanc-rosé.

Les pieds d'alouette renferment pour principe actif la delphine qui, à faible dose, amène la mort en quatre à six heures.

Un usage pernicieux a préconisé l'emploi de la graine d'éperon-chevalier infusée dans le vinaigre pour détruire la vermine chez les enfants, c'est un moyen dangereux.

Les ancolies, les clématites, les pivoines, sont de la famille des renonculacées ; c'est assez dire qu'il faut s'en méfier.

Dans la famille des *colchicacées* se place la colchique des prés. Il n'y a pas un an qu'un enfant de Pont-à-Marcq (Nord), mourait en peu d'heures pour en avoir mangé les graines qu'il avait cueillies dans une prairie. C'est cette plante à fleurs d'un violet pâle que l'on fait éclore parfois sur les cheminées.

Dans la famille des *scrophulariées* je vous signalerai une seule plante, la digitale. On cultive dans les jardins la digitale pourprée. Les feuilles sont larges, étalées en rosette, les tiges qui en sortent présentent un magnifique épi dont les fleurs sont en forme de doigt de gant. Les effets toxiques de cette plante sont violents, le malade succombe en douze à vingt-quatre heures.

La famille des *ombellifères* se compose de plantes à tiges fistuleuses, dont les fleurs sont en ombelle, de couleur blanche, comme dans la carotte, le cerfeuil, ou jaune.

C'est dans cette famille que se range la ciguë, dont nous

ne distinguerons qu'une espèce, la petite ciguë, souvent mélangée au persil et au cerfeuil. Je croirai ne point abuser de votre attention en vous signalant les caractères distinctifs.

Le meilleur est l'odeur. Froissez entre les doigts les feuilles ; celles du cerfeuil et du persil ont une odeur aromatique ; celles de la petite ciguë une odeur vireuse. Lorsque les plantes sont fleuries, remarquez que le cerfeuil a les pétales égaux, les folioles sont d'un vert clair, l'ombelle n'a que 4 à 5 rayons. Le persil a les fleurs jaune-verdâtre, les feuilles deux fois découpées. La ciguë a les fleurs blanches, les ombelles ont jusqu'à 20 rayons. Au reste, comme il existe des variétés à feuilles frisées de persil et de cerfeuil, le mieux serait de ne cultiver que celles-là.

Il arrive aussi, surtout en Bretagne, que l'on a à déplorer des empoisonnements par la grande ciguë, œnanthe safranée, nommée en breton *pembis*. Chaque année fournit son triste contingent.

Le dimanche, 3 août 1856, trois militaires de l'infanterie de marine se promenant aux environs de Kerinon, près du village de Kerduff, remarquèrent, dans une prairie, une plante qu'ils croyaient avoir vue dans les Antilles, et dont les racines constituent un aliment tout à fait innocent et assez agréable. Immédiatement ils l'arrachèrent du sol, et, confirmés dans leur persuasion par la ressemblance qu'ils trouvèrent à ces tubercules avec ceux de la plante coloniale, ils en mangèrent une assez grande quantité. Mais, au bout d'une demi-heure, ils furent saisis de maux de tête, de vertige, etc. ; tous les symptômes d'empoisonnement se déclarèrent, et l'un d'eux, Joseph Malveau, fusilier à la 7ᵉ compagnie, succomba bientôt au milieu d'atroces convulsions. Les deux autres purent gagner la ville et furent heureusement sauvés.

Je vais maintenant attaquer des fleurs qui vous sont sans doute bien chères, Madame ; c'est dans la famille des *caprifoliacées* que se trouvent le chèvre-feuille, que les Anglais ont nommé *honey-suckle* (allaitement de miel), le sureau, la boule de neige, le lierre. Ce ne sont pas seulement leurs fleurs qui sont à redouter, mais encore et surtout leurs baies. On a remarqué que les animaux, les insectes, respectent les sureaux, parmi lesquels nous devons noter comme les plus dangereux le sureau à grappes et l'hyèble, petit sureau, sureau en herbe.

Deux enfants mangent, l'un des fleurs, l'autre des fleurs et des feuilles, aux environs d'Edimbourg. Le dernier, W. Ross, âgé de 8 ans, se plaint deux heures après de violentes coliques, de chaleur à la peau, avec vives douleurs et irritation à la bouche et à l'arrière-bouche. L'état était très-grave, la guérison ne vint qu'après dix jours de traitement énergique. L'autre, âgé de 11 ans, n'ayant mangé que des fleurs, ne ressentit les effets du poison que plus tard, il éprouva un violent mal de tête, des vertiges, des étourdissements, il fut malade deux jours.

En 1844, M. V..., propriétaire à Versailles, entrant le matin dans la chambre de ses deux enfants, trouve le plus jeune, âgé de 8 ans, sur son lit, sans connaissance, la tête en dehors et reposant sur le sol, plus de mouvement, la peau froide. Le frère aîné, âgé de 10 ans, est pris seulement alors de vertige, il tombe et présente les mêmes symptômes. Ils avaient mangé des baies de sureau à grappe. Grâce à un traitement énergique, après quelques jours de souffrance, le danger avait disparu.

Il résulte des faits observés que ces plantes ne sont guère moins redoutables que les solanées et que les ombellifères vireuses. Par analogie, on doit se méfier des autres caprifoliacées dont je vous ai cité les noms.

Vous avez rencontré par les champs des plantes dont la tige rompue laissait écouler un liquide laiteux d'une certaine consistance. Les fleurs sont comme formées de petits croissants d'un jaune verdâtre. C'est l'euphorbe réveille-matin, de la famille des *euphorbiacées*. Son nom lui vient de la coutume ancienne de certains campagnards qui se frottaient les paupières avec la plante, afin d'être sûrs d'être réveillés de bon matin. L'effet n'était que trop certain, car au bout de quelque temps, le suc laiteux déterminait des démangeaisons brûlantes qui, parfois, amenaient de l'inflammation, la bouffissure du visage, une fièvre avec délire et même la perte d'un œil. Ce sont des euphorbes encore qui ornent les serres de leurs belles fleurs d'un rouge écarlate, ou d'un rose vif au bout de leur tige épineuse. Il m'est plusieurs fois arrivé, en desséchant de ces plantes pour l'herbier, de ressentir un malaise général, avec défaillances de cœur.

C'est dans les euphorbiacées que se trouve le terrible mancenillier ; il faut cependant bien un peu rabattre des récits des voyageurs, lesquels prétendent que le sommeil pris à l'ombre de cet arbre est mortel. Jacquin raconte que s'étant réfugié pendant un orage sous un mancenillier, il avait reçu sans inconvénient sur le corps l'eau de pluie qui dégouttait des feuilles et des branches de cet arbre.

Ricord a fait de nombreuses expériences qui doivent affaiblir la croyance à la vertu foudroyante du suc ou de la pomme de cet arbre.

Dans les *cucurbitacées*, le genre courge fournit à vos jardins ces plantes à végétation puissante et rapide donnant des fruits de formes étranges, ici en poire, là en turban, en serpent, en pomme, en bouteille. Toutes ces variétés ne sont point dangereuses ; plusieurs sont alimentaires ; d'autres , la coloquinte , par exemple , sont toxiques.

La bryone , navet du diable , croît communément en juin-juillet dans les buissons, les haies. Les baies, verdâtres d'abord , rougissent à leur maturité. La bryone est drastique au même degré que la coloquinte.

J'ai à peine cité quelques noms et déjà je crains d'avoir abusé de votre attention ; je veux me borner, maintenant , à une simple énonciation , puis vous me permettrez de vous entretenir quelques instants des poisons indiens.

Je vous ai indiqué les familles de plantes dont vous deviez surtout vous défier , je n'ai point nommé le champignon ; assez de tristes expériences vous invitent à une prudence extrême.

J'aurais dû vous citer encore les *papaveracées* , où se rangent les pavots.

Défiez-vous aussi des narcisses , du muguet à clochettes , des impériales, des iris , des lis , du bois-gentil ; l'odeur peut en être pernicieuse. Défiez-vous même de la douce violette.

Triller rapporte qu'une jeune fille fut frappée d'apoplexie pour en avoir tenu des bouquets dans sa chambre pendant la nuit. C'était une triste réalisation de l'emblême qui faisait qu'en Allemagne , au temps de Simon Paulli , on mettait des violettes sur le cercueil des jeunes filles. Ce fut du reste, pendant un temps , l'emblême de la virginité.

Quelquefois , Mademoiselle , il vous est arrivé de cueillir ces perruques naturelles qui succèdent aux fleurs d'une sorte de sumac. Oui , je vous vois , courant avec votre amie dans les allées sinueuses du jardin de votre mère ; ces houppes de soie végétale vous ont suggéré une idée de coquetterie , vous en avez fabriqué une charmante coiffure. Oh ! je vous en prie, jetez vite cette parure dangereuse, laissez à l'avenir le rameau attaché au tronc. Thuillier nous raconte qu'une dame, dans une herborisation, ayant tenu à la main une branche de ce sumac fustet en fleurs, éprouva un engourdissement s'étendant jusque dans le bras qui, le lendemain, était couvert de pustules.

Faut-il encore vous prémunir contre un de nos plus charmants arbrisseaux ? Il n'est que trop vrai, le laurier-rose est dangereux. Ecoutez :

A Milianah, un officier en garnison fait dans sa chambre, avec du laurier-rose, une sorte d'alcôve pour se préserver des moustiques. Il ne se réveilla plus.

En 1809, nos troupes bivouaquaient devant Madrid. Les soldats, étant allés à la maraude, rapportèrent leur butin en viande. Il s'agissait de le faire cuire. Des baguettes de laurier-rose, dépouillées de leur écorce, servirent de broche. Des douze soldats qui mangèrent du rôti, sept moururent, les cinq autres furent dangereusement malades.

Un autre fait tout récent : Vous vous rappelez les nombreux empoisonnements qui terrifièrent en septembre dernier, la ville d'Amiens ; à ce sujet et pendant que l'on recherchait les causes possibles de ces faits, un notaire de Châtillon-sur-Loing (Loiret), adressait la lettre suivante au rédacteur du ***Mémorial d'Amiens*** :

« Uniquement dans le but de mettre sur la voie du mal et d'en garantir les populations à l'avenir, permettez-moi de vous dire qu'il y a environ trois ans, une bourriche de crevettes envoyées à Bléneau (Yonne), a empoisonné huit ou dix personnes qui en avaient mangé à déjeuner chez le notaire de cette localité. Lui-même en est mort, les autres, après avoir été très-gravement malades, ont fini par échapper au danger. On avait attribué cet empoisonnement peut-être aux crevettes, mais plus encore aux feuilles de laurier-rose qui leur servaient d'emballage. C'était, du moins, l'opinion des médecins, fondée sur le principe malfaisant que ces feuilles contiennent. »

Les ifs qui verdoient dans les massifs de vos jardins, les rhododendrons et les azalées, sont dangereux aussi; je rappellerai à votre mémoire ce fait tout récent d'une famille momentanément empoisonnée avec du miel rapporté de Crimée par un officier anglais, et probablement fabriqué par des abeilles qui avaient recueilli leur moisson sucrée sur les fleurs d'arbrisseaux tels que ceux dont je viens de vous donner les noms. Le médecin constata que les phénomènes de ces empoisonnements avaient de l'analogie avec ceux que produit l'absorption du *hatchis*.

Je suis amené à vous parler tout naturellement de cette composition, qui est pour les Orientaux ce qu'est l'opium pour les Chinois. Le hatchis se prépare avec les sommités du chanvre indien. On les mélange au miel, au sucre; on en fait des pastilles, des grains, ou une pâte d'une consistance butyreuse.

Ses effets sont les suivants : compression de la tête, sensation particulière dans la colonne vertébrale, gaîté extrême et sans motif, rire bruyant, loquacité. Le sens de l'ouïe est très-exalté, un coup léger sur une vitre résonne comme le tonnerre du canon; la vue est également très-affectée; les objets se colorent diversement, ils se multiplient, ils s'éloignent, diminuent de grandeur. Employé par des peuples excessivement voluptueux, il n'est cependant pas complètement sans danger. D'après M. Moreau, qui a beaucoup expérimenté le hatchis et en a comparé les effets avec ceux de la folie, il n'y a aucun fait élémentaire ou constitutionnel de cette affection, que cette préparation ne puisse développer, depuis la plus simple excitation maniaque jusqu'au délire le plus furieux.

Les poisons indiens sont les poisons extraits de l'*upas*. Les poisons américains sont le *curare*, le *ticunas* et le *worara*, d'autant plus terribles qu on ne connaît pas de traitement à leur opposer.

L'upas provient soit de l'antiaris, grand arbre de la famille des arbres à pain, soit de la liane Strychnos.

Une petite poule d'eau, piquée à la cuisse avec une flèche trempée dans l'upas, a succombé en trois minutes; six gouttes versées dans la plaie faite à la cuisse d'un chien l'ont tué en dix minutes, de même pour des chevaux. Un cheval, dans les veines jugulaires duquel on en a introduit 8 grammes, a succombé en une minute et demie.

Les poisons américains proviennent de suc de lianes épaissi. Le curare de Rio Negro, colore l'eau en rose; les sauvages le portent sous l'ongle du petit doigt. Les porcs soumis à son action périssent en dix à douze minutes; les plus gros oiseaux en deux à trois minutes.

Un oiseau blessé avec une flèche imprégnée de ticunas depuis un an, a succombé en sept minutes.

Grâce à Dieu, nos plantes d'Europe ne sont pas douées d'actions aussi foudroyantes; néanmoins, ce que je vous ai dit doit vous inspirer une salutaire défiance. Des familles entières, il est vrai, ne présentent pas de danger; ainsi les *légumineuses* papillonacées, le pois, sont alimentaires; les *labiées* aromatiques, la sauge, fortifiantes; les *crucifères*, le cresson, excitantes, antiseptiques; les *malvacées*, la mauve, émollientes. Généralement les plantes d'une même famille ont une analogie de propriétés comme de formes; cette règle souffre des exceptions. Dans les ombellifères, par exemple, la carotte, le panais, le céleri sont alimentaires ; la ciguë est vénéneuse ; dans les solanées, la pomme de terre est voisine des morelles ; l'amère coloquinte se trouve, dans les cucurbitacées, à côté du melon délicieux.

Les études de l'homme lui ont souvent fait trouver la vie là où naturellement il ne devait rencontrer que des principes de mort. Bien des végétaux dangereux ont été transformés en médicaments salutaires, les alcaloïdes si actifs, la strychnine et la brucine des poisons indiens se retrouvent dans la noix vomique dont la médecine a su atténuer les qualités toxiques pour les convertir en agents thérapeutiques d'une grande efficacité contre les paralysies qui frappent les muscles vivifiés par les nerfs de la moëlle épinière.

Vous savez l'emploi médical de l'opium, de la digitale, de la belladone et de cent autres.

Vous me demanderez peut-être quels sont les moyens curatifs dans les divers empoisonnements dont je vous ai entretenue. Je vous dois cette satisfaction, dites-vous, après avoir dépoétisé les fleurs, les sœurs aimées des femmes et des enfants.

Cette étude serait extrêmement longue à cause des nombreuses différences qui existent entre l'action des divers poisons. C'est d'ailleurs l'œuvre des hommes spéciaux, et je n'ai point la mission de traiter cette matière en professeur.

J'ai voulu vous prémunir, Madame, vous et toutes les mères en même temps, contre les dangers que l'inexpérience peut faire naître sous les pas de vos enfants. Ne les abandonnez jamais au milieu de vos parterres, un moment d'oubli peut être la source de longs regrets. Je ne vous dirai point : Bannissez de vos jardins toutes les plantes dangereuses. Dieu ne les a point faites pour qu'elles aillent dans les solitudes développer leurs brillantes corolles et leurs nectaires embaumés, sa main les a semées pour récréer votre vue, pour être l'une des plus charmantes décorations de cette toile magique tracée de sa main et dans laquelle il a placé l'homme comme le roi de la création.

Gardez vos plantes, allez leur donner vos soins de chaque jour, l'abri salutaire quand le soleil les brûle de ses ardeurs ; la goutte d'eau que réclament leurs feuilles penchées, lorsque la voûte du ciel demeure fermée. Mais empêchez vos chers petits anges de se laisser séduire par un coloris éclatant, par un fruit sucré. Et pour vous mêmes, si vous détachez par hasard une rose du buisson, souvenez-vous que la fleur n'est nulle part aussi belle que sur la tige où elle est née, et que sous la corolle embaumée se cache l'épine aux douleurs cuisantes.

VIII.

LES PLANTES MÉDICINALES.

Lille, le 5 février 1858.

Madame,

De même que nous avons fait pour les plantes vénéneuses, et quoi que je puisse penser des classifications scientifiques, je crois que le meilleur moyen de remplir mon programme de ce jour est de m'astreindre à suivre l'ordre des familles botaniques. Commençant par l'immense famille des *composées*, nous y trouvons au premier rang les plantes toniques, c'est-à-dire qui augmentent l'énergie et la force de résistance vitale dans les organes du corps humain ; les stimulants qui ont, à peu près, les mêmes qualités ; les astringents, qui resserrent les tissus, les tannent en quelque sorte ; d'autres sont vermifuges et fébrifuges.

Le genre *armoise* fournit, à lui seul, l'armoise, l'absinthe, l'estragon, la tanaisie. Les capitules desséchées de certaines espèces constituent le *semen contra*. Une espèce ligneuse fournit chez les Chinois et les Japonais de petits cônes cotonneux , nommés, de la plante, *moxa*, et qui servent à l'application du feu sur la surface du corps , dans la goutte sciatique , par exemple. Les plantes de ce genre , à elles seules , forment souvent au centre de l'Asie , de la grande muraille de Chine jusqu'au lac d'Aral , dans une largeur de plus de 2000 lieues , les steppes les plus élevées et les plus vastes du monde.

Vous connaissez , sans aucun doute, l'herbe à mille feuilles , que l'on nomme *achillée* , parce que Achille , instruit par le Centaure Chiron , en avait fait usage pour guérir des plaies. Sa fleur aux champs est blanche ; dans les jardins, il en est de rouges et de jaunes. On l'appelle encore *herbe au charpentier* , à cause de son emploi pour les coupures. Au collége , nous nous en servions pour tout autre usage. Une feuille était introduite dans les narines, un léger coup de doigt sur les ailes du nez faisait pénétrer les divisions aiguës dans les petites veines , et on saignait du nez. Dès lors , obligation de sortir pour aller se débarbouiller, et la récitation d'une leçon non apprise était escamotée.

Là encore se trouve la *camomille romaine* dont les fleurs sont un excitant stomachique , un antispasmodique remarquable ; en d'autres termes , elle sert à calmer les troubles, nommés spasmes , survenus dans les fonctions du système nerveux. Mais sa principale vertu est de guérir les fièvres intermittentes ; et ce qu'il y a de remarquable , c'est que , comme quelques autres plantes indigènes , elle manifeste sa puissance dans les cas où le quinquina , le premier des fébrifuges a complètement échoué.

Le pas d'âne , aux fleurs jaunes , semblables à de petits pissenlits , aux larges feuilles , est une composée ; sa vertu est béchique , c'est-à-dire propre à guérir la toux. En pension, l'amour de la fraude nous faisait sécher les feuilles, qui ensuite étaient fumées en guise de tabac.

La sous-famille des *chicoracées* nous offre des plantes renfermant un suc laiteux , amer , résineux , salin , narcotique. L'action de ces plantes , dont la plupart se mangent en salade — pissenlit , chicorée , laitue — ou étuvées — scorsonères — est bienfaisante et tempère chez l'homme la trop grande énergie de la vie de nutrition , en stimulant doucement les vaisseaux sécréteurs et les glandes.

La laitue vireuse est une véritable succédanée de l'opium , avec une action moins irritante, moins stupéfiante. L'extrait se nomme Thridace et sert à composer le sirop de ce nom , employé comme calmant dans la toux.

Les *campanulacées* , ces plantes aux clochettes bleues , contiennent un suc âcre et narcotique , mais que tempère un mucilage abondant. Nous y trouvons la raiponce , plante alimentaire , et deux autres espèces , la cervicaire et la trachélie , usitées contre l'angine du pharynx et de la trachée.

Dans les *valérianées* nous distinguerons des plantes à odeur aromatique , très forte , désagréable pour les uns , délicieuse pour les autres. Elles ont été chantées par les poètes ; elles sont recherchées par certains animaux , les chats surtout , à ce point qu'ils les déracinent dans les jardins et les dévorent dans les herbiers. Longtemps on les a considérées comme anti-épileptiques. Fabius Columna , seigneur napolitain , du XVIe siècle , atteint d'épilepsie , après avoir vainement épuisé tous les remèdes imaginables , se livra à l'étude de la botanique pour trouver dans les plantes quelque secours. Il fut , dit-il , parfaitement guéri par la valériane. Un siècle plus tard, un médecin célèbre de Rome guérit par ce moyen un pêcheur épileptique.

La valériane est un puissant antispasmodique, usitée dans la danse de Saint-Guy, préconisée contre la migraine. Mais, je vous le répète, c'est surtout contre les spasmes, les troubles nerveux chez les femmes, qu'est précieuse la valériane ; aussi le docteur Pidoux la recommande-t-il avec insistance.

Les *gentianées* sont de fort jolies plantes ; Gentius, roi d'Illyrie, qui le premier fit connaître ou éprouva les vertus de la gentiane, lui donna son nom. Elle occupe un rang distingué parmi les médicaments amers ; son usage remonte au-delà de l'ère chrétienne. Sa racine est d'une amertume extrême ; elle produit d'excellents effets dans les convalescences difficiles ; elle est fort utile dans le traitement de la goutte, en ce qu'elle rend la vigueur aux organes de la digestion et de l'assimilation, débilités profondément pendant les accès de goutte inflammatoire.

A côté de la gentiane se trouve la petite centaurée, aux jolies fleurs roses que je ne revois jamais sans penser aux chaudes bruyères, où je la cueillais sous les feux du soleil, tandis qu'au bord de son trou murmurait le grillon. Ses qualités fébrifuges ont été connues de longue date. La Fontaine, écrivant par ordre de la duchesse de Bouillon, nous raconte que Centaurée, fille de Chiron, savant médecin, avait donné son nom à cette plante. Ses parents l'avaient initiée à tous les secrets de la médecine et elle mettait à profit sa science pour guérir les maladies de ses compagnes. Mais la pauvrette fut prise à son tour d'un mal contre lequel échouèrent tous les remèdes que son père lui avait enseignés.

Il ne s'en trouva point qui pût guérir son âme,
Du ferment obstiné de l'amoureuse flamme :
Elle aimait un berger qui causa son trépas :
Il la vit en péril et ne la plaignit pas.

Les dieux, pour le punir, en marbre le changèrent ;
L'ingrat devint statue ; elle, fleur, et son sort
Fut d'être bienfaisante encore après sa mort ;
Son talent et son nom toujours lui demeurèrent.
Heureuse si quelque herbe eût su calmer ses feux !
Car de forcer un cœur il est bien moins possible ;
Hélas ! aucun secret ne peut rendre sensible ;
Nul simple n'adoucit un objet rigoureux ;
Il n'est bois, ni fleur, ni racine,
Qui, dans les tourments amoureux,
Puisse servir de médecine.

La bourrache et la consoude sont à peu près les seules *borraginées* qui aient été conservées en médecine. Les borraginées ont des feuilles rudes, hérissées de poils durs. Les boutons sont roulés en crosse, comme dans le myosotis, l'héliotrope. La bourrache a pour fleurs, ces jolies étoiles bleues dont, à la campagne, on orne les salades. C'est un émollient, bon à employer en tisane, dans les crachements de sang. Au lieu de borrago on devrait bien plutôt l'appeler corrago, — cœur, j'agis, par allusion aux propriétés qu'on lui attribuait autrefois (1).

Si nous traitions des plantes alimentaires nous pourrions citer les *solanées* qui, à côté des plantes vénéneuses, nous en présentent d'autres si éminemment utiles, quoique non exemptes de tout principe toxique, mais que les préparations culinaires rendent non-seulement inoffensives, mais comestibles, la pomme de terre, par exemple. Les plantes alimentaires auront leur lettre spéciale.

Continuons, Madame, à dresser l'inventaire sommaire de nos plantes médicinales, et arrivons à une famille des plus recommandables à ce point de vue, celle des *salviées* ou

(1) On sait le proverbe : *Dicit borrago : Gaudia cordis ago*. La bourrache dit : Je fais la joie du cœur.

labiées, dont les fleurs sont en lèvres, comme celles de la sauge, par exemple. Mais il faut encore ceci, pour être de la famille : Quatre graines nues au fond du calice.

Un vieux proverbe d'abord :

> Avec la BUGLE et la sanicle
> On fait au chirurgien la nique.

La bugle et la sanicle sont deux salviées.

Puis, c'est l'école de Salerne :

« Pourquoi mourrait l'homme qui a la sauge dans son « jardin ?

« — Parce qu'il n'y a pas dans les jardins de remède « contre la mort. » (1).

Virgile avait auparavant chanté les *salviées*.

Il cite le serpolet parmi « les herbes aromatiques que Thestylis broie avec l'ail pour rafraîchir les moissonneurs brûlés par le soleil (2). »

Ailleurs : « O Galathée, Néréïde plus blanche que les cygnes, plus gracieuse que le lierre, plus suave pour moi que le THYM d'Hybla pour les abeilles ; dès que les taureaux retourneront du pâturage à l'étable, viens vers ton Corydon. »

Le poète, dans ses *Géorgiques*, recommande aux cultivateurs pour attirer les essaims « de répandre devant les abeilles les mets propres à flatter leur goût, la *mélisse* broyée (3). »

(1) Cur moriatur homo cui SALVIA crescit in horto ?
Contra vim mortis non est medicamen in hortis.

(2) Thestylis et rapido fessis messoribus æstu
Allia SERPYLLUM que herbas contendit olentes.

(3) Huc tu jussos adsperge sapores,
Trita MELISPHYLLA

Il dit encore : « La colline couverte d'un aride gravier ne peut produire que l'humble casia et le romarin destiné aux abeilles. »

C'est en effet dans les terrains montueux et secs que se plaisent surtout les *labiées ;* je me rappelle, Madame, que c'était sur les coteaux de la vallée de l'Amie-au-Roi, dont je vous parlais dernièrement, que je récoltais mes plus beaux échantillons de mélisse, d'origan, de serpolet. On eût dit que dans ce terrain aride, la plante prenait des parfums plus suaves, des arômes plus déliés.

Irai-je vous dire les qualités stimulantes de la menthe, du thym, du basilic, de la sauge, du romarin, de la mélisse ? Le romarin, parfum de mer, croît près des rivages maritimes, on en compose l'eau de la reine de Hongrie, et c'est à lui que le miel blanc de Narbonne doit sa saveur aromatique. L'hysope servait à répandre l'eau lustrale dans les cérémonies religieuses : Vous m'aspergerez avec l'hysope et je serai purifié (1).

Bien humble est la famille des *plantaginées,* la famille des plantains, on a dédaigné ses qualités adoucissantes pour les plaies ; on se sert cependant encore du mucilage des graines pour le gommage des mousselines ; mais ceci rentre plutôt dans les usages industriels.

La famille des *ombellifères* nous a fourni un large contingent pour les plantes vénéneuses ; permettez néanmoins que nous nous y arrêtions pour ses plantes médicinales. Voici en tête l'anis, dont Hippocrate vantait les vertus, que Galien recommandait comme stomachique et carminatif, c'est-à-dire, propre à débarrasser le canal digestif des flatuosités et des gaz. On l'emploie comme digestif puissant. Le

(1) Psaumes de David.

fenouil est presque le rival de l'anis ; le carvi est un stimulant énergique et entre dans la composition d'une liqueur des plus agréables. Le cumin, asiatique, la coriandre, tartare, l'aneth poussent en Orient ; on les connaît peu parmi nous.

Mais voici une autre ombellifère bien connue, c'est l'angélique, originaire des montagnes de l'Europe septentrionale. Comme s'il ne suffisait pas pour rendre hommage à ses vertus de ce nom d'Angélique, les botanistes y ont ajouté l'épithète d'Archangélique. Elle jouit en effet de propriétés très-développées pour exciter le système nerveux, le système vasculaire et activer la transpiration cutanée. Nous la faisons confire dans le sucre ; les Lapons mâchent la racine en guise de tabac, quand la plante est jeune ; lorsqu'elle a grandi, en juillet, les enfants ramenant les troupeaux des pâturages cueillent les tiges de l'angélique et les rapportent à la hutte où la famille les mange avec avidité.

A côté de la ciguë, voici le persil, le cerfeuil, plus loin la carotte, la plus sucrée des ombellifères et qui passe pour carminative et diurétique. La carotte existe à l'état sauvage dans nos prairies, on la reconnaît à une fleur violette qui se trouve au milieu de l'ombelle de fleurs blanches. Si on fait macérer pendant quelques minutes ces fleurs dans l'alcool, elles lui communiquent un arôme délicieux. Cet alcool ainsi préparé sert au distillateur à composer une liqueur de table connue sous le nom d'*huile de Vénus*.

La famille des *légumineuses* est, de toutes, celle qui fournit le plus de substances utiles à la médecine, à l'économie domestique, aux arts et à l'horticulture.

Plusieurs, dans la tige, les fleurs, les feuilles, les racines surtout, contiennent de nombreux principes sucrés. Ainsi la réglisse, dont chacun connaît l'usage comme adoucissante en tisane.

Parmi les mélilots, genre voisin du trèfle, de la luzerne, se rencontrent des plantes à saveur âcre et aromatique, qui entrent dans la composition des vulnéraires. Le fenu grec sert aux pauvres malheureuses femmes, renfermées dans les sérails de l'Orient, comme nourriture destinée à donner l'obésité, qui est un des caractères de la beauté pour elles.

La casse, le tamarin se rangent parmi les purgatifs; l'acacia catechu, arbre de l'Inde, fournit le cachou, l'un des meilleurs toniques astringents.

Les *tiliacées* donnent par l'infusion de la fleur du tilleul, une tisane antispasmodique et diaphorétique; mais il faut avoir soin pour lui conserver cette qualité de séparer la fleur de la bractée, car cette dernière a des propriétés astringentes.

Qui ignore que les *malvacées* sont des émollientes? Quelques-unes sont en outre antibilieuses et antiscorbutiques; d'autres stimulantes et diurétiques. Chacun connaît les mauves, dont les fleurs entrent avec le coquelicot, le pas-d'âne et le pied-de-chat dans les fleurs pectorales ou les quatre fleurs. Là aussi se trouve la guimauve dont on fait une si bonne pâte.

Je viens, Madame, de vous citer le coquelicot, c'est une *papavéracée*. Les plantes de cette famille contiennent généralement des substances âcres, narcotiques, dont un usage prudent fait des calmants (1).

Le suc laiteux du pavot *(papaver somniferum)*, recueilli dans l'Asie mineure par incision superficielle de la capsule, et épaissi à l'air, est l'*Opium*, substance douée de propriétés énergiques, et l'un des plus précieux auxiliaires que possède la médecine. L'Opium a fourni à l'analyse

(1) Le Maout.

chimique un grand nombre de produits, parmi lesquels on compte six alcaloïdes cristallisables, dont le principal et le plus efficace est la ***Morphine***, que l'on emploie aujourd'hui presque exclusivement, après l'avoir rendue soluble par l'acide acétique ou sulfurique. L'Opium, dans les cas d'insomnie morbide, procure le sommeil, il soulage la douleur, quelle qu'en soit la cause, soit qu'on l'applique localement (et alors il agit en engourdissant la sensibilité des nerfs de la partie avec laquelle il est en contact), soit qu'on le porte dans le torrent de la circulation (et alors il agit à la fois sur le cerveau, qu'il rend inapte à percevoir les sensations douloureuses, et sur les organes souffrants, au sein desquels il pénètre avec le sang). L'Opium est utile dans le traitement de l'hystérie, où on l'associe aux antispasmodiques ; administré à haute dose, il combat avec succès le *tétanos*, maladie nerveuse, presque constamment mortelle. Dans les névralgies et les affections rhumatismales, il produit des effets merveilleux, lorsqu'on l'applique sur la peau qui recouvre le lieu de la douleur, après avoir dénudé le derme au moyen de l'ammoniaque ou des Cantharides. Il dissipe le point de côté et la fièvre dans la pleurésie ; il apaise l'irritation et la toux dans les catarrhes aigus des voies respiratoires ; associé à certains médicaments héroïques, tels que le Quinquina et le Mercure, il met les organes en état de les tolérer ; enfin, dans quelques maladies, où le médecin est sans espérance, telles que la phthisie et le cancer, l'Opium est un agent consolateur, qui adoucit les derniers instants du malade.

Mais si l'Opium, administré comme médicament par des mains habiles, mérite les bénédictions de l'humanité souffrante, il doit être maudit par tous ceux qui voient dans l'avenir l'influence funeste qu'il exercera sur la destinée des peuples. Les premiers Musulmans de la Perse et de l'Égypte, condamnés par la loi de Mahomet à s'abstenir de vin, trouvèrent dans le suc de Pavot un breuvage qui leur procurait une ivresse bien plus délicieuse que celle du jus de la Vigne, et l'Opium ne tarda pas à envahir l'Asie mineure et la Turquie d'Europe. Aujourd'hui les Orientaux en font un usage immodéré : ils le boivent, le mâchent, le fument, et, l'habitude émoussant son action, ils sont obligés d'user de doses successivement croissantes pour obtenir cette exaltation, qu'ils regardent comme la félicité suprême ; aussi tombent-ils bientôt dans un état d'abrutissement physique et moral, dont rien ne peut les tirer. C'est beaucoup plus tard que l'Opium a pénétré dans l'Inde ; aujourd'hui la culture du Pavot y occupe de vastes terrains. Les Chinois, qui avaient expérimenté à leur détriment les pernicieux effets de l'Opium, ont voulu le repousser de leur empire ; mais les Anglais, qui ne veulent pas renoncer au Thé, les ont contraints, à coups de canon, d'accepter le poison qui doit inévitablement les abaisser au niveau de la brute. Ces homicides, volontaires et prémédités, qui détruisent lentement des nations entières, n'ont pas été prévus par les lois humaines ; et si l'opinion publique s'en émeut un instant, les péripéties qui se succèdent rapidement dans le grand drame où l'homme est à la fois acteur et spectateur, font que l'événement de la veille est effacé de notre mémoire par celui du lendemain ; mais la Justice céleste, qui voit tout et n'oublie rien, enregistre sur le grand Livre les crimes des nations, comme ceux des individus : elle n'a pas encore fini de châtier l'Espagne, qui a dépeuplé l'Amérique ; elle á déjà commencé le châtiment de l'Angleterre, qui force la Chine à s'empoisonner.

L'Opium, originaire de l'Orient, est déjà sorti de l'Asie, et menace de faire le tour du globe : tous les climats lui sont indifférents ; il s'est glissé en Allemagne, où il gagne du terrain de jour en jour ; son invasion se fait sans bruit, mais elle ne s'arrête pas, et si l'*opiomanie* franchit le Rhin, elle marchera le front levé dans notre pays de France, où la nouveauté plaît, surtout quand elle est d'origine étrangère.

On distingue deux variétés dans le ***Papaver somniferum***: l'une, nommée ***Pavot blanc***, a sa capsule globuleuse, à orifices béants sous le disque des stigmates, et ses graines sont blanches ; l'autre, nommée ***Pavot noir***, produit une capsule ovoïde, à orifices peu distincts, et ses graines sont noires ; toutes les deux peuvent fournir de l'Opium ; mais c'est le pavot blanc que l'on cultive de préférence. Le Pavot noir est cultivé en grand dans le Nord de la France, à cause de ses graines qui fournissent par expression une huile douce, connue sous le nom d'huile *blanche*, huile *d'œillette*, du mot italien *olietto* (petite huile). Les graines du Pavot blanc en contiennent aussi, mais elles servent plutôt comme aliment chez les Orientaux. En Italie, on les recouvre de sucre, ou on les associe à des pâtisseries ; en Allemagne, on les mêle au pain, et on en fait des émulsions ; ces graines n'ont rien de narcotique, quand il ne s'y mêle aucun fragment de capsule.

Vous avez pu remarquer sur les décombres une plante assez élégante, aux fleurs jaune mordoré, dont la tige, les feuilles renferment un suc laiteux jaune. C'est l'éclaire ou chélidoine. Le premier nom lui vient de ce qu'autrefois, en France, on l'employait pour dissiper les taies qui se forment sur la cornée transparente ; aujourd'hui on utilise son suc caustique pour brûler les verrues. Le nom de chélidoine, je l'ai dit déjà, vient du nom de l'hirondelle en grec, il signifie que la plante fleurit au retour de la messagère du printemps, et pousse ses fleurs jusqu'au départ de l'oiseau émigrant. Au Brésil, on regarde le suc de la chélidoine comme efficace contre la morsure des serpents ; les médecins de l'Inde s'en servent dans les ophtalmies.

Les *crucifères* possèdent un principe âcre , volatil , souvent allié au soufre , auquel elles doivent une saveur piquante , une odeur qui devient ammoniacale par la putréfaction. Ainsi le choux , le colza , la cameline , le radis. Les graines dans plusieurs espèces renferment de l'huile. Les vertus stimulantes , antiscorbutiques d'un certain nombre sont connues depuis fort longtemps. C'est d'abord le cochlearia , ou herbe aux cuillers , ainsi nommé de la forme de ses feuilles , puis le cresson, soit le cresson alenois , soit le cresson de fontaine , le raifort , non pas le radis , mais cette plante à racines longues et blanches , nommée moutarde de capucin , laquelle râpée forme un condiment d'une vigueur énergique. Mais on fait à ce sujet une remarque très-intéressante : c'est que le raifort est presque inodore lorsqu'on le coupe longitudinalement , c'est-à-dire dans le sens de ses vaisseaux , tandis que , par la section transversale ou la contusion , il développe un principe volatil d'une telle âcreté , que les yeux ne peuvent le supporter. Cette circonstance , dit le savant et judicieux pharmacologue Guibourt , indique que le principe âcre , volatil du raifort n'est pas tout formé dans la racine, et qu'il ne prend naissance que quand , par la rupture des vaisseaux et par l'intermède de l'eau qu'ils contiennent , des principes différents , isolés dans des vaisseaux particuliers , viennnent à se mêler, et à réagir les uns sur les autres. Les chimistes ont analysé cette précieuse racine , et ils en ont retiré de l'albumine , de l'amidon , de la gomme , du sucre , une résine amère, des sels de chaux et surtout une huile volatile très-âcre , contenant du soufre , à laquelle le raifort doit ses propriétés.

Le radis , le chou sont assez connus , de même la cameline. Enfin, la moutarde est une crucifère. On lui doit, outre un assaisonnement pour les viandes, un médicament connu sous le nom de sinapisme. La moutarde, en grec, se dit *sinapi.*

Or, la vertu du sinapisme réside dans l'huile volatile, laquelle ne peut se former que par la réaction d'une albumine particulière sur l'acide myronique contenu dans la semence. Je vous demande pardon, Madame, de ces détails scientifiques ; la conclusion vous pourra intéresser. C'est que pour bien opérer la formation de l'huile volatile, il ne faut pas que l'eau dans laquelle on délaie la farine de moutarde soit bouillante, mais à peine tiède ou mieux encore froide. Depuis quelques années, on prend à l'intérieur la graine entière de la moutarde blanche pour stimuler les fonctions digestives ; mais l'abus cause des lésions graves dans l'estomac et les intestins.

Voilà bien des noms de familles et de plantes ; vous comprenez toutefois que j'ai à peine effleuré le sujet que je me proposais de traiter. Mais, je craindrais de vous fatiguer par un trop long détail. Je vais terminer par la famille des *rubiacées*, ou plutôt par un seul individu de cette famille que nous retrouverons ailleurs. Aujourd'hui, me bornant au quinquina, je vais faire parler le savant docteur Le Maout.

La découverte des propriétés médicales du quinquina est enveloppée d'une obscurité qui a donné lieu aux versions les plus contradictoires. Ce qu'il y a de certain, c'est qu'avant 1638, c'est-à-dire cent cinquante ans après la découverte de l'Amérique, ni les Européens, ni même les dominateurs du Nouveau-Monde, ne connaissaient la vertu fébrifuge de cette écorce. Les indigènes la connaissaient-ils? L'illustre voyageur, M. de Humboldt, le nie positivement. Il rapporte une vieille tradition, ayant cours dans la province de Loxa, d'après laquelle ce sont les jésuites qui auraient eu les premiers, et accidentellement, la connaissance des propriétés du quinquina, en goûtant, selon l'habitude du pays, les écorces des arbres qu'ils faisaient abattre. Ils l'auraient employé alors, par analogie, avec d'autres amers, dans le traitement des fièvres intermittentes. Cependant d'autres auteurs, et notamment Ruiz et Pavon, semblent croire que les Indiens de Loxa connaissaient l'usage du quinquina longtemps avant l'invasion espagnole. Mais à qui devaient-ils la révélation de ses propriétés ? On a raconté la fable ridicule de bêtes fauves, tourmentées de la fièvre, qui avaient été poussées par leur instinct à ronger l'écorce de l'arbre, et s'étaient ainsi guéries elles-mêmes ; ce qui serait plus probable, c'est que des arbres de quinquina, ayant été renversés par la tempête, et leur tronc ayant longtemps séjourné dans l'eau de quelque mare, cette eau, par la macération de l'écorce, se serait chargée d'une certaine quantité de principes fébrifuges, qu'ensuite un fiévreux étant venu par hasard s'y désaltérer, et se trouvant délivré de son mal, aurait publié sa guérison.

Au reste, Joseph de Jussieu, frère d'Antoine et de Bernard, qui fut envoyé en Amérique en 1735, avec la mission d'étudier l'histoire naturelle du pays, et d'envoyer des plantes au Jardin du Roi, désigne positivement les Indiens du village de Malacatos, à quelques lieues au sud de Loxa, comme les premiers qui aient possédé la connaissance des propriétés du quinquina. Il jeta sur le papier, à ce sujet, lors de son voyage à Loxa, en 1739, une note qui fait partie d'un mémoire sur le quinquina écrit en latin, et resté inédit. En voici la traduction dont le style est d'une naïveté originale.

« Il est certain que ceux qui connurent les premiers la vertu et l'efficacité de cet arbre, sont des Indiens du village de *Malacatos*. Ces pauvres gens, étant sujets à des fièvres intermittentes causées par la chaleur humide de leur climat et par l'inconstance de la température, avaient dû nécessairement chercher un remède contre cette fâcheuse maladie ; et, comme au temps où régnaient les Incas, les Indiens étaient versés dans la connaissance des végétaux et habiles à découvrir leurs vertus ; les essais qu'ils faisaient de diverses plantes les conduisirent à trouver dans l'écorce ***Kina kina***, le spécifique suprême et presque unique des fièvres intermittentes. Cet arbre n'était désigné chez eux que par un nom tiré de ses propriétés; ils l'appelaient ***Yara Choucchou, Cava-choucchou : Yara*** signifie arbre; ***Cava*** signifie écorce ; ***Choucchou*** exprime le frisson, le froid, l'horripilation de la fièvre ; c'est comme si on disait l'*arbre des fièvres ;* l'*écorce des fièvres ;* ils l'appelaient aussi *Ayac-Cava*, c'est-à-dire *amère écorce.* — Par un heureux hasard, vint à passer, dans le village de Malacatos, un prêtre de la Compagnie de Jésus, tourmenté par une fièvre intermittente ; le chef des Indiens, qu'on nomme Cacique, ayant été informé de la maladie du révérend Père : *Laisse-moi faire*, lui dit-il, *et je te guérirai.* Cela dit, l'Indien court à la montagne, apporte ladite écorce, et en présente une décoction au jésuite ; celui-ci, délivré de sa fièvre et rendu à la santé, s'enquit du remède que lui avait administré l'Indien. On lui fit connaître l'écorce, il en recueillit une grande quantité, et de retour dans sa patrie, il s'assura par l'expérience qu'elle produisait le même effet qu'au Pérou ; de là vient le nom de ***Poudre des Jésuites***, le premier sous lequel on l'a connu, etc. »

Les jésuites de Lima en envoyèrent à Rome au général de l'Ordre, qui en donna au cardinal de Lugo, d'où le nom de ***Poudre Cardinale,*** donné aussi au quinquina.

Une autre tradition qui, si elle n'est pas la plus authentique, est du moins la plus populaire, rapporte que, en 1638, le vice-roi du Pérou, Jérôme Fernand de Cabréra, comte de Chinchon, dont l'épouse était atteinte d'une fièvre intermittente opiniâtre, fit venir de Loxa un corrégidor qui prétendait connaître un merveilleux remède contre les fièvres intermittentes; le corrégidor fit prendre du quinquina à la vice-reine, et la fièvre disparut. La comtesse, revenue en Espagne deux ans après sa guérison, y rapporta une provision considérable de l'écorce salutaire, et la distribua elle-même aux fiévreux, de là le nom de ***Poudre de la Comtesse***, et le nom de ***Cinchona***, donné plus tard par Linné au genre qui nous occupe.

Mais le nouveau remède fut mal accueilli en France et en Italie; les Facultés le proscrivirent, et les médecins qui osèrent en expérimenter les effets furent persécutés. Ce ne fut que quarante ans plus tard que Louis XIV le rendit populaire. Un empirique anglais, nommé Talbot, avait délivré le roi d'une fièvre intermittente très rebelle, à l'aide d'un remède secret, qui avait déjà guéri un grand nombre de personnes. Le roi lui acheta son secret 48,000 livres, lui fit une pension viagère de 2,000 livres et lui donna des lettres de noblesse : le remède fut publié trois ans après, par son ordre; ce remède consistait en une teinture vineuse de quinquina très concentrée. A dater de cette époque seulement, on a reçu en France du quinquina en écorces.

C'est en 1820 que les chimistes sont parvenus à isoler les principes fébrifuges du quinquina, qu'ils ont nommés *quinine* et *cinchonine*. La préparation de ces alcalis végétaux est une des plus belles découvertes de la chimie moderne, et le service le plus important qu'elle ait rendu à la médecine depuis le commencement du dix-neuvième siècle, puisque, sous un petit volume, et sans fatiguer le malade, on peut administrer des doses énormes de quinquina, et opérer les guérisons les plus difficiles.

Outre ses propriétés fébrifuges, le quinquina possède à un haut degré toutes celles que la médecine recherche dans les médicaments toniques, surtout quand il s'agit de hâter les convalescences, de ranimer les fonctions digestives, et de rendre au système nerveux ganglionnaire l'énergie qu'il avait perdue, enfin il est usité à l'extérieur comme ***antiseptique***, pour arrêter les progrès de la gangrène. Ici c'est le végétal lui-même, et non son alcali qu'on emploie : les propriétés antiseptiques du quinquina ne sont pas dues à son principe fébrifuge, elles résident dans son écorce où abondent les principes astringents.

Ici se place naturellement une question : cette écorce bienfaisante que nous fournit l'Amérique, et que rien ne peut remplacer, les sources en sont-elles inépuisables ? Elles le seraient peut-être, malgré l'énorme consommation de quinquina qui se fait dans les deux continents, et qui s'accroît de jour en jour, si l'exploitation de l'arbre qui le fournit était réglementée par des lois prudentes et sévères ; mais malheureusement il n'en est pas ainsi, et le prix de la quinine augmente si considérablement, qu'on ne peut se défendre d'un sentiment d'inquiétude en pensant que peut-être, avant la fin du siècle où nous vivons, la médecine sera privée de son agent thérapeutique le plus efficace.

Ce point nous ramène au bel ouvrage de M. Weddell, que nous avons précédemment cité, et où nous allons puiser les détails qui termineront l'histoire du quinquina.

Ce fut La Condamine qui, le premier, fit connaître en Europe l'*arbre du quinquina*. Il visita Loxa en 1739 ; et quand il descendit, en 1743, le fleuve de l'Amazone, il fut tenté, pour la première fois, de transporter en Europe des *Cinchonas* vivants. Ces jeunes arbres furent embarqués, et firent sans accident les mille premières lieues de la route ;

mais, après huit mois de soins, La Condamine vit s'engloutir, près du cap d'Orange, le bateau qui portait son trésor. Les tentatives faites par d'autres voyageurs dans le même but, ont été également sans résultat, et les plants levés depuis peu, au Jardin des Plantes de Paris, de graines que M. Weddell a recueillies en Bolivie, sont les premiers vrais quinquinas que l'on ait possédés vivants sur notre continent.

Joseph de Jussieu accompagna en 1735, comme botaniste, la commission de l'Académie des Sciences, envoyée pour mesurer un degré du méridien sous l'équateur. Il visita, deux ans après La Condamine, les forêts de quinquina de Loxa, descendit ensuite vers le sud, reconnut également celles du Haut-Pérou, dont il décrivit plusieurs espèces, et pénétra jusqu'à la frontière du Brésil. Il ne rentra en Europe qu'en 1771, après une absence de trente-six ans ; sa santé était détruite, sa raison profondément altérée ; il ne put rien publier.

Dans la seconde moitié du dix-huitième siècle, deux expéditions espagnoles entreprirent d'explorer la région des quinquinas dans le Bas-Pérou et la Nouvelle-Grenade, l'une dirigée par Mutis, l'autre par Ruiz et Pavon. Au commencement de ce siècle, MM. de Humboldt et Bonpland agrandirent encore le nombre des districts où s'exploite ce produit. Les seules espèces restées inconnues aux botanistes étaient celles qui habitent la vaste étendue de pays située derrière la grande cordillière : ce sont ces espèces que M. Weddell a observées et décrites. Désigné par le muséum, en 1843, pour faire partie de l'expédition scientifique envoyée par le gouvernement français dans les provinces intérieures du Brésil et du Pérou, il se sépara de l'expédition en 1845, et dirigea ses explorations vers les districts austraux de la région des quinquinas.

« C'est par le pays des Indiens *Chiquitos* que je pénétrai, dit-il, en Bolivie, au mois d'août 1845 ; je venais de faire mes derniers adieux aux Compos du Brésil. La conformation du sol de cette province est tout-à-fait incompatible avec l'existence des vrais *Cinchonas*. Tous les points que j'en ai parcourus sont tellement bas et plans, que, pendant la saison des pluies, ils sont couverts par une vaste inondation. Les Chiquiténiens ont pourtant leur quinquina, qui est une espèce de *Gardenia*... Jusqu'à Santa-Cruz de la Sierra, je n'obtins aucune lumière nouvelle ; mais ici les indications commençaient à devenir plus précises, et je me décidai à me porter vers le sud. Je me remis donc en marche vers la fin de novembre ; je gagnai le Rio-Grande, et je traversai les hauts plateaux de Pomabamba et de la province de Cinti, jusqu'à Tarija, où je mis les pieds à la fin de janvier 1846. Ce voyage, que je poussai ensuite vers l'est, est un des plus pénibles que j'aie entrepris ; mais le but que je me proposais fut atteint ; c'était de déterminer avec exactitude la limite australe de la région *Cinchonifère*. J'ai donné le nom de *cinchona australis* à l'espèce que je découvris, sentinelle retirée, sur ce point extrême, sis vers le 19e parallèle de latitude sud.

» Au commencement d'août, je quittai de rechef, et pour quelque temps, les vallées... A Cochabamba commença pour moi une phase bien curieuse de mon exploration. Je traversai près de là la grande chaîne des Andes avec le dessein de gagner la Paz par les vallées de l'intérieur, longue et belle série d'échelons naturels, sur lesquels le voyageur s'abaisse graduellement en passant successivement en revue toutes les variétés de climat et toutes les nuances de végétation qui leur correspondent. Les diverses espèces de Cinchonas se multipliaient ici sous mes yeux ; j'eus bientôt occasion d'étudier celle qui produit le quinquina *calisaya*, la plus précieuse de toutes ces écorces, par la grande quantité de quinine qu'elle contient. J'ai donné à cette plante, encore inconnue, le nom de *Cinchona calisaya*.

» Dans la province de Yungas, la plus riche comme la plus fertile de la Bolivie, je me procurai les renseignements les plus précis sur le mode d'exploitation, de préparation, de vente et de sophistication des quinquinas... Je traversai les Andes, et me trouvai aussitôt à la Paz, que je laissai bientôt pour visiter Puno, Arequipa et les alentours du grand lac Titicaca. Dans ces diverses localités, j'eus l'occasion d'étudier dans les magasins les monceaux d'écorce de quinquina qui sans cesse y affluent...

» Après la saison des pluies de 1847, je repris le chemin de la grande Cordillière... Je me dirigeai vers les vallées de l'intérieur, en passant sur les neiges de l'Illampo. Le Rio-Tipoani, pactole de la Bolivie y prend sa source; l'un des plus affreux chemins du monde longe le ravin du même nom, et conduit au village de Tipoani, lieu pestilentiel, que le seul appât du gain peut faire habiter. Aussi recherchés que l'or lui-même, les quinquinas se rencontrent dans toute cette région; mais déjà les grands arbres commencent à disparaître. Afin d'étudier des points encore vierges, je me décidai à pénétrer jusqu'aux forêts du Rio-Mapiri. Je m'embarquai à cet effet sur un radeau, et descendis heureusement les *rapides* du Rio-Tipoani...

» Mon exploration finie, je remontai avec mon radeau le Rio-Mapiri, et rejoignis les sentiers qui mènent à travers les forêts vers Apolobamba, où je n'arrivai enfin qu'épuisé de fatigues et vaincu par la fièvre dont j'avais puisé les germes sur les plages du Tipoani. Le pays, de ce côté, prend un aspect plus riant; les forêts ont disparu ou n'occupent que l'horizon, et l'œil plane partout sur de jolies collines gazonnées, clairsemées de petits arbres et souvent même de charmants bosquets. Plusieurs espèces de quinquina habitent ces lieux, et n'y dépassent guère la taille d'arbustes. A mon passage, l'atmosphère était embaumée par le délicieux parfum de leurs fleurs.

» Dans les derniers jours de juin 1847, je me mettais en marche pour la province de Carabaya; elle est divisée par la Cordillière en deux régions distinctes : l'une de plateaux, l'autre comprenant une longue série de vallées parallèles... Ce sont elles qui fournissent la majeure partie des quinquinas, exportés aujourd'hui de la république péruvienne... Il serait difficile de donner une idée de tous les trésors de la végétation ensevelis dans ces solitudes. La soif de l'or les avait peuplées autrefois, mais la forêt y a repris partout son empire, et la hache du *Cascarillero* en trouble seule aujourd'hui le silence...

» On donne le nom de *Cascarilleros* aux hommes qui coupent le quinquina dans les bois : ce sont des hommes élevés à ce dur métier depuis leur enfance, et accoutumés par instinct, pour ainsi dire, à se guider au milieu des forêts. Sans autre compas que cette intelligence, particulière à l'homme de la nature, ils se dirigent aussi sûrement dans ces inextricables labyrinthes, que si l'horizon était ouvert devant eux. Mais combien de fois est-il arrivé à des gens moins expérimentés dans cet art, de se perdre et de n'être plus revus. »

» Les coupeurs ne cherchent pas le Quinquina pour leur propre compte ; le plus souvent ils sont enrôlés au service de quelque commerçant ou d'une petite compagnie, et un homme de confiance est envoyé avec eux dans la forêt avec le titre de *majordome*.... Le premier soin de celui qui entreprend une spéculation de cette nature dans une région encore inexplorée, est de la faire reconnaître par des Cascarilleros exercés : le devoir de ceux-ci est de pénétrer les forêts dans diverses directions, et de reconnaître jusqu'à quel point il peut être profitable de les exploiter...

» Cette connaissance première est la partie la plus délicate de l'opération, et elle exige dans les hommes qui y sont employés une loyauté et une patience à toute épreuve : c'est sur leur rapport que se calculent les chances de réussite. Si elles sont favorables, on se met en devoir d'ouvrir un sentier jusqu'au point qui doit servir de centre d'opérations ; dès ce moment, toute la partie de la forêt que commande le nouveau chemin devient provisoirement la propriété de son auteur, et aucun autre Cascarillero ne peut y travailler.

» A peine le majordome est-il arrivé avec ses coupeurs dans le voisinage du point à l'exploitation, qu'il choisit un site favorable pour y établir son camp, autant que possible dans la proximité d'une source ou d'une rivière. Il y fait construire un hangar ou une maison légère pour abriter les provisions et les produits de la coupe ; et s'il prévoit qu'il doive rester longtemps dans le même lieu, il n'hésite pas à faire des semis de maïs et de quelques légumes. L'expérience, en effet, a démontré qu'un des plus grands éléments de succès de ce genre de travaux est l'abondance des vivres.

» Les Cascarilleros, pendant ce temps, se sont répandus dans la forêt, un à un, ou par petites bandes, chacun portant, enveloppées dans son *poncho* (espèce de manteau), et suspendues au dos, des provisions pour plusieurs jours, et les couvertures qui constituent sa couche. C'est ici que ces pauvres gens ont besoin de mettre en pratique tout ce qu'ils ont de courage et de patience pour que leur travail soit fructueux. Obligé d'avoir constamment à la main sa hache ou son couteau pour se débarrasser des obstacles qui arrêtent son progrès, le Cascarillero est exposé, par la nature du terrain, à une infinité d'accidents qui, trop souvent, compromettent son existence même.

» Les Quinquinas constituent rarement des bois à eux seuls ; mais ils peuvent former des groupes plus ou moins serrés, épars çà et là au milieu de la forêt ; les Péruviens leur donnent le nom de *taches (manchas)*. D'autres fois, et c'est ce qui a lieu le plus ordinairement, ils vivent complètement isolés. Quoi qu'il en soit, c'est à les découvrir que le Cascarillero déploie toute son adresse. Si la position est favorable, c'est sur la cime des arbres qu'il promène les yeux ; alors, aux plus légers indices, il peut reconnaître la présence de ce qu'il recherche ; un léger chatoiement, propres aux feuilles de certaines Espèces, une coloration particulière de ces mêmes organes, l'aspect produit par une grande masse d'inflorescences, lui feront reconnaître la cime d'un Quinquina à une distance prodigieuse.

» Dans d'autres circonstances, il doit se borner à l'inspection des troncs dont la couche externe de l'écorce présente des caractères remarquables. Souvent aussi les feuilles sèches qu'il rencontre, en regardant à terre, suffisent pour lui signaler le voisinage de l'objet de ses recherches, et si c'est le vent qui les a amenées, il saura de quel côté elles sont venues. Un Indien est intéressant à considérer dans un moment semblable, allant et venant dans les étroites percées de la forêt, dardant la vue au travers du feuillage, ou semblant flairer le terrain sur lequel il marche, comme un animal qui poursuit une proie ; se précipitant enfin tout à coup, lorsqu'il a cru reconnaître la forme qu'il guettait, pour ne s'arrêter qu'au pied du tronc dont il avait deviné, pour ainsi dire, la présence.

» Il s'en faut de beaucoup cependant que les recherches des Cascarilleros soient toujours suivies d'un résultat favorable ; trop souvent il revient au camp les mains vides, et ses provisions épuisées ; et que de fois, lorsqu'il a découvert sur le flanc de la montagne l'indice de l'arbre, ne s'en trouve-t-il pas séparé par un torrent ou un abîme. Des journées alors se passent avant qu'il n'atteigne un objet que, pendant tout ce temps, il n'a pas perdu de vue.

» Pour dépouiller l'arbre de son écorce, on l'abat à coups de hache, un peu au-dessus de sa racine, en ayant soin, pour ne rien perdre, de dénuder d'abord le point que l'on doit attaquer ; et comme la partie la plus épaisse, la plus profitable par conséquent, se trouve tout à fait à sa base, on a l'habitude de creuser un peu la terre à son pourtour, afin que la décortisation soit plus complète. Il est rare, même quand la section du tronc est terminée, que l'arbre tombe immédiatement, étant soutenu, soit par les lianes qui l'enlacent, soit par les arbres voisins ; ce sont autant d'obstacles nouveaux que doit vaincre le Cascarillero.

» Je me souviens d'avoir une fois coupé un gros tronc de Quinquina, dans l'espérance de mettre ses fleurs à ma portée, et, après avoir abattu trois arbres voisins, de l'avoir vu rester encore debout, maintenu dans cette position par des lianes qui s'étaient attachées à sa cime, et qui le soutenaient à la manière de haubans.

» Lorsqu'enfin l'arbre est à bas, et que les branches qui pourraient gêner ont été retranchées, on fait tomber le *périderme* en le massant, ou, mieux, en le percutant, soit avec un petit maillet de bois, soit avec le dos même de la hache ; et la partie vive de l'écorce mise à nu est souvent encore nettoyée à l'aide de la brosse ; puis , après avoir été divisée dans toute son épaisseur par des incisions uniformes qui circonscrivent les lanières ou planchettes que l'on veut arracher , elle est séparée du tronc au moyen d'un couteau , avec la pointe duquel on rase autant que possible la surface du bois , après avoir pénétré par une des incisions déjà pratiquées. L'écorce des branches se sépare comme celle du tronc , à cela près qu'elle ne se masse pas , l'usage voulant qu'on lui conserve sa croûte extérieure ou périderme.

» Les détails de dessèchement varient un peu dans les deux cas : en effet , les planchettes plus minces de l'écorce, des branches ou des petits troncs , destinés à faire du Quinquina roulé ou *canuto* , sont exposées simplement au soleil, et prennent d'elles-mêmes la forme désirée , qui est celle d'un cylindre creux ; mais celles qui proviennent des gros troncs , et que l'on destine à constituer le Quinquina plat , ou ce que l'on nomme *tabla* ou *plancha* , doivent nécessairement être soumises , pendant la dessiccation , à une certaine pression , sans quoi elles se tordraient ou se rouleraient plus ou moins comme les précédentes. A cet effet , après une première exposition au soleil , on les dispose les unes sur les autres en carrés croisés , comme sont disposées les planches dans quelques chantiers , afin qu'elles se conservent planes , et sur la pile quadrangulaire ainsi composée, on charge quelque corps pesant. Le lendemain , les écorces sont remises pendant quelque temps au soleil , puis de nouveau rétablies en presse , et ainsi de suite ; on laisse enfin se terminer le dessèchement dans ce dernier état...

» Mais le travail du Cascarillero n'est pas à beaucoup près fini , même lorsque la préparation de son écorce est terminée. Il faut encore qu'il rapporte sa dépouille au camp ;

il faut enfin qu'avec un lourd fardeau sur les épaules, il repasse par ces mêmes sentiers que, libre, il ne parcourait qu'avec difficulté. Cette phase de l'extraction coûte parfois un travail tellement pénible, qu'on ne peut vraiment pas s'en faire une idée. J'ai vu plus d'un district, où il faut que le Quinquina soit porté de la sorte pendant quinze à vingt jours avant de sortir des bois qui l'ont produit. ; et, en en voyant à quel prix on l'y payait, j'avais peine à concevoir comment il pouvait se trouver des hommes assez malheureux pour consentir à un travail aussi faiblement rétribué.

» Pour terminer, il me reste un mot à dire sur l'emballage des Quinquinas, c'est le majordome, que nous avons laissé dans son camp, qui s'occupe encore de ce soin. A mesure que les coupeurs lui rapportent les écorces, il leur fait subir un triage, et met les écorces en forme de bottes, qui sont cousues dans de gros cavenas de laine. Conditionnés ainsi, les ballots sont transportés à dos d'homme, d'âne ou de mule, jusqu'aux dépôts dans les villes, où on les enveloppe de cuir frais, qui prend en séchant une grande solidité. Sous cette forme, ils sont nommés *surons*, et c'est ainsi qu'ils nous arrivent en Europe. »

A bientôt, Madame, pour les plantes curieuses.

IX

LES PLANTES FABULEUSES. — LES PLANTES CURIEUSES. — LES TULIPOMANES.

Lille, le 10 février 1858.

Déjà, Madame, je vous ai raconté bien des merveilles dans le règne végétal où Dieu se montre aussi admirable dans l'humble hysope que dans le cèdre superbe.

Non content de ces prodiges, l'homme a voulu, comme si cela était possible ! compléter l'œuvre de Dieu, chercher dans les plantes la réalisation de rêves étranges. Alors il est entré dans la fable et il y a marché à grands pas.

Si je ne vous citais des noms, vous pourriez me taxer d'exagération, m'accuser de vous donner pour des faits les visions d'un halluciné ; — je ne crains pas ces reproches.

Voyons donc comment raisonnèrent ou plutôt déraisonnèrent ces beaux esprits.

Les Hébreux, à l'imagination crédule, avaient créé des fleurs impossibles et dont les phénomènes flattaient leur goût pour le merveilleux. Je citerai le *baaras* dont parle l'historien Josephe. Selon cet auteur, cette plante a la forme d'un cierge, elle s'allume spontanément la nuit et brûle avec une flamme rougeâtre sans cependant se consumer ; elle s'éteint aux premiers rayons du jour. Le baaras exhale une forte odeur de bitume, ce qui indique son origine démoniaque. Où croît donc cette plante merveilleuse ? Dans les roches inaccessibles du Liban. Ce qui me plaît dans ce conte c'est le mot inaccessibles. Moyen commode de dire aux incrédules : Allez-y voir.

Josephe n'avait du reste eu que peu de frais d'imagination à faire. Voici ce que croyaient les Grecs. Écoutons Elien : (1). Le *cynopaste* est une herbe nommée par d'autres *aglaophotis*. Pendant le jour on ne la distingue point des autres, on ne la reconnaît en aucune façon. Mais le soir, elle brille comme une étoile, et son éclat igné la fait facilement trouver. Ceux qui la recherchent mettent au pied un signe de reconnaissance, sans lequel, pendant le jour, ils ne pourraient en déterminer la couleur où l'espèce. Quand la nuit est terminée, ils reviennent, retrouvent leur plante, mais se gardent bien de l'arracher ou même de creuser à l'entour. On dit que celui-là meurt qui, en ignorant la nature, ose y toucher le premier. Ils amènent donc un jeune chien, tenu à jeun depuis vingt-quatre heures, ils l'attachent à une corde dont l'autre extrémité est solidement nouée au bas de la tige de l'herbe, puis ils offrent au quadrupède, en s'éloignant à distance, des viandes cuites. Le chien, sollicité par l'odeur, se jette en avant et enlève la plante avec ses racines. Aussitôt que ces dernières voient le jour, le chien meurt. On lui fait des funérailles avec cérémonie, puisqu'il est mort pour l'utilité publique. Alors,

(1) Liv. XIV, ch. XXXVII.

seulement, les hommes osent prendre l'herbe et l'emporter. Son usage est merveilleux en diverses maladies.

Il ne faut pas trop rire des Hébreux ni des Grecs ; en 1774, ne croyait-on pas encore, au témoignage de Val mont de Bomare, qu'une sorte d'aloès ne fleurissait que tous les cent ans et s'épanouissait avec un bruit semblable à la détonation d'une arme à feu.

Nombreux sont encore de nos jours ceux qui ont conservé cette croyance, et le coup de canon, disent ces personnes, qui suit l'éclosion de la fleur, est le signal de sa mort. C'est là un trépas qui fait du bruit dans le monde.

Ne vous étonnez pas d'ailleurs, et si nous n'avons plus le fameux *moly* avec lequel Circé changea en bêtes les compagnons du roi d'Ithaque, on parle encore et fort sérieusement de l'*achémys*, fleur inconnue de nos jours, il est vrai, qui faisait fuir invinciblement ceux qui marchaient dessus ; on parle de l'*angrec écrit* dont les fleurs disposées en épi représentent en rouge sur le jaune des pétales une inscription souveraine pour la colique, — j'ignore si le mal de dents lui cède également, — le tout est de savoir lire la formule.

En voici bien d'une autre. Les philosophes hermétiques, c'est-à-dire qui s'occupaient des sciences occultes, ont écrit longuement touchant une herbe qui corrodait le fer. Cette plante merveilleuse croissait en des lieux inconnus des hommes mais non pas du pivert, et pour s'en procurer les philosophes avaient un moyen fort ingénieux :

Il faut d'abord chercher un arbre où un pivert ait creusé son nid ; ce point une fois obtenu, on guette la sortie de l'oiseau, et pendant son absence on bouche le trou avec une planchette fixée au moyen d'un long clou. Qui est bien attrapé ? C'est le pivert. Il semble réfléchir dans sa tête d'oiseau et puis il s'en va à tire d'ailes du côté de l'orient. Vers le soir, il revient avec un brin d'herbe qu'il dépose sur la tête du clou entre la planchette et l'arbre : au bout d'un quart d'heure le tour est fait, le clou est dissous, la planchette tombe, l'oiseau rentre au nid et les adeptes du grand-œuvre ramassent le brin d herbe.

Pline, le plus avide de fables, nous rapporte des choses merveilleuses sur le *charitoblépharon*. Il sent, dit-il, quand on veut le prendre ; il se durcit alors comme de la corne et émousse le tranchant du fer ; mais s'il est coupé avant d'avoir senti le danger, il se métamorphose en pierre.

Ailleurs, le pays de Chera possède un *syagre* (sorte de palmier). On nous a raconté sur cette dernière espèce un fait merveilleux, c'est qu'il meurt et renaît de lui-même en même temps que le phénix qui, à cause de cette particularité, a tiré son nom de ce palmier. (Le palmier en grec se nommait *phœnix*).

Quand on a une crédulité de moyen ordre, il faut s'en tenir là ; quiconque se sent un appétit plus vorace n'a qu'à écouter Scaliger.

Selon lui, rien n'est comparable au *boramets* ou agneau de Scythie, agneau de Tartarie, dit M. Debay. Cette plante s'élève à trois pieds de hauteur, elle a de plus quatre pieds comme un quadrupède, des oreilles, des ongles et une tête. Je m'expliquerais difficilement les oreilles sans tête. Par exemple, il lui manque des cornes, lesquelles sont remplacées par une touffe de poils ; le tout est recouvert d'une peau légère dont les Tartares font des bonnets. La pulpe de cette plante ressemble à de la chair d'écrevisse selon les uns, selon les autres elle a la consistance, l'odeur et la saveur de la viande d'agneau bouillie. Le couteau qui l'entame fait jaillir un sang vif comme celui des artères des animaux.

Kempfer, voyageant en Tartarie, a cherché en vain le boramets. M. Hans-Sloane n'a trouvé en fait d'agneau tartare qu'une plante velue comme cela se rencontre plus d'une fois. Et néanmoins un naturaliste du siècle dernier a écrit presque un volume sur cette plante qu'il a vue et touchée...

N'oublions pas, Madame, que vers ces lieux était située l'antique Colchide, célèbre par la toison d'or qu'allèrent ravir les Argonautes, et si au XVIIIe siècle on ne vous parle plus que d'une simple toison de laine, c'est que les temps ont changé ; à l'âge d'or a fait place à l'âge des marchands, auquel succède l'âge des filateurs; la toison d'or aujourd'hui se conquiert à la Bourse.

Assez de fables comme cela, la nature nous présente nombre de rares merveilles et nous n'avons pas besoin d'en augmenter le chiffre.

Dans les prés montueux croissent les orchis et les ophrys, fleurs étranges qui simulent à merveille une abeille, une guêpe, une araignée, un homme pendu, un singe, une barbe de bouc avec son odeur hyrcine. Je me rappelle avoir été pris plus d'une fois et ne m'être approché qu'avec défiance de ces insectes ailés dont je redoutais l'aiguillon. Mais au lieu d'enrichir mon liége d'entomologiste, je recueillais une plante nouvelle pour mon herbier. Voilà qui répond à l'agneau tartare.

Faut-il opposer une vérité à la fable de l'aloès détonnant? Voici le *caladium* dont les feuilles observées à la loupe offrent un petit tube ou canon qui, étant chauffé par un rayon solaire, lance à coups intermittents et avec de petits crépitements, des aiguilles microscopiques d'un blanc diaphane. A chaque décharge le tube éprouve un mouvement de recul comme une pièce d'artillerie. Le phénomène se reproduit avec une feuille arrachée à sa tige, desséchée dans un herbier depuis plusieurs années ; il suffit de l'immerger dans l'eau chaude.

Il n'y a pas plus de vingt jours que je voyais dans une serre à Esquermes une plante dont le nom m'échappe maintenant. On l'arrose et bientôt il se forme sur toute la surface des petites boules qui éclatent avec un bruit très-léger et un mince nuage. Quelle est la combinaison de gaz qui se forme ainsi? Le propriétaire l'a nommée ***Siége de Sébastopol.*** Ce nom en vaut bien un autre.

Point de baaras qui s'enflamme seul et brûle sans se consumer ; mais bien la ***capucine*** et sa phosphorescence électrique en temps d'orage ; la ***fraxinelle dictamne*** de laquelle on approche une allumette et qui resplendit comme un météore passager, sans que la plante soit le moins du monde attaquée. C'est le résultat de l'inflammation d'un gaz très subtil qui s'échappe de la plante. Ce gaz trahit encore sa présence par l'odeur très aromatique des fleurs et surtout des graines et de leurs capsules.

Voulez-vous voir encore des catapultes, des balistes végétales? C'est l'***œnothère***, grande fleur jaune en roue, qui s'épanouit brusquement lorsque l'on touche le bout du bouton et lance le pollen de ses anthères : c'est la ***balsamine*** impatiente qui, au moindre contact, roule les douves du barillet de sa capsule et projette au loin ses graines ; c'est la ***clavaire*** jetant paraboliquement sa poussière fine et jaunâtre ; les champignons dit ***mortiers*** qui ouvrent leur tête lorsque le temps est pluvieux et lancent avec bruit de petites balles semblables à des grains de chenevis.

Touchez avec la pointe d'une aiguille la tête du pistil de l'***épine vinette***, aussitôt toutes les étamines se courbent en voûte comme pour le défendre, les pétales suivent le mouvement.

La *sensitive*, la mimeuse pudique, a inspiré les vers suivants à Voltaire :

Le sage Dufaï, parmi ces plants divers,
Végétaux rassemblés des bouts de l'univers,
Me dira-t-il pourquoi la tendre sensitive
Se flétrit sous nos mains, honteuse et fugitive ?

En effet, le plus léger attouchement, un souffle, bien plus, un nuage, voilant un moment la clarté du soleil, font opérer à la sensitive des contractions qui ferment les feuilles, renversent l'axe des folioles. C'est encore un *mimosa* qui fournit le cachou auquel les orateurs doivent des remerciements pour les avoir délivrés de leurs enrouements par son action fortement tonique et astringente.

Malheur à l'insecte qui vient se placer sur les feuilles de la *dionée attrape-mouche*. Ces feuilles sont divisées en deux lobes ou demi-cercles bordés de cils raides et jaunâtres. Dès qu'un insecte s'y repose, les deux lobes se rapprochent et les cils, comme autant d'aiguillons acérés, percent l'imprudent. Plus il fait d'efforts, plus il développe l'irritabilité de la plante. Quand il est mort, le piége se détend, les lobes se desserrent et le cadavre du diptère reste suspendu comme autretois le criminel aux fourches patibulaires.

Vous connaissez le pied de veau, l'*arum*, vous avez vu dans les jardins cette plante aux longues feuilles dont la fleur est semblable à un immense cornet blanc du milieu duquel s'élève une colonne d'or. Dans les champs existe un arum plus modeste, dont le congénère en Italie présente à certain moment de la floraison un phénomène de chaleur très-remarquable. Cette chaleur, d'abord observée par Lamarck, confirmée par d'autres naturalistes, dure plusieurs heures.

Dans l'île de Madagascar croît une plante des plus remarquables, c'est le *népenthe* distillatoire. De la racine s'élèvent des feuilles dont la nervure médiane se prolonge en vrille terminée par une urne, garnie d'un opercule pour couvercle. Ici, je laisse parler M. Bréon, ex-chef des cultures du gouvernement à l'île de la Réunion :

« A trois lieues environ de Tamatave se trouve une vallée couverte de népenthes d'une grande beauté et d'une végétation vigoureuse.

» Je découvris cette vallée vers dix heures du matin et je remarquai que toutes les urnes étaient ouvertes pour laisser évaporer l'eau qu'elles contenaient. Ma surprise fut grande de voir, vers trois heures après midi, tous les opercules s'abaisser peu à peu sur l'ouverture des urnes qu'ils avaient hermétiquement fermées à cinq heures.

» J'essayai vainement d'en ouvrir quelques-unes, et je n'y pus parvenir qu'en les rompant. Désirant observer davantage cette plante miraculeuse, je me décidai à revenir le lendemain de très-bonne heure, afin de consacrer toute la journée à cette observation et je retournai à Isathan, où je passai la nuit dans la case qui vit mourir, en 1804 et 1805, les infortunés Chapellier et Michaux, botanistes du gouvernement français. Le lendemain, dès cinq heures et demie du matin, j'étais rendu à la plaine des népenthes. Les urnes étaient fermées et tellement pleines d'eau que le poids les avait fait s'appuyer sur le sol. J'essayai encore d'ouvrir quelques opercules et je n'y parvins qu'en déchirant l'urne, et toutes celles que j'ouvris ainsi étaient tout à fait pleines. Vers huit heures, les opercules commencèrent à s'élever sensiblement et à neuf heures toutes les urnes étaient ouvertes. J'en ai mesuré plusieurs pour connaître la quantité d'eau qu'elles renfermaient et j'ai trouvé que les plus grandes contenaient environ les deux tiers d'un verre ordinaire.

Cette eau, aussi limpide que celle qui est distillée, était très-fraîche et d'une saveur agréable ; elle a formé ma seule boisson pendant toute cette journée d'observation. Vers trois heures, l'évaporation avait épuisé plus des deux tiers de l'eau contenue dans chaque urne qui se relevait elle-même peu à peu à mesure qu'elle était allégée ; les opercules commençaient à se refermer et l'étaient entièrement tous à cinq heures du soir, ainsi que je l'avais observé la veille. »

Ne dirait-on pas un conte des ***Mille et une Nuits?*** Cependant le népenthe est une plante réelle, connue.

Je puis faire succéder à ces lignes les suivantes, empruntées à M. Adulphe Delgorgue, un enfant de Douai, mort de fatigues scientifiques il y a quelques années, et que j'ai entendu plus d'une fois raconter ses aventures dans la chasse aux éléphants au milieu des déserts de l'Afrique australe, avec un accent de vérité digne d'un naturaliste sérieux :

« Continuant à m'avancer, je découvris bientôt un arbuste qui se plaît dans les terrains sablonneux et que l'on ne rencontre presque jamais ailleurs que sur des collines..... C'est le *zuiker-bosch-stroop*, buisson à sirop de sucre. Passablement commun à peu de distance du Cap, sa hauteur est ordinairement de quatre à cinq pieds, ses feuilles sont rudes... » Ici M. Delgorgue avoue naïvement qu'il est le premier des voyageurs ayant visité la colonie du cap de Bonne-Espérance, qui parle de ce qui va suivre ; mais il en donne tout de suite une excellente raison : C'est au crépuscule du matin seulement qu'il est donné à l'observateur de jouir du phénomène, « et, dit M. Delgorgue, si cette observation ne m'eût été communiquée, il est probable que j'eusse toujours ignoré cette particularité...

» Voici donc la fleur dont les pétales serrées forment un

calice imperméable. Le soleil n'est point encore sur l'horizon, tout dans l'air est tranquille encore ; pas un souffle de brise, tout sommeille, et la terre en se refroidissant a permis que les herbes se chargeassent de rosée. Là aussi, dans le calice, s'agitent, rondes et vives comme des gouttes de vif argent, celles qu'y a déposées le froid de la nuit. Mais combien elles sont privilégiées celles-là ! Elues d'entre des millions, toutes vertus douces leur sont dévolues par leur naissance ; leur berceau de roi les transforme en souveraines, et quand leurs innombrables congénères rappelées par le soleil remonteront aux nues, elles, au contraire, recueillies par des mains soigneuses, iront se mêler au noir café, en adoucir l'amertume et porter l'homme à remercier le Créateur de tant de prévoyance, car l'abeille ne suffisait point à produire du miel. L'abeille porte un sévère et cruel aiguillon ; il faut quelque audace pour lui ravir ses trésors, et ici, sans danger ni fatigues, la main d'une femme suffit à courber ces récipients gracieux qui versent le nectar le plus suave, le plus doux, et dont l'origine a tellement de poésie que je crains d'être taxé de mensonge.

« Mais le chercheur de stroop a-t-il dû trop longtemps combattre le sommeil, le soleil domine-t-il l'horizon, l'heure favorable est passée, les calices sont à sec, la liqueur s'est évaporée... »

Avant de terminer cette lettre par quelques anecdotes, jetons, Madame, un coup d'œil sur ces géants de la création, le dragonnier, le baobab. J'ai parlé ailleurs du châtaignier de l'Etna, du chêne d'Allouville, en ce moment nous quittons l'Europe, un vent propice nous conduit aux îles Canaries. Nous sommes à Ténériffe, devant le dragonnier d'Orotava, dont le tronc a 75 pieds de hauteur et 46 de diamètre au niveau du sol. Allons au Sénégal admirer les

Baobabs Adanson qui mesurent jusqu'à 90 pieds de circonférence et comptent, plusieurs, six mille ans d'existence ; nés aux premiers âges du monde.

Voici bien plus étonnant encore. Il y a peu de temps arriva à Londres un fragment de l'arbre gigantesque de la Californie, appelé dans le pays la *mère de la forêt*, et dont tous les journaux firent mention. Le fragment exposé aux yeux du public provenait d'un arbre géant, vivant et encore debout dans les montagnes où il est né, et où il mesurait 327 pieds anglais de hauteur et 90 pieds de circonférence. L'écorce avait été enlevée jusqu'à la hauteur de 116 pieds.

Voici, d'après le ***Hooker's Journal of Botany,*** la description du bosquet de l'arbre de Mammouth, bois où se trouvent ces végétaux géants :

« Ce bois, ou plutôt cette forêt, est situé dans une petite vallée, à la source de l'un des tributaires de la rivière Calaveras, comté de Calaveras, en Californie. En arrivant à Murphy, soit de Sacramento, soit de Stockton, le voyageur se trouve à quinze milles de ce bois célèbre. On peut trouver à Murphy, en tout temps, des moyens de transport à des prix raisonnables. En quittant Murphy par une excellente route carrossable, si l'on monte graduellement, en serpentant à travers une splendide forêt de pins, de cèdres, de sapins, entremêlés de temps à autre par des chênes, on finit par arriver dans la vallée, distante de Sacramento de quatre-vingt-quinze milles, et de Stockton de quatre-vingt-cinq.

« La vallée qui produit ces arbres contient environ 160 acres (l'acre vaut 0,405 hectares) de terre, et on estime qu'elle est située à 4,000 pieds au-dessus du niveau de la mer. Il s'y trouve en ce moment quatre-vingt-douze arbres de cette espèce, qui sont tous dans un rayon de 50 acres de la vallée. C'est évidemment uue espèce de cèdre gigantesque, découverte dans le printemps de 1850 par les chasseurs, dont les récits furent alors considérés comme fabuleux.

« Pendant les mois d'été, cette vallée jouit d'un climat délicieux, tout à fait libre des étouffantes chaleurs des basses terres ; la végétation y est constamment fraîche et verte, tandis que l'eau, pure comme le cristal, est presque aussi froide que la glace. Le gibier abonde dans ces parages, dont les eaux abondent en truites. Parmi les points curieux qu'on peut de là aller visiter, il faut citer les chutes de Saint-Antoine et le rocher basaltique, sur la branche septentrionale de la rivière Stanislas.

« Un de ces arbres immenses, aujourd'hui tombé, et le père de la forêt, ne mesurait que 300 pieds de hauteur, mais la circonférence à la base mesure 112 pieds. Lorsqu'il était debout, ce géant a dû atteindre jusqu'à 450 pieds de hauteur.

« La position respective de ces arbres a fait donner à chacun d'eux des noms particuliers, tels que le Mari et la Femme, parce qu'ils s'appuient l'un sur l'autre ; Hercule, arbre tombé, qui pourrait fournir 72,500 pieds de charpente; l'Ermite, à cause de sa position isolée au milieu des autres; la Mère et le Fils; les groupes des jumeaux siamois, etc. Ces arbres ont tous une circonférence d'au moins 55 à 60 pieds et une hauteur qui n'est jamais moindre de 300 pieds. »

Par ouï-dire, au moins, Madame, vous connaissez ce que l'on appelle la manie des plantes, c'est une véritable passion. Je pourrais vous citer certain semeur d'oreilles d'"ours qui ne conservait que deux exemplaires de ses graines et hachait le reste impitoyablement. Par un atroce jeu de mots et à cause de l'humeur de ce maniaque, on disait de lui qu'il n'aimait que ses oreilles....d'ours.

Je vous avais promis des histoires nous les demanderons aux fous tulipiers.

Le nom de la tulipe lui vient d'un mot turc signifiant turban, probablement en raison de la forme et de la disposition des couleurs de la fleur. La tulipe est en Perse l'emblême des parfaits amants. Chardin dit que quand un jeune homme en ce pays présente une tulipe à sa future, cela signifie que comme cette fleur il a le visage en feu et le cœur en charbon.

La figure est un peu forte, mais encore n'en rions pas trop, ou bien laissez-moi rire à mon tour de la mode éclose, il y a deux ans, dans la société lilloise, et qui ne permet plus à une fiancée de porter de bouquet autre que de fleurs blanches. C'est une façon de dire aux gens : Il n'y a plus rien à faire ici, passez votre chemin.. Un diable méchant veut absolument mettre son explication ; c'est une enseigne, dit-il, et cela se lit : Plus rien à vendre. Pour ce diable, le mariage serait-il donc un marché !...

Une jeune fille à qui un étranger demandait la signification de ce bouquet, répondit : Chasse réservée. — Pardon, Mademoiselle, reprit le Monsieur étonné de ce langage tout au moins hardi dans la bouche d'une jeune fille, vous avez sans doute voulu dire : Chaste et réservée.

Revenons à nos tulipes.

De tous les peuples, les graves Hollandais sont ceux qui ont porté la tulipomanie au plus haut point, à un degré voisin du délire.

Ce fut de 1634 à 1637 que la tulipomanie exrça son inflence, particulièrement dans les villes de Harlem, Utrecht, Amsterdam, Leyde, Rotterdam et dix autres. Dans ces années, les tulipes y montèrent à des prix fabuleux et enrichirent beaucoup de spéculateurs.

C'est alors que La Bruyère écrivait : « Le fleuriste a un jardin dans un faubourg , il y court au lever du soleil et il en revient à son coucher. Vous le voyez , planté et qui a pris racine au milieu de ses tulipes et devant la *Solitaire ,* il ouvre de grands yeux , il frotte ses mains , il se baisse , il la voit de plus près , il ne l'a jamais vue si belle , il a le cœur épanoui de joie ; il la quitte pour l'*Orientale ,* de là il va à la *Veuve,* il passe au *Drap-d'or,* de celle-ci à l'*Agate,* d'où il revient enfin à la *Solitaire* où il se fixe , où il se lasse , où il s'assied , où il oublie de dîner ; aussi est-elle nuancée, bordée, huilée à pièces emportées; elle a un beau vase ou un beau calice; il la contemple, il l'admire. Dieu et et la nature sont en tout cela ce qu'il n'admire point; il ne va pas plus loin que l'oignon de sa tulipe qu'il ne livrerait pas pour mille écus... Cet homme raisonnable qui a une âme, qui a un culte et une religion , revient chez soi, fatigué , affamé , mais fort content de sa journée : il a vu des tulipes. »

Un particulier de Harlem donna pour une tulipe nommée *Vice-roi* les valeurs suivantes :

36 sacs de blé ,
72 sacs de riz ,
4 bœufs gras ,
12 brebis grasses ,
8 porcs énormes ,
2 muids de vin ,
4 tonneaux de bière ,
2 tonnes de beurre salé ,
100 livres de fromage ,
et un grand vase d'argent.

Un autre amateur offrit douze arpents d'excellentes terres pour un petit oignon de tulipe qu'on ne voulut pas lui céder.

Une vente publique de dix oignons de tulipes ayant été faite avec la solennité qu'elle exigeait, produisit plus de 80,000 fr.

Enfin on dit qu'un seul oignon fut payé 100,000 francs, que la gelée ruina un propriétaire d'oignons riche à plusieurs millions.

Une tulipe ne raconte-t-elle pas son histoire par son nom, on l'appelle : *Dot à ma fille.*

La tradition lilloise ne rapporte-t-elle pas que la brasserie de la rue des Vieux-Murs servit à payer un oignon de tulipe.

Les oignons se vendirent aussi au poids comme les choses les plus précieuses : souvent une once coûtait des milliers de florins. L'espèce la plus estimée était celle qu'on nommait *semper augustus*. On l'évaluait à deux mille florins. On prétendait qu'elle était si rare, qu'il n'en existait que deux sujets, l'un à Harlem, l'autre à Amsterdam. Un particulier, pour en avoir une, offrit quatre mille six cents florins, et en sus une belle voiture avec deux chevaux et tous les accessoires.

La passion des tulipes tournait la tête à tout le monde ; ceux qui ne pouvaient s'en procurer faute d'argent comptant en acquéraient par un échange de terres et de maisons. Les fleuristes et d'autres particuliers qui se mêlaient de la culture des fleurs firent en très peu de temps une fortune immense. Depuis les premiers gentilhommes jusqu'aux ramoneurs, tous les Hollandais spéculaient sur les tulipes. On raconte qu'un matelot, apportant des marchandises à un négociant qui cultivait les tulipes dans son jardin pour les spéculations, reçut de celui-ci pour déjeûner, un hareng avec lequel le matelot s'en alla. Chemin faisant, il vit des oignons dans le jardin, et, les prenant pour des oignons communs, il les mangea tranquillement avec son poisson. Dans ce moment arriva le négociant. « Malheureux ! s'écria-t-il, ton déjeûner m'a ruiné, j'en aurais pu régaler un roi!... »

L'accroissement rapide des fortunes particulières faisait tout abandonner pour se livrer aux spéculations du moment: les auberges et les cabarets ressemblaient à de grands comptoirs ; on y faisait des contrats de vente en présence de notaire et de témoins pour quelques oignons de tulipe, et ces négociations, faites avec un sérieux extraordinaire, se terminaient par de splendides repas. On a calculé que dans une seule ville de Hollande le commerce des tulipes a été pendant trois ans de dix millions de florins (près de cinquante millions de francs), somme énorme pour ce temps-là. Le commerce de tulipes se fit sans tulipes et sans argent ou à peu près, absolument de la même manière que se font les opérations de bourse de nos jours. Ce jeu fut en réalité un jeu de hasard qui séduisit d'abord tout le monde, parce que l'on y voyait des profits immenses à recueillir ; mais comme ces spéculations n'étaient fondées sur rien de solide, elles finirent par détromper tout le monde, et firent voir aux joueurs que la cupidité est presque toujours dupe d'elle-même et qu'il n'y a de véritables fortunes que dans le travail et l'industrie.

La folie des tulipes devint si intense, et la contagion de cette manie si menaçante, que les États généraux de Hollande se virent dans la nécessité de trancher le mal dans sa racine ; ils lancèrent un édit qui interdisait à tout Hollandais, sous peine d'exil et de confiscation des biens, le commerce des tulipes.

Maintenant la tulipomanie est détrônée par l'orchidéomanie. Nous lisons dans le *Magasin russe* de Meyer :

« De zélés collectionneurs font venir des orchidées de toutes les parties du monde, et l'art du jardinier sait surmonter tous les obstacles que présente cette culture. C'est l'Angleterre qui se distingue surtout en ce genre, et ses grandes collections s'enrichissent tous les jours des espèces les plus rares, qui se paient des sommes exorbitantes. Le duc de Devonshire a payé 500 liv. st. (12,500 francs) la première *phalænopsis amabilis*, et on comprend bien mieux cet engouement pour les orchidées que pour les tulipes, dont il existe des milliers de variétés. C'est la fraîcheur et la délicatesse des couleurs, la douceur du parfum et l'étrangeté des formes des orchidées qui attirent surtout les amateurs.

» Les espèces connues en Europe ont des fleurs qui ressemblent aux mouches, aux abeilles, aux taons, aux araignées ; d'autres représent les plus gracieux papillons ; sur quelques-unes on voit des huîtres, des grenouilles, des tortues, des têtes de serpent ; la belle *periskria* présente dans son calice une tourterelle d'une blancheur éblouissante ayant ses ailes déployées ; dans l'Amérique du sud, cette fleur sert dans les cérémonies religieuses; enfin, vous voyez en d'autres endroits des singes, des têtes de bœufs avec de grandes cornes, des têtes de chat, des hommes cuirassés et coiffés de casques luisants. Lady Grey, avec des fleurs sèches, est parvenue à former une danse de sorcières dont Bateman a donné le dessin dans son magnifique ouvrage sur la Flore du Mexique et du Guatemala. »

Par quelle fleur la mode remplacera-t-elle les orchidées ? Nous n'en savons rien, n'est-il pas vrai, Madame, mais fions-nous aux caprices de cette inconstante ; elle saura choisir quelque plante fort belle, fort embaumée, fort rare et surtout fort difficile à cultiver, enfin fort coûteuse.

X.

LES PLANTES DE MODE. — LE TABAC. — LE CAFÉ. — LE THÉ.

Lille, le 15 février 1858.

J'ai précédemment touché une partie de mon programme d'aujourd'hui, Madame, en vous entretenant des tulipes et des orchis ; s'il ne s'agissait que de parler des collectionneurs, j'aurais à monographier successivement les amateurs de camélias, de pelargoniums, de fuchsias, de pensées, de roses. Mon dessein est moins ambitieux, et je n'appellerai votre attention que sur trois plantes, connues de tout le monde et sur lesquelles cependant il reste beaucoup à vous dire, trois plantes que la mode a fait entrer dans les habitudes et que l'on nomme, le tabac, le café, le thé.

« Plus vous me punirez, disait à sa bonne un enfant têtu, moins j'obéirai. »

C'est là presque l'histoire des fumeurs et des priseurs. Les rois et les empereurs ont persécuté les adeptes du tabac, les pontifes ont lancé des anathêmes, les satiriques ont exercé leur verve, les femmes ont fermé aux fumeurs les portes de leur salon, et cependant, partout le tabac a ses adorateurs fervents.

D'où vient le tabac? Quand a-t-on commencé à en faire usage?

Voilà deux questions fort sujettes à la controverse.

S'il ne s'agit que de fumer, l'usage est ancien. Hérodote, Pomponius Mela, Maxime de Tyr, Dion, Plutarque, en font mention à propos des Massagètes, des Thraces et des Babyloniens; mais que fumaient ces peuples? Du chanvre, du datura, peut-être. Hérodote dit : Les Scythes prennent de cette plante (une sorte de chanvre), et se glissant sous une tente d'étoffes de laine, ils la jettent sur des pierres rougies au feu. La plante développe alors une vapeur bien plus pénétrante que celle d'aucune fumigation grecque. Ainsi enivrés, les Scythes commencent à hurler et en même temps la sueur découlant de leur corps, leur sert de bain. — Ainsi nous lisons dans Michelet, à propos du Moyen-Age : Le roi du vertige, l'herbe terrible dont le vieux de la montagne tirait le Haschich de ses Hassassins, ce fameux Pontagruélon de Rabelais, ou pour dire simplement, le chanvre, fut certainement de bonne heure un puissant agent du sabbat (1).

La fumigation au moyen d'herbe brûlée fut une prescription médicale, recommandée par Hippocrate, Galien et autres médecins de l'antiquité. Parmi les Arabes, Avicenne, qui vivait au XIe siècle, pratiquait la même croyance.

Le chanvre se fume encore maintenant en Perse, en Égypte, dans l'Inde, dans la vallée de Cachemyr.

Meyen raconte que l'usage du tabac est très-ancien en

(1) Henri IV et Richelieu.

Chine, que la consommation en est énorme. Sur d'anciennes sculptures il a retrouvé des dessins de pipes semblables à celles en usage de son temps.

Si l'on en croit Walpole, il existerait à Mosul un vieux manuscrit arabe où, dans les premiers chapitres, l'auteur déclare que Nemrod était un fumeur.— Jusque-là, on n'avait parlé de lui que comme d'un grand chasseur, il est vrai que l'un ne va guère sans l'autre.

Le même écrivain nous rapporte une légende persane dont voici le résumé :

Un jeune marié de Shiraz avait perdu sa femme, il se désolait. Un saint Derviche le rencontra pleurant et lui dit : Va au tombeau de ta femme, tu y trouveras une herbe. Cueille-la, mets la dans un fourneau, place le feu et aspire la fumée. Cela te tiendra lieu de père, de mère, de frère et d'épouse, ce sera un bon conseiller qui apprendra la sagesse à ton âme et donnera la joie à ton cœur.

Bacon disait aussi que le tabac fait bien au corps et chasse les soucis.

Voici une autre légende, elle nous vient de l'Arabie :

Un serpent avait été réchauffé dans le sein du Prophète, mais ingrat, il mordit Mahomet au doigt. Le Prophète suça la plaie et cracha ensuite sur le sable. Aussitôt, de sa salive ensanglantée naquit une plante, renfermant en elle le venin du reptile et la douceur de la salive de Mahomet.

Quoi qu'il en soit, lorsqu'en 1492, Christophe Colomb découvrit l'île de Cuba, la population indigène faisait usage du tabac. En 1559, cette plante fut importée en Espagne et en Portugal par Fernand de Tolède.

En 1560, Jean Nicot, ambassadeur de François Ier en Portugal, importa le tabac en France ; il le présenta successivement à M. le grand-prieur, à la reine Catherine de

Médicis. Puis, il passa en Italie, grâce au cardinal de Ste.-Croix, au légat Nicolas Ternabon; d'où ces noms : Nicotiane, herbe du grand-prieur, herbe à la Reine, herbe de Ste.-Croix, herbe de Ternabon. D'autres nommaient cette plante : La panacée Antarctique, la jusquiame du Pérou. Les naturels du Brésil la désignaient sous le mot de Petun, les Espagnols en firent le tabac, de l'île de Tabago ou Tabaco. Au reste, les diverses appellations ont une commune origine : *Tabac* en français, *tabak* en hollandais et en russe, *tabaca* en polonais ; *tabaco* en espagnol, *tabacco* en portugais et en italien, *tobok* en danois et suédois, *tobacco* en anglais, *tumbaka* en hindostani, *tambraccoo* en malais ; *Itab-gie*, zin-*bac*, ita-*bac*, ti-*back*, *itabatca*, *tumbakah* en idiômes orientaux.

L'honneur, si tant est qu'il y ait honneur, de l'importation du tabac en France, a été revendiqué pour un Français, un citoyen d'Angoulême, grand voyageur, Thevet, qui mourut en 1590.

La date d'introduction de l'usage de fumer, en Angleterre, paraît être 1586. Ceux qui le mirent à la mode furent F. Drake et Raleigh. Ce dernier, intime favori d'Elisabeth, paria un jour avec cette reine qu'il pourrait lui dire le poids de la fumée. Il pesa les cendres restant d'une livre et déduisant ce poids du poids total, la différence, dit-il, est juste le poids de la fumée.

Faisant allusion au bénéfice que retirait Raleigh de la vente du tabac, la reine ajouta que, maint alchimiste, penché sur ses creusets, avait vu son or s'envoler en fumée; au contraire, Raleigh avait changé la fumée en or.

Il paraît toutefois que l'importation n'est pas due à sir Raleigh ; mais elle se rattache à son expédition en Amérique. Le savant Hariot, un des colons de l'expédition de 1684, en Virginie, remarqua la culture d'une certaine plante dont les indigènes faisaient usage contre les crudités d'estomac, adopta leurs idées, vraies ou fausses, sur les vertus de cette plante, s'habitua à l'employer comme eux et est, sans doute, le premier européen qui ait jamais fumé. C'est là le fait réel ; mais il y a des usurpations qui réussissent : l'aventurier a fait oublier le savant. On raconte que, retiré un jour dans son cabinet pour savourer à loisir les exhalaisons dont il avait découvert le charme et le mérite, Raleigh était plongé dans de profondes rêveries et entouré d'épais nuages de fumée, lorsque désirant humecter ce passe-temps un peu sec et oubliant que c'était encore un secret, il ordonna à un domestique de lui apporter un pot de bière. Ce serviteur crut entrer dans le vestibule de l'enfer, et au lieu de servir à son maître le breuvage demandé, il se hâta de le lui jeter à la tête pour éteindre l'incendie et prit la fuite en criant dans la maison que des torrents de fumée s'échappaient des narines et de la bouche de sir Walter, consumé d'un feu intérieur, métamorphosé en volcan et possédé par Satanas lui-même.

Si l'intention de Raleigh avait été de procurer au commerce et au gouvernement une source nouvelle de gain, il réussit admirablement, car Bancroft nous apprend qu'en 1615, les champs, les jardins, les squares, les rues mêmes de Jamestown étaient plantés de tabac.

Le tabac eut bientôt ses antagonistes : Urbain VIII excommunia ceux qui prisaient dans les églises. Elisabeth se contentait de faire confisquer les tabatières au profit du tronc des pauvres. A Berne, on assimilait l'usage du tabac à l'adultère. En Transylvanie, en 1630, on confisquait les terres où se cultivait le tabac et on frappait d'une amende de 200 à 300 flor. ceux qui faisaient usage de la plante.

Amurat IV faisait pendre les fumeurs, une blague au cou et le nez traversé d'une pipe. Un grand duc de Moscovie faisait couper le nez aux priseurs, les lèvres aux fumeurs. En 1655, Mahomet IV prononçait la décapitation contre les fumeurs.

Jacques Stuart, en 1616, écrivit tout un traité contre le tabac, sous le titre de *Misocapnos,* ou ennemi de la fumée. On y lit entr'autres passages : Un homme ne peut cordialement saluer un ami sans tabac à la main. Celui qui refuse de prendre une pipe avec son ami — préférât-il la puanteur d'un marais — est de mauvaise compagnie et d'humeur insociable.

Et plus loin : Une dame ne peut donner une plus aimable preuve d'amitié à son serviteur que de lui offrir une pipe de tabac.

Les Jésuites polonais répondirent à Jacques en écrivant l'Antimisocapnos. Néandre, en 1622, publia sa *Tabacologie;* en 1628, Raphaël Thorius écrivit un poëme : *hymnus tabaci.*

Un des contradicteurs du tabac, Raphalangius, rapporte que le médecin Parrius, disséquant un Hollandais qui était renommé pour avoir fumé avec excès, avait trouvé que la fumée s'était déposée en incrustation sur l'os du crâne.

En revanche, le commodore Wilkes raconte qu'un sauvage des îles Feejee, interrogé pourquoi sa tribu n'avait pas mangé un matelot tué dans un combat, répondit : Il sentait trop le tabac. Voilà un privilége posthume.

On a dit que l'habitude de fumer impliquait un penchant à l'ivrognerie. Un traducteur des *Mille et une nuits* prétend au contraire que l'acte de fumer est une jouissance suffisante pour empêcher les fumeurs de se livrer à la boisson. Cranwford est de cet avis et fait entrer l'usage du tabac pour quelque chose dans la sobriété des asiatiques.

Vous savez, Madame, que le tabac alluma en pleine académie des disputes très vives. Fagon, premier médecin du roi, n'ayant pu se trouver à une thèse contre le tabac, désigna pour le remplacer à la présidence, un autre médecin, fort éloquent du reste, mais dont le nez ne fut pas d'accord avec la langue, car durant toute l'argumentation, le président ne cessa de puiser dans une immense tabatière.

Aujourd'hui, le tabac n'allume plus rien : on l'allume sous diverses formes. De cet holocauste brûlé sur les autels de la mode, il reste un peu de cendres, et, en France, le gouvernement recueille du monopole plus de 100 millions.

Isaac Newton était un intrépide fumeur. Chaque jour, il faisait visite à une dame, près de laquelle il fumait sa pipe. La dame s'imaginait qu'Isaac lui faisait la cour et elle attendait avec une secrète impatience qu'il se déclarât. Enfin un soir, Isaac s'approche, prend un doigt de la main droite de la dame et..... s'en sert pour presser le tabac dont il venait de bourrer sa pipe.

Je n'ai pas besoin de vous rappeler que si Napoléon Ier détestait la pipe, il usait et abusait du tabac en poudre.

Si Urbain VIII avait excommunié les priseurs, Benoît XIII était, au rapport de son secrétaire, Albert de Monte-Albano, un priseur déterminé.

De nos jours, dit un auteur anglais, les sultans, les directeurs de chemins de fer, ont frappé d'une amende de 40 shillings (48 francs) et de l'expulsion du train quiconque est pris en flagrant délit. Mais, ajoute-t-il, il est bien doux de braver ces peines pour fumer en cachette. Un jeune homme, pour se trouver seul dans son compartiment et pouvoir fumer à son aise, feignait la folie. Un autre voyant descendre un évêque d'un wagon, y entre et appelant un garde-convoi se plaint de l'odeur de tabac et continue : Ce doit être cet évêque qui aura fumé, vous ne m'accuserez pas j'espère, si vous sentez ici le tabac plus tard.

Tout le monde fume, ou du moins, presque tout le monde — je parle des hommes, Madame. — Mais que de reproches adressés aux fumeurs. Ce sont, dit-on, des gens blasés sur les sensations délicates, et par suite, avides de jouissances factices qui les plongent dans une stupide ivresse et leur enlèvent leur peu d'intelligence et de bon sens.

Ces reproches sont trop outrés pour être justes. L'abus certes est condamnable ; vous aimez les parfums, vous vous gardez de l'excès. Voici ce que répond un homme que la marine s'honore d'avoir compté dans ses rangs, plus tard, professeur à la Faculté de Médecine de Strasbourg, M. Forget :

« Nous ne chercherons pas à déterminer si le tabac affaiblit la mémoire, émousse la sensibilité : Ce ne sont là, dans tous les cas, que des résultats extrêmes ou secondaires qui lui sont communs avec les stimulants les mieux caractérisés. Ce qu'il y a de certain, c'est qu'il porte au recueillement, ramène les idées au passé ou les lance dans l'avenir, et, comme l'opium des Orientaux, répand sur les créations imaginaires un voile de béatitude qui masque les couleurs sobres et reflète les doux rayons de l'espérance. Voyez ce matelot fumant sur la drôme : son recueillement ressemble au sommeil ; pour lui, le bonheur c'est l'oubli. Voyez actuellement ce jeune officier mesurant à pas pressés la longueur des passavants et lâchant sa bouffée à chaque évolution sur lui-même : Celui-ci nage dans les espaces de l'avenir ; il commande un vaisseau, bat les Turcs à Navarin ; que sais-je ? Le premier dort sans rêver, le second rêve sans dormir ; tous deux sont heureux à leur manière. Le réveil sera pour eux pénible, peut-être ; mais ils ont fait provisions de quiétude pour toute la nuit, et demain ils recommenceront. En attendant, les jours s'écoulent, le navire fait route, et bientôt nous serons au port. »

En somme, il est sage, dit M. Audouit, de laisser à chacun ses goûts, ses habitudes, ou, si l'on veut, ses défauts : les sensations sont des actes de l'humanité qui ont pour principe l'humanité même, et ce serait perdre son temps que de vouloir corriger ceux qui trouvent un plaisir là où d'autres ne voient que la satisfaction d'un besoin grossier.

En Angleterre, de même qu'en France, le tabac à fumer poursuit sa marche ascendante, tandis que le tabac à priser subit une destinée contraire. Le temps n'est plus où une boîte d'or remplie de sa poudre odoriférante figurait dans la corbeille des mariées les plus fashionnables. Un paquet de cigarettes n'a pas encore osé se substituer à cette boîte dont quelques vénérables douairières gardent seules un souvenir lointain ; mais il ne faudrait pas jurer qu'il n'eût quelque jour cette audace.

Dans le Nord de la Suède, le tabac en poudre n'a point encore perdu faveur ; mais au lieu de l'aspirer par le nez, on le suce dans la bouche ; il remplace les pastilles de menthe !... Sur quelques points de la côte d'Afrique, les nègres et les négresses se régalent aussi de tabac râpé et en sont friands et friandes ; mais leur nez et leur bouche n'y sont pour rien. Nous conseillons à tout porteur de tabatière d'en jeter le contenu au plus vite et au plus loin possible quand ces oncles Toms et ces héroïnes de Mme. Stowe y auront trempé leurs doigts. Les apothicaires et les médecins de Molière, les Fleurant et les Purgon, pourraient seuls dire quel emploi ces nègres font du *divin tabac* et quelle volupté ils trouvent à leur manière d'en user ! En Irlande, l'*Ultima Thule*, le tabac de toute espèce a de nombreux partisans ; les paysans, les fermiers et les membres du clergé sont de grands priseurs. Ils ne se servent pas de tabatières pareilles aux nôtres et renferment leur cher râpé dans des boîtes en os de la forme d'une poire à poudre et s'ouvrant aussi par un ressort. Un Irlandais introduit le bout de sa poire à tabac dans l'orifice de son nez, se renverse la tête en bas et s'ingurgite ainsi une dose de grains de tabac proportionnée à la capacité de sa fosse nasale. Cette manœuvre terminée, il offre, avec une parfaite politesse, la poire à tabac à son voisin, qui y prend part de la même façon, la passe à un troisième, et ainsi de suite, jusqu'à ce que, de nez en nez, elle revienne à son véritable propriétaire.

En Angleterre et en France, de véritables savants et d'habiles chimistes ont fait sur le tabac des études et des expériences dont le résultat serait de nature à nous faire jeter au feu toutes nos tabatières et briser toutes nos pipes : ils ont prouvé sans réplique que les feuilles du tabac contiennent un liquide huileux, volatil, incolore, dont une seule goutte suffit pour tuer en deux minutes le chien ou le chat le plus vigoureux. Par bonheur, en cette circonstance, la théorie est en contradiction avec la pratique : on connaît des priseurs et des fumeurs octogénaires : des docteurs, qui démontrent par A plus B, que le tabac tue, vivent eux-mêmes en fumant, et pendant qu'ils distillent la nicotine, ils ont résolument la pipe ou le cigare à la bouche.

On a fait un curieux calcul pour toute la race humaine, et dressé le tableau statistique de tout ce qu'elle fume. D'après ce tableau approximatif, la consommation du tabac est de 70 onces par tête, et le total de tabac fumé chaque année, sur la surface du globe, est de 4 milliards 400 quatre-vingt millions de livres !.... Que de cendres !....

Voici qui conviendra mieux à vos goûts délicats, Madame, nous allons parler du thé !

Darma, fils d'un monarque des Indes, s'était voué à une profonde solitude. Il avait coutume de méditer dans un jardin jusqu'à la naissance du jour. Une nuit, près de succomber au sommeil, il s'arracha les paupières et les jeta à terre, où elles prirent racine et produisirent la plante qui porte le thé.

Vous connaissez maintenant la légende chinoise.

Je possède un vieil ouvrage imprimé en 1683 et rédigé par le sieur Ph. Sylvestre Dufour, marchand à Paris, sur le café, le thé et le *chocolate*. Et pour qu'on ne s'étonne pas qu'il ait songé à se faire auteur, il a soin d'établir dans une des nombreuses préfaces du livre, comment le marchand peut être bien mieux renseigné en de tels sujets que les philosophes; l'un a la pratique, l'autre n'a que ses méditations.

Dans ce temps et depuis 80 ans environ que le thé était importé, de la Chine en Europe, on ne connaissait pas la nature de l'arbuste qui le produisait et on n'était pas d'accord sur son origine. Et cependant, dès 1655 l'usage en était fort répandu déjà à Paris, dans la haute société, au rapport du sieur de Rhodes. Il se vendait fort cher alors et produisait un magnifique revenu aux Hollandais qui seuls en faisaient le trafic. Ils opéraient par troc, livrant une livre de sauge aux Chinois contre deux livres de thé. Ils vendaient en France le thé de 30 francs à 150 francs la livre. Tavernier parle même de 500 francs ; il est vrai qu'il ajoute : « Ce n'est pas de la feuille, mais de la fleur, qui est réservée pour la bouche des princes, à cause de quoi quelques-uns l'appellent thé impérial. Apparemment, nous ne savons en Europe ce que c'est que celui de cette sorte. »

L'usage en Chine paraît avoir existé de temps immémorial.

Ce ne fut qu'en 1652, par conséquent postérieurement à la France, que l'Angleterre connut le thé; Garway, débitant de thé, de tabac et de café, lequel paraît avoir été le fondateur du Café Garraway, le plus fréquenté et qui fut détruit dans l'incendie de la Bourse de Londres, écrivit un traité sur le thé, en 1660. La Compagnie des Indes ne tarda pas à acquérir le monopole de ce trafic et, sans nul doute, les immenses ressources qu'elle en retira la mirent en état de contribuer puissamment aux vues ambitieuses de la mère-patrie.

Mais, je me lance dans l'économie sociale ; pardon, Madame, je reviens à mon sujet.

Nos pères eurent de singulières idées sur l'emploi du thé. Les chroniques du temps rapportent que la veuve de l'infortuné duc de Montmouth ayant envoyé une livre de thé à un de ses parents en Ecosse, sans indiquer la manière de l'employer, le cuisinier fit bouillir la plante, jeta le liquide et servit les feuilles comme un plat d'épinards.

C'était un effet de l'ignorance ; voici bien plus étrange, une prescription de Ph. Dufour : « On se souviendra aussi que les mêmes feuilles peuvent servir plus d'une fois, de la manière que le sieur de Rhodes l'a observé... si ceux qui s'en sont servis veulent en tirer la dernière quintessence, ils peuvent l'employer en salade, comme font les Hollandais aux Indes, en y mettant de l'huile et du vinaigre. »

Que pensez-vous de cette salade ?

On lit dans l'ambassade des Hollandais à la Chine : « Les Tartares et les Chinois les plus qualifiés prennent une poignée de feuilles de thé, le jettent dans l'eau bouillante ; puis ayant pris quatre fois autant de cette eau que de lait bouilli et y ayant mis un peu de sel, ils remuent le tout et l'avalent avec plaisir. »

A ce propos, M. Dufour dit : Ceux qui au lieu de sel y mettront du sucre, en feront un breuvage non seulement utile, mais fort agréable, et si un malade s'en sert, il aura le plaisir de guérir par un remède délicieux, ce qui est si rare dans la médecine. »

L'importation du thé en Angleterre commença en 1669, par 144 livres environ ; en 1842, elle dépassait dix-huit millions.

Voici, Madame, quel était en 1838 l'ordre numérique des principaux états de l'Europe relativement à l'importation du thé : Angleterre, États-Unis, Russie, Hollande, France, Belgique, Prusse, Suède et Norwège.

Mais si on compare les quantités importées à la population on trouve : Russie, 116 kilogrammes par tête ; États Unis, 570 grammes ; Angleterre, 540 grammes ; Hollande, 173 grammes ; France, 3 grammes.

Le thé est originaire de la Chine et du Japon, où il s'élève à la hauteur de 1 à 2 mètres. Ses tiges se divisent en un grand nombre de rameaux diffus; ses feuilles, très semblables à celles du camelia, sont longues de 5 à 6 centimètres environ et larges de 2 à 3. Les fleurs sont de couleur blanche et ont à peu près 25 millimètres de diamètre. Elles naissent dans les aisselles des feuilles, tantôt solitaires et tantôt réunies plusieurs ensemble ; leurs pédoncules sont plus ou moins allongés. Le fruit est une petite graine huileuse, d'une saveur amère et désagréable.

Cet arbrisseau est toujours vert, il se plaît dans les plaines basses, sur les collines et le revers des montagnes qui jouissent d'une température douce. Le meilleur thé du Japon croît dans les environs de la ville d'Ursi, située dans le voisinage de la mer. Là se trouve une montagne célèbre, employée tout entière à la culture de celui dont l'empereur fait usage.

Cette montagne, qui offre un aspect riant et pittoresque, est entourée d'un large fossé, pour que tout accès en soit interdit aux hommes et aux animaux. Les plantations y sont éloignées, et tous les jours on lave et on nettoie les arbrisseaux.

Pendant la récolte, les hommes qui en sont chargés se baignent deux ou trois fois le jour, et, de crainte de les salir, ils ne cueillent les feuilles que les mains enveloppées de gants. Lorsqu'elles sont torréfiées et bien préparées, on les enferme dans des vases précieux, et on les porte ensuite en grande pompe au palais de l'empereur.

Les études qui ont été faites ont démontré que les thés noirs et les thés verts ne sont qu'une seule et même espèce, mais dont la couleur varie en raison des différences de sol, de culture, d'exposition de terrain. Lettsom conclut formellement de cette façon et ajoute : On a remarqué que l'arbre à thé vert, planté dans les pays où vient le thé noir, produit du thé noir et réciproquement.

M. Davis, intendant du commerce britannique en Chine, écrit : Cette différence provient entièrement d'une préparation diverse. Les Chinois avouent eux-mêmes qu'on peut faire indistinctement du thé noir ou du thé vert avec les feuilles du même arbre.

Je n'ai point l'intention, Madame, de vous donner une monographie de la culture du thé. Si vous désirez entrer dans les détails, je vous recommande le livre de M. Houssaye, enrichi de 18 gravures qui montrent les travaux de semis, de recepage, de cueillette, et enfin la préparation du thé. Je vous résume ces notions.

Lorsque les jeunes plants obtenus de semis ont atteint l'âge de trois ans, on peut en cueillir les feuilles. A sept ans, ils n'en produisent plus qu'une petite quantité : alors on recèpe le tronc, qui repousse du pied et donne bientôt de nouvelles récoltes.

La première récolte du thé faite à la Chine ou au Japon a lieu vers la fin du mois de février ; c'est la plus recherchée. Les feuilles, à peine développées, sont petites, tendres, et les meilleures de toutes. Elles portent le nom de *thé impérial*, parce qu'elles sont réservées presque exclusivement à la consommation des grands de l'empire.

La seconde récolte se fait vers les premiers jours d'avril. Parmi les feuilles qui la composent, un fort grand nombre n'ont pas encore toute leur crue ; on les sépare des grandes et l'on en fait une classe à part, qui est aussi recherchée que celle de la première récolte. La troisième récolte, qui se fait au mois de mai, est la dernière et la plus abondante, mais la moins estimée.

La préparation des feuilles de thé consiste à mettre à la fois quelques livres de feuilles nouvellement cueillies dans une espèce de poêle de fer, mince, large, peu profonde et échauffée au moyen d'un fourneau destiné à cet usage. On agite les feuilles et on les retourne rapidement avec les mains, pour qu'elles se torréfient le plus également qu'il est possible, et l'on continue jusqu'à ce qu'elles fassent entendre un petit craquement sur la plaque de fer. La chaleur, en les dépouillant d'une partie de leur suc, leur fait perdre la qualité endormante et nuisible qu'elles ont naturellement. On les torréfie lorsqu'elles sont encore très fraîches, car si on les conservait quelques jours, elles noirciraient et perdraient de leur prix.

En Chine, on trempe les feuilles dans de l'eau bouillante pendant une demi-minute avant de les rôtir. Quand elles le sont convenablement, on les ôte de la poêle avec une spatule de bois, et on les distribue à des personnes chargées spécialement du soin de les rouler.

On les roule rapidement, et d'un mouvement uniforme, avec la paume des mains, sur des tables recouvertes de tissus de brins de joncs très déliés. La compression légère qu'elles éprouvent alors en exprime un suc d'un jaune verdâtre, qui occasionne aux mains une ardeur presque insupportable. On continue l'opération jusqu'à ce qu'elles soient refroidies, car elles ne se roulent que lorsqu'elles sont chaudes ; et pour qu'elles ne se déroulent pas, il est essentiel qu'elles se refroidissent sous les mains. Plus le refroidissement est rapide, mieux elles restent roulées ; on le hâte même en agitant l'air avec une sorte d'éventail ; mais quelque soin que l'on prenne, il y en a toujours un certain nombre qui se déroulent.

Lorsque le thé a perdu toute son humidité, on l'enferme dans des vases bien clos, qui le mettent entièrement à l'abri de l'air, autrement il ne se conserverait pas. Les Japonais le renferment dans des vases d'étain laminé, et lorsque ces vases sont d'une grande capacité, on les met dans des caisses de sapin, et l'on bouche avec du papier les fentes de ces caisses. Ceux de première qualité sont mis dans des vases de porcelaine.

Je craindrais de vous fatiguer avec les détails d'analyse chimique, voici en peu de mots le résumé des recherches :

On trouve dans le thé, par l'analyse chimique, du tanin, une huile volatile, de la cire et de la résine, de la gomme, une matière extractive, des substances azotées analogues à l'albumine, quelques sels, et un alcaloïde qu'on a appelé *théine*, et qui est identique avec la *caféine*.

Les thés se divisent en noirs et en verts ; les noirs sont: *Pekoe* (duvet blanc), le plus fin, le plus aromatisé des thés noirs, noir argenté, extrémités tachetées de noir, de gris et de blanc ; *pekoe d'assam*, inférieur au précédent ; *orange pekoe*, noir mélangé de jaune, menu, a besoin d'être mélangé avec le *souchong; pekoe noir*, très rare, voisin du bon congo; *congo* (travail, assiduité) également rare sur nos marchés, mais usité pour deux tiers en Angleterre, très usité en Russie où on le nomme *thé de famille*, seconde cueillette venant après le pekoe; *souchong* (sorte petite et rare) du même arbuste, troisième cueillette, très fort, à mélanger avec le *pekoe; padrea* très-léger, à arôme fin et délicat; *bohea*, d'une chaîne de collines de ce nom dans la province de Fo-Kien, commune et sans force. Il y a en outre plusieurs autres sortes presque inconnues en France.

Thés verts : *hyson* (heureuse fleur du printemps), le meilleur des thés verts, feuille longue, étroite, charnue, bien tournée en spirale, d'un vert argenté, très lourd; *hyson skin* (rebut), feuilles jaunes, mal roulées, commun; *poudre à canon*, *chou-cha* (thé perlé), c'est le choix de l'*hyson*, quant à la forme qu'on recherche globuleuse; les grains les plus gros forment le *thé impérial*, qu'il ne faut pas confondre avec le thé destiné à l'empereur.

Tous les bons thés verts infusés seuls donnent une infusion un peu âcre, ils sont plus faciles à se détériorer que les noirs.

L'excessive propreté que les Chinois apportent dans la manipulation du thé démontre assez combien cette plante s'empare facilement des moindres odeurs. Les amateurs doivent donc avoir soin d'éviter de mettre leur thé dans un endroit qui contiendrait des objets odoriférants, de quelque nature qu'ils puissent être.

Les boîtes les plus propres à conserver le thé sont en plomb ou en fer-blanc, mais avant de se servir de ces dernières, il est bon, afin de leur ôter l'odeur que leur donne la térébenthine, dont on se sert pour les souder, d'y infuser du thé.

Il est indispensable d'apporter des soins à l'infusion du thé, pour obtenir toute la saveur de cette feuille, dont l'arome est si délicat que le goût naturel peut en être altéré, soit par l'eau plus ou moins pure, soit par un degré de chaleur plus ou moins élevé.

Pour faire cette infusion selon la prescription magistrale, on verse de l'eau bouillante dans la théière pour l'échauder; on reverse ensuite cette eau dans les tasses, pour le même motif; on égoute la théière et on y met le thé.

Quand l'eau est bien bouillante, on la verse jusqu'à la moitié du vase environ, de manière à couvrir entièrement les feuilles. On referme la théière et on laisse infuser six à huit minutes, au bout desquelles on ajoute l'eau nécessaire pour le nombre de tasses que l'on veut faire, et on laisse encore infuser deux minutes.

On verse le thé sur le sucre et on y mêle un peu de crême froide non bouillie. Il faut 8 grammes de thé pour deux tasses, c'est à dire environ une forte cuillerée pour chacune; pour 4 tasses 12 grammes suffisent, 30 pour 12 tasses. Il vous faut remarquer encore, Madame, que les thés verts sont plus lourds et les thés noirs plus légers, ce qui doit être pris en considération dans les mesures.

Lorsqu'on veut servir consécutivement plusieurs tasses de thé, il faut avoir soin de ne vider la théière qu'à moitié et de la remplir d'eau immédiatement; au bout de quelques instants, le thé destiné au second tour achève de s'infuser et donne une liqueur égale en force et en goût aux premières tasses.

Le thé préparé avec de l'eau chaude au dessous du degré d'ébullition ne se déroule point et ne donne qu'une infusion pâle et sans saveur; mais il faut avoir soin de la verser aussitôt qu'elle est arrivée à son plus haut degré d'ébullition;

car si elle séjournait plus longtemps sur le feu, elle risquerait de prendre un goût terreux et fade qui se communiquerait à l'infusion. La bonne qualité de l'eau est une condition essentielle pour faire de bon thé ; la plus pure et la plus douce est la meilleure.

Le vase dont on se sert pour faire bouillir l'eau doit être exclusivement consacré à cet usage; dans plusieurs cuisines, on se sert indistinctement des mêmes bouilloires pour les décoctions de tilleul. de graine de lin, de camomille, etc. Ces substances laissent après elles un mélange d'odeurs dont le thé est susceptible de s'imprégner.

Le thé noir a moins d'énergie sur l'organisme que le thé vert; le thé, en général, agit comme excitant, il est en même temps alimentaire ; il exerce sur les facultés de l'entendement et de la digestion une influence heureuse, et l'abus seul peut en être pernicieux.

Je ne saurais comment finir, Madame, tant mes notes sont nombreuses, laissez-moi vous renvoyer de nouveau à l'excellent ouvrage de M. J. G. Houssaye.

Pour compléter ma lettre, il me reste à vous entretenir du café.

Les docteurs, ceux qui aiment à reprendre les choses, depuis les œufs jusqu'aux pommes, comme disait le malicieux Horace, vous racontent naïvement qu'Homère avait un faible pour le café, et que plusieurs de ses chants ont été inspirés par le noir breuvage. Allons! pour moi je ne sais qu'une chose renouvelée des Grecs, le jeu de l'oie ; et c'est bien assez. A la place des docteurs j'eusse fait remonter la chose jusqu'à Jupiter, puisque c'est de lui que tout tire son origine, d'après un autre mot latin que je ne serai pas assez pédant pour vous citer. Peut-être est-ce même ce terrible despote qui le premier reconnut l'efficacité du café lors d'un des fameux maux de tête qui nous valurent Minerve.

Quant aux inventeurs, je crois que ce furent les Arabes, sans brevet, s. g. d. g., attendu que le fisc est né seulement de la civilisation. Que faut-il croire de l'histoire, qui nous raconte qu'un pieux musulman, désolé de s'endormir en méditant — faut-il être un pieux musulman pour cela ? — fut averti par le prophète lui-même des qualités du café. Mollah Chadelly ne se doutait guère que les nations européennes, sans compter les autres, feraient de son invention pieuse un usage si étendu et parfois si profane.

Dans la seule ville du Caire, dans la première moitié du XVIIe siècle, on comptait deux mille cafés, et il y en a trois mllle aujourd'hui à Paris. Je n'ai pas fait le dénombrement pour Lille, mais on sait assez que dans chaque ménage lillois on boit du café du matin au soir, — j'allais ajouter et du soir au matin. Un poëte indigène nous l'a redit en des vers qui ne manquent pas de vérité. M. Gustave Desrousseaux écrivait à propos du café des commères :

Et quel café souvent ! une eau sale et jaunâtre
Qui du matin au soir croupit auprès de l'âtre.

Malgré la concurrence du café-chicorée, il se consomme encore en Europe annuellement de dix-huit à vingt millions de kilogrammes de cette fève. La France en absorbe le quart.

Qu'elle se trompait donc cette spirituelle Mme de Sévigné qui disait : *Racine passera comme le café.* Ni l'un ni l'autre, heureusement, n'ont vérifié cette prédilection, ou, si vous aimez mieux, l'un et l'autre l'ont vérifiée en ne passant point et en demeurant goûtés de l'esprit de ceux-ci, de la gourmandise de ceux-là.

Au reste, il paraît maintenant que le mot n'a jamais été dit par Mme de Sévigné.

Ce n'est pas que les détracteurs aient manqué au pauvre café ; les uns poussés par question d'estomac, les autres par quelque chose de bien plus grave, par question politique ; cette dernière assertion vous étonne. Eh ! oui, le fameux Olivier Cromwell, *le protecteur,* qui devait mourir d'une petite pierre, respecta les tavernes, une fois arrivé au pouvoir, mais il proscrivit les boutiques de café qu'avait fondées un Anglais revenu de Constantinople, orné d'un certain nombre de balles de café et d'une jeune Grecque dont il fit d'abord sa femme, puis la marchande-enseigne de la nouvelle denrée. Cromwell craignait moins l'abrutissement causé par le *brandy,* l'*ale* et le *porter*, que l'excitation intellectuelle produite par le café.

Avant d'abandonner le chapitre des persécutions, je vous rappellerai celles que firent aux marchands de café les prêtres mahométans. Il paraît que les fidèles préféraient l'estaminet voisin aux prédications des derviches. On voit bien que cela se passait en Arabie, et il y a plusieurs siècles.

Enfin voici la conclusion de la philippique du grand maître de l'homœopathie, le docteur allemand Hahneman :

« .... Toutes ces qualités qui distinguaient jadis le
» caractère national des Allemands s'évanouissent devant
» cette boisson médicinale. Et qu'est-ce qui les remplace ?
» Des épanchements de cœur imprudents, des résolutions,
» des jugements précipités et mal fondés, la légèreté, la
» loquacité, la vacillation, enfin une mobilité fugitive et
» une contenance théâtrale.... Le danseur, l'improvisateur,
» le jongleur, le bateleur, l'escroc et le banquier du pha-
» raon, ainsi que le virtuose musicien moderne, avec sa
» vitesse extravagante, et le médecin à la mode, partout
» présent, qui veut faire quatre-vingt-dix visites de ma-

» lades en une seule matinée , tout ce monde-là a nécessai-
» rement besoin de café. »

Que de choses affreuses , Madame , dans ce petit grain ! Au dernier les bons , dit un vieux proverbe. C'est donc pour cela que l'homéopathe réservait ce dernier trait pour ses confrères dissidents. L'idée est bien originale de faire du café un moyen de prompte locomotion , exactement comme un chemin de fer. Docteur, n'aviez-vous pas bu de café lorsque vous avez parlé avec ces *épanchements de cœur imprudents* , que vous avez porté ce *jugement précipité et mal fondé.....*, etc., voir plus haut. M'est avis que le sournois prenait du café en cachette , ou bien son estomac le lui défendait. J'ai connu un fort digne médecin , quoique homéopathe , c'était à Beauvais , et il se permettait parfaitement la demi-tasse.

Toutefois , ce *poison lent* , dont le sarcastique Voltaire disait : « Oui , bien lent , car j'en bois depuis 80 ans, » ce poison paraît contribuer pour grande part aux vapeurs des dames , au teint pâle des jeunes filles. Ainsi Junker se plaignait-il , il y a longtemps déjà , que les coquettes de son temps , pour se rendre intéressantes , avalaient de la poudre de café bouilli. De nos jours , elles boivent du vinaigre. On ne discute pas des goûts.

Les Arabes entendent mieux leur affaire que nous : Voyez-les assis en cercle devant la tente du scheik , autour d'un petit feu de bouse de chameau desséchée ; sur une poêle percée de trous on rôtit la fève du *bunn* ou le café moka.— Vous n'ignorez pas que la fève du café moka est généralement ronde , au lieu d'être demi-cylindrique ; cela tient à ce qu'une seule des deux graines renfermées dans l'espèce de cerise , qui est le fruit du caféier, s'est développée , comme il arrive parfois dans le marron d'Inde. — Deux pierres plates ont bientôt broyé le *kahwa modjahdam*, ou café avec sa coque, en une poudre presque impalpable. On agite le mélange tout chargé de la poudre légère, on le verse bouillant dans de petites tasses de cuir, sans lait, sans sucre. Cependant l'assemblée, accroupie sur ses nattes, fume le tabac mêlé d'opium dans de longues pipes de terre de Trébizonde, et le conteur favori redit les *Amours de Soleyman* ou quelque récit des *Mille et une Nuits*. Ainsi se passe la soirée sous la clarté des étoiles.

Le nom vient de *caôva* ou *cahoué*, sous lequel on le vendait au Caire au seizième siècle ; sa patrie est la Haute-Ethiopie, Kaffa, peut-être, d'où viendrait l'étymologie ; il fut transplanté par les fils de Mahomet dans l'Yémen ou Arabie-Heureuse, et les plantations des Antilles proviennent de l'unique pied que transporta à la Martinique, en 1720, le capitaine Déclieux, partageant avec son précieux arbuste sa ration d'eau pendant la traversée.

Esménard a consigné ce fait dans son poëme de *La Navigation* :

. . . . . Sur son léger vaisseau
Voyageait de moka, le timide arbrisseau.
Le flot tombe soudain ; Zéphir n'a plus d'haleines,
Sous les feux du Cancer, l'eau pure des fontaines
S'épuise, et du besoin l'inexorable loi
Du peu qui reste encor a mesuré l'emploi.
Chacun craint d'éprouver les tourments de Tantale.
Déclieux seul les défie, et d'une soif fatale
Étouffant tous les jours la dévorante ardeur,
Tandis qu'un ciel d'airain s'enflamme de splendeur.
De l'humide élément qu'il refuse à sa vie,
Goutte à goutte il nourrit une plante chérie.
L'aspect de son arbuste adoucit tous ses maux.
Déclieux rêve déjà l'ombre de ses rameaux,
Et croit, en caressant sa tige ranimée,
Respirer en liqueur sa graine parfumée.

Heureuse Martinique ! ô bords hospitaliers !
Dans un monde nouveau vous avez, les premiers,
Recueilli, fécondé ce doux fruit de l'Asie ;
Et dans un sol français mûrit son ambroisie !

Le café a la propriété, avec le thé vert, de tenir éveillés ceux qui en font usage. Dites-moi, Madame, si vous n'avez pas dû en prendre en me lisant.

XI

LES PLANTES PROVERBIALES. — LES PLANTES HÉRALDIQUES.

Lille, le 20 février 1858.

J'ai eu tort, Madame, de vous écrire récemment : Il n'y a de renouvelé des Grecs que le noble jeu de l'oie. Voici que je me propose aujourd'hui de vous montrer les proverbes, cette sagesse des nations, se transformant, passant de l'Attique en Italie, puis prenant une forme plus moderne. Je parle des proverbes où la botanique joue un rôle. C'est plutôt un spécimen que je vais vous présenter qu'une étude profonde ; il pourrait être curieux de faire à ce sujet un travail complet et non plus limité à une langue, mais embrassant les idiomes divers des peuples du monde. Du moins aurai-je fourni l'idée, abandonnant à plus habile de lui donner ses développements.

Le proverbe, avis de morale, est une leçon courte et facile à retenir, à la forme vive, pénétrant comme un coin dans l'esprit.

A l'avare, les Latins, après les Grecs, jetaient l'épithète de coupeur de cumin (1). Le cumin est une ombellifère dont les feuilles sont finement découpées comme celles du fenouil. Nous avons dit, nous : Tondre sur un œuf, couper un liard en quatre. A celui qui se mariait pour la dot de sa femme, on disait : Tu prends du lin blanc pour l'argent (2), le lin signifiant ou la femme qui en faisait usage, ou le lien qui unit deux époux. Boileau ne songeait-il pas à ces mots en écrivant :

> . . . . Deux cent mille écus avec elle obtenus.
> La firent à ses yeux plus belle que Vénus.

D'un prodigue on écrivait : Il porte du bois à la forêt (3). Nous avons changé le proverbe en cet autre : Porter de l'eau à la rivière.

A égale distance de l'avarice et de la dépense folle, voici des règles pour vivre sagement, pour vivre heureux : savoir se contenter de son sort. Lacon avait donné à son cuisinier des viandes pour lui préparer un ragoût. Le cuisinier lui demanda du beurre pour les accommoder. — Si j'avais du beurre, répondit Lacon, je ne demanderais point de ragoût (4). Pourquoi le cuisinier voulait-il mettre du beurre dans ses épinards ?

Les vains désirs de la jeunesse, les aspirations à la volupté, ce sont les jardins d'Adonis, les jardins de Tantale,

(1) *Cumini sector.* ERASME.

(2) *Candidum linum lucri causâ ducis.* DIOGÈNE.

(3) *In sylvam ligna ferre.*

(4) *Si caseum (butyrum) haberem, non desiderarem opsonium,* PLUTARQUE.

à l'aspect plein de tentations, mais ne tenant point leurs promesses creuses (1).

Il me semble que j'entends la voix d'un père de famille : Mon fils ne sois point frivole, ne promène pas dans ta bouche un cure-dents de lentisque (2). — C'était un signe de mollesse que de se servir de cure-dents, ces instruments, ainsi que les dentifrices, se fabriquaient avec le bois de lentisque. — Ne sois pas irréfléchi dans tes amitiés, ne joins pas le lin au lin (3), leur union est sans force; jette les noix qui furent les amusements de ton enfance (4). — Ainsi renonçaient aux jeux de l'adolescence les nouveaux mariés répandant les noix autour d'eux. — Sois franc en tes discours, en tes actions; la duplicité, la calomnie, sont comme une épée de bois de figuier (5) qui se brise dans la main de celui qui s'en sert. Je ne donnerais pas une noisette trouée (6) de la société d'un homme faux.

Sois modeste, ne cherche point à te mêler à ceux qui l'emportent sur toi en science, en richesse ou en naissance, songe que le mouron ne doit pas croître parmi les plantes utiles (7).

N'aie point de toi-même une opinion trop haute, on dirait : Il est fou, il a bu de la morelle (8). Redoute d'être accusé de manque de savoir-vivre comme celui dont on s'é-

(1) *Adonidis horti.* PAUSANIAS. *Tantali horti, juveniles voluptates.* PHILOSTRATE.

(2) *Lentiscum mandere.* ERASME.

(3) *Linum lino connectis.*

(4) *Nuces relinque.* PERSE. CATULLE. VIRGILE.

(5) *Ficulna machœra.*

(6) *Viciosa nuce non emam.*

(7) *Chorcorus inter olera.*

(8) *Strychnum bibi.* THEOPHR. FLACCUS.

erie : Il est né de rochers ou de chênes (1), ainsi que naquirent des cailloux de Deucalion les premiers hommes, race grossière se nourrissant de glands.

Garde-toi des querelles et des procès, comme le prescrit le proverbe : Ne mangez ni aulx ni fèves (2). — Les aulx faisaient partie des provisions des armées en campagne, et les fèves servaient comme de boules dans les scrutins des juges.

Il y a en ta jeunesse un grand espoir, tu es dans les herbes encore (3), promettant des fruits; ne consume pas ton temps en travail inutile comme celui qui s'amuse à percer des grains de mil (4); la vie est courte, ne la passe point en vains désirs, ce qui ne peut être rappelé ne mérite pas un regret, on ne doit pas rechercher la rose que l'on a négligée (5), car une fois qu'on l'a abandonnée sur sa route, elle tombe sans retour ; le travail est nécessaire pour obtenir quelque chose, et celui qui veut manger la noix doit en briser l'enveloppe (6), la jeunesse est le temps du travail, elle passe et ne revient plus ; profite de ton adolescence comme on profite de la saison propice pour recueillir les fruits (7). Fournis à ton esprit des mets fortifiants, le lutteur prépare son corps au combat en mangeant du cresson excitant (8). Fuis les mauvaises compagnies, si l'argile prend à l'ambre

(1) *Ex quercubus ac saxis nati.*

(2) *Ne allia comedas et fabas.*

(3) *In herbis.* Erasme.

(4) *Milium terebrare.* Idem.

(5) *Rosam quam prœterieris ne quæras ite rum.*

(6) *Qui e nuce nucleum esse vult, frangit nucem.* Plaute.

(7) *Nunc leguminum messis.* Suidas.

(8) *Ede nasturtium.*

son parfum, il ne saurait naître des roses des squilles (1) ; celui qui se repose sur un ami mauvais est semblable à l'imprudent qui s'appuie sur un bâton de bois de figuier (2), le bâton se casse et ses débris percent la main. Agis enfin de telle sorte que tes actions te méritent une gloire éternelle, que l'histoire de ta vie soit digne d'être écrite sur des tablettes de cèdre incorruptible (3).

Voilà certes d'éloquentes recommandations.

Un barbouilleur de petit étage avait réussi à peindre assez bien un cyprès, aussi en mettait-il à tout propos dans ses compositions. Un jour, un homme échappé à la tempête qui avait brisé son navire va lui demander un tableau de naufrage avec son portrait. — « Fort bien ! reprend le peintre, y placerai-je aussi un cyprès. »

Le mot (4) : peindre un cyprès, resta comme proverbe pour ceux qui, ne sachant qu'une chose, la mettent sans cesse en avant.

Un homme prenait-il une peine inutile pour un but impossible ? Secoue un autre chêne (5), lui criait-on, par allusion à l'avertissement donné aux cueilleurs de glands agitant un chêne dépouillé de ses fruits.

Nous disons familièrement d'un homme contre lequel nous avons du ressentiment : Il m'a vendu des pois qui n'ont pas voulu cuire. Chez les Latins, le proverbe était : On me jettera ces pois à la tête (6), comme on jetait à la tête du cuisinier les fèves mal cuites.

(1) *E squilla non nascitur rosa.* THEOGNIS.
(2) *Scipioni arundineo inniti.*
(3) *Digna cedro.*
(4) *Simulare cupressum.*
(5) *Alium quercum excute.*
(6) *In me hæc cudetur faba.*

Ce légume donnait naissance à bien d'autres locutions vulgaires. C'est aux anciens que nous devons celui qui établit un rapport entre la folie et la floraison des fèves :

Lorsque la fève fleurit
Le nombre des fous grandit (1).

Abstenez-vous des fèves (2), prenez garde de vous souiller. On sait que le contact des morts était considéré comme une souillure. Or, la fève était consacrée aux morts, dans ses fleurs on voyait une sorte de caractères de deuil. Ce sont les dessins noirs sur le blanc de la corolle. Chez les Romains, le flamine ou prêtre de Jupiter ne devait ni toucher, ni même nommer les fèves.

Ces légumes figuraient aux cérémonies funèbres nommées Lémuries. « A minuit, le père de famille sortait de son lit, remplissait sa bouche de fèves noires et se rendait à une fontaine en faisant claquer ses doigts pour éloigner les ombres. Puis, après s'être lavé les mains, il s'en retournait en jetant derrière lui les fèves qu'il avait dans la bouche et en répétant neuf fois : Je me rachète, moi et les miens, avec ces fèves (3). »

Au scrutin pour la nomination des magistrats, on votait avec des fèves ; les ambitieux qui corrompaient les électeurs et achetaient des suffrages étaient dits écornifleurs de fèves (4).

De nos jours, la fève nomme encore un magistrat, le roi

(1) *Cum faba florescit,*
Stultorum copia crescit.

(2) *A fabis abstineto.* PLATON, PLUTARQUE, PYTHAGORE.

(3) AUDOUIT, *Herb. des demois.*

(4) *Fabarum arrosor.*

du 6 janvier, monarque d'une soirée, et qui à la huitaine relèvera son royaume.

D'un critique sévère on disait : Il a plus d'aloës que de miel (1).

Du flatteur, au contraire, on s'écriait : Il désire des figues (2). Aristophane nous donne l'explication de ces paroles. Les habitants d'Athènes avaient coutume de louanger beaucoup ceux des champs, d'avoir l'air de s'intéresser à leurs travaux et de leur prédire une grande abondance de figues, afin que les campagnards, dans un mouvement de reconnaissance, leur promissent une part dans leur récolte. C'était la flatterie intéressée. Mais pour l'homme aimable, pour le courtisan des dames, on avait une autre expression. Il parle de roses (3).

Pas plus que de nos jours, il n'était donné à tout le monde d'avoir des formes agréables ; plus d'un lourdeau, voulant faire le gracieux, plus d'un maître Aliboron imitant le petit épagneul, faisait dire tout bas aux dames romaines : Il a des lèvres comme des laitues sauvages (4) ; proverbe venu de l'âne qui, de ses lèvres rudes, broie les chardons. Un être grossier n'est propre qu'aux choses grossières.

— D'où sortez-vous donc ? disait un citoyen de Rome à un habitant d'Arpi, au Forum.

— Je viens des Rostres, très-cher ! j'ai un procès, voilà deux heures que parle l'avocat et il n'est pas encore dans le persil (5).

(1) *Plus aloes quam mellis habet.*

(2) *Ficum cupit.*

(3) *Rosas loqui.*

(4) *Similia habet labra lactucis.*

(5) *Nec inter apia quidem est.*

Vous eussiez demandé à coup sûr, Madame, l'explication de ce rébus, n'osant vous arrêter aux idées malignes que peut vous donner le souvenir du persil et de certain oiseau bavard auquel on compare quelques orateurs et pour lequel le persil est mortel.

Voici pour satisfaire à votre curiosité. On avait pour habitude de planter du persil à l'entrée des jardins, et toutes les fois qu'un visiteur n'avait pas pénétré dans l'intérieur du jardin, on disait : Il n'est pas encore dans le persil. De même de l'avocat qui se perdait dans les préliminaires sans en venir au fait.

La foi dans l'influence de la corde de pendu avait été précédée de la croyance à celle du bâton de laurier. Un homme échappait-il aux périls : il porte une canne de laurier, disait-on (1).

Si les Espagnols comparent le teint des jeunes filles de la Havane à la couleur des fruits de l'olivier (2). Démétrius de Phalère appelle les gens à la figure bronzée : des clématites d'Egypte (3).

Un homme passe de la médiocrité au luxe, il est arrivé du gland au blé, par allusion à la nourriture de l'homme primitif et à celle de l'homme ayant amélioré sa condition ; assez de chêne (4), s'écrie-t-il.

Je vous ai déjà expliqué ces locutions : Boire de l'ellébore, de la mandragore.

(1) *Laureum baculum gesto.* SUIDAS.

(2) *Las muchachas*
De la Havana
Tienen color
De aceituna.
Chans. espag.

(3) *Clematis Ægyptia.*

(4) *Satis quercûs.*

Un homme a vu de nombreuses années, il a vécu pendant de longues olympiades et il y a mangé les glands de Jupiter dans beaucoup de fêtes (1).

Le temps de cuire un œuf, dit-on pour marquer le peu de temps nécessaire à quelque chose. Octave-Auguste employait ce mot : Plus vite qu'on ne cuit des asperges (2).

L'oignon servait à Rome à verser des pleurs hypocrites. L'origine du proverbe : Manger des oignons (3) remonte à Bias, répondant à Alyatte, roi de Lydie.

Au lieu de : La moutarde après dîner, les anciens disaient : Le lierre après les Anthistéries (4). Les Anthistéries étaient les fêtes de Bacchus pendant lesquelles on se couronnait du lierre qui lui est consacré.

Après le tonnerre, la pluie ; répondait philosophiquement Socrate quand sa femme Xantippe, l'ayant accablé d'insultes, finit par lui jeter un pot d'eau à la tête. Après les feuilles, tombent les arbres, dit Plaute (5), pour marquer que les injures légères ne sont que le prélude de plus graves.

L'homme qui insulte est comparé au laurier (6) dont la feuille crépite en brûlant.

Comme deux gouttes d'eau, terme de comparaison, était autrefois : Comme deux figues.

Léger comme le liége, a été employé par Horace et Plutarque.

(1) *Multorum festorum Jovis glandes comedit.*

(2) *Citiùs quàm asparagi coquuntur.*

(3) *Cœpas edere.*

(4) *Hœdera post Anthisteria.*

(5) *Post folia cadunt arbores.*

(6) *Clamosior lauro ardente.*

Plaute (1) parle d'un homme qui s'abuse, comme Ovide (2): Il a de l'ivraie dans l'œil. Aujourd'hui on dit vulgairement : Se mettre le doigt dans l'œil.

« La mauve était le symbole de la douceur, d'où le précepte de Pythagore : « Semez de la mauve , mais n'en mangez pas. » Ce qui voulait dire : Soyez doux pour les autres , sévère pour vous. Je ne sais si les anciens suivaient exactement ce précepte , mais ce qu'il faut bien reconnaître, c'est que dans notre siècle le contre-pied est le plus souvent mis en pratique. Nous sommes pour nous d'une extrême indulgence et nous exerçons envers nos semblables une sévérité tyrannique ; ce qui ne nous empêche pas de dire , avec une touchante bonhomie , dans les prières que nous adressons à Dieu : « Pardonnez-nous nos offenses comme nous » pardonnons à ceux qui nous ont offensés. » Nous serions souvent bien malheureux si le Seigneur exauçait nos vœux à la lettre (3). ».

La Fontaine a dit :

> Lynx envers nos pareils et taupes envers nous ,
> Nous nous pardonnons tout et rien aux autres hommes.

J'aurais à relever bien d'autres proverbes empruntés à la botanique , mais je dois me borner à vous montrer maintenant comment les fleurs ont été appelées à jouer un rôle dans la science héraldique , dans l'art du blason.

D'abord les plantes empruntèrent leurs noms aux individus. Ainsi , la vipérine , comme rapporte naïvement un vieil auteur (4).

(1) In *milite.*

(2) *Et careant loliis oculos vitiantibus agri.*

(3) Audouit

(4) Pierre Pallion, *la vraye et parfaite science des armoiries.*

« Cette herbe a pris son nom, *alcibiacum* et *alcibiadion*, du bon Alcibias, lequel a trouvé premier en icelle remède contre toutes morsures de serpent. Car, comme dit Nicander l'ancien, Alcibias dormant fut frappé d'un serpent, par quoi s'éveillant et voyant cette herbe, il la print en sa bouche et mâcha, avalant le jus d'icelle, puis mit l'herbe ainsi mâchée sur la plaie et fut guéri. »

« Un jouvenceau appelé *Crocus* s'en alla jouer aux champs avec Mercure pour jeter le palet, et comme il ne se donnait garde, il fut inconsidérément atteint en la tête par Mercure et bien blessé, dont incontinent mourut. Or du sang d'icelui épanché sur la terre vint croître le safran (1). »

L'ellébore fut nommée *melampodium*, « Pour ce qu'un berger appelé Melampus, en Arcadie, a curé par cette herbe les filles de Prætus qui étaient folles et hors de sens. »

La pivoine prit son nom, *pæonia*, au docteur Péon qui en faisait usage pour guérir des blessures.

La centaurée fut ainsi appelée du centaure Chiron qui s'en servit pour une blessure qu'il se fit au pied avec une flèche en recevant Hercule, son hôte (2).

Un jour, ce fut le contraire, les plantes donnèrent leur nom aux hommes.

Les Pisons prirent le leur aux pois ; les Fabius, à la fève ; Cicéron, au pois chiche — *cicer* — il en portait un sur le visage ; Lentulus, à la lentille ; Cæpio, aux oignons — *cæpa ;* — Tubero, à la truffe — *tuber*.

Puis ce furent les Gaulois, les Francs : Arnault — *arn*, en langue romance, fruit des coteaux ; La Boissière, Buis-

(1) Gallien, *IXe livre, de medicament.*

(2) Pline, liv. XXV.

sière, Bussière — buis ; Couderc — pâturage commun ; Wautier, Gaulthier, Gautier — forêt, *Waud, Wal, Gaud* en teuton et dans les idiomes germaniques ; Warnier, Garnier, La Vergne, Vergne— aulne, sapin, *warn* en teuton ; Barthe— bouquet de bois, en romance ; La Blache—plant de chênes ou de châtaigniers ; Breuil, Bruil, Dubreuil — lieu planté d'arbres.

En français : Duchesne, Duchesnois, Dufresne, Pommier, Cerisier, Poirier, Delorme, Dunoyer, Ducoudray, Dulaurier, Dulaurens, Castain (châtaignier), Cormier, Meurier, Prunier, Pruneau, Figuier, Sorbier, Pin, Dupin, Saule, De Saule, de Silve, Olivier, Lemaronnier, Palmier, Aune, De Laune, Launoy, Rouvre, Du Rouvre, Rouvière, Chenaye, Chenu, Pommeraye, Cerisaye, Fresnaye, Chataigneraye, Houssaye, Charne, Vigne, Lavigne, Genêt, Blé, Mill, Rosier, Fraisier, Persil, Chou, Caulet, Porreau, De la Luzerne, Lespine, L'Epinay, Plantin, Sureau, Racine, Rose, Hyacinthe, Marguerite, Guy, Violette, Bluet, Julienne, Deslys, Fleury, etc.

Vous avez encore présentes à l'esprit les ingénieuses recherches d'un de vos savants modestes (1) sur les origines des noms.

Les pays, les villes, prirent à leur tour des plantes pour armoiries parlantes. Les épis figurèrent aux blasons antiques, aux médailles, aux monnaies de Métaponte, deux épis barbus, indiquant la fertilité du territoire ; de Sagalasse, épis et branche de vigne ; d'Edesse, trois épis ; d'Elée en Eolie, quatre épis et un pavot ; d'Amphipolis de Macédoine ; de Sébaste, en Galatie ; de Nacolée, en Phrygie ; d'Egiale, île de la Grèce.

(1) M. Hercule Bourdon, juge au tribunal de Lille.

Athènes eut l'olivier ; Rhodes, des roses ; Ascalon, une femme tourrelée avec des feuilles d'échalotte ; Sidé, en Pamphylie, Minerve avec une grenade, σιδη ; l'île de Mélos, des melons.

Bosra, ville de la Syrie arabique, dut son nom à ses vignobles ; elle eut pour symbole un grand pressoir et le mot *Doysaria*, nom des jeux de Bacchus, *Dusaris* en arabe.

Chio et Cydon, en Grèce, portaient pour attribut une grappe de raisin, ainsi Mycone, Naxos, Ténédos, Maronée, fondée, dit-on, pas Maron, cocher de Bacchus, avait les mêmes armes.

Le lotus figurait sur les monnaies d'Egypte ; celles de Vespasien montrent la Judée sous la forme d'une femme assise plaintive sous un palmier.

Dans les armoiries des diverses maisons nobles se retrouvent fréquemment des figures de plantes formant des armes parlantes.

Duchêne, d'azur à un chêne d'or ; Rovère, d'où sortit le pape Sixte IV, idem ; De Roure (Languedoc), d'azur au chêne de quatre branches, passées en sautoir, englanté d'or.

Les armes des druides, ainsi que le constatent de vieux bas-reliefs, étaient d'azur à la couchée du serpent d'argent surmontée d'un gui de chêne garni de ses glands de sinople (1).

Les Créquy portent d'or au creque de gueules (*créquier* ou *créque*, en picard, prunier). Pinsonnat (Bourgogne), d'azur au pin d'or ; Pinard, trois pommes de pin. Du Perrier, d'or au poirier de sinople. Du Fresne, d'or au frêne

(1) Duclos, *Acad. des Inscriptions et Belles-Lettres*, t. XIX.

de sinople. Nogaret, d'argent à noyer de sinople. La Saulsaye, d'argent à trois saules de sinople. De Vignoles, de sable, au cep d'argent, soutenu par un échalas de même.

Noailles, d'or semé de noyaux de cerises, avec la queue de gueules, au loup ravissant de même.

Genas (Dauphiné), d'or au genêt de sinople. Castagna, (Italie), d'où sortit Urbain VII, une châtaigne. Fougères (Bretagne), d'or à une plante de fougère de sinople. Cardonne (Espagne), trois chardons.

Chisseret (Dijon), d'azur à trois pois chiches cossés d'or, *ciceres Ciceronis*, portés d'argent, etc. Frizon, d'azur à trois fraises de gueules feuillées de sinople. De Villy, de gueules à trois fleurs de violettes feuillées d'argent. Plantade, d'or, chef de gueules, à neuf feuilles de plantain de sinople. Favas (Limousin), deux tiges de fèves.

En Espagne, les familles descendues du comte de Romaes portent, en mémoire de sa retraite à Sainte-Marie de l'Ortie, où il se retira après l'enlèvement d'une princesse royale d'Angleterre, d'or à trois plantes d'ortie de sinople sur trois mottes de terre mouvantes.

Aplepy, Apwlton, ancienne famille de Norfolk (Angleterre), portent : l'un d'argent à bande de sable, chargée de trois pommes d'or ; l'autre d'argent à trois pommes de gueules (en anglais, *apple* signifie pomme).

De Pommereuil, d'azur à chevron d'or, avec trois pommes de même.

Chauvelin (cau, chou, veleno, venin), d'argent au chou de sinople, le tout accolé d'un serpent d'or.

Millière (Dijon) avait des épis de millet d'or, sur azur ; d'Orgemont remplaçait le millet par l'orge ; Campdaveine par l'avoine ; Seigle (Vivarais) par le seigle ; Aust portait de sable à trois gerbes d'or liées de gueules ; Grangier, médecin de Gaston de France, de gueules à une gerbe d'or.

L'un des quinze papes du nom de Grégoire avait adopté le fruit du grenadier dans lequel il voyait un symbole de l'Eglise, qui réunit dans une foi commune un grand nombre de nations, comme la grenade dans une seule écorce rassemble une multitude de grains.

Le souci entra dans les armoiries, mais assez rarement, et comme dit notre vieil auteur : « Beaucoup l'ont plus en la tête que n'en portent la fleur que quelques-uns mettent en leurs écus. »

Marguerite de Valois, sœur de François I.er, avait pris pour emblême une fleur de souci tournée vers le soleil, avec cette devise : « Je ne veux suivre que lui seul, » ce qui exprimait que son âme était constamment dirigée vers le ciel.

Selon la fable, les soucis auraient eu pour origine les pleurs de Vénus, et c'étaient leurs fleurs que Proserpine cueillait au pied du mont Etna. Elle en emportait un bouquet lorsqu'elle fut enlevée aux Enfers, de là l'odeur forte et pénétrante du souci.

L'une des couleurs héraldiques, le rouge, a pris son nom gueules à la rose rouge, appelée en langue orientale *ghul* ou *gheul*, d'où on a fait Gulistan, empire des roses.

« Nulle rose sans espines sinon en armoiries, ie veux dire en peinture ; ie faux, il y a des espines partout ; tant de braues cavaliers qui ont mérité l'honneur d'auoir droit de bannière et de porter des escus armoiriés ne les ont-ils pas acquis au prix de leur sang? N'est-ce pas l'espine des fatigues qui les a piqués auant que d'auoir pu cueillir la rose, récompense de leur trauaux. Saint Basile dit bien qu'à la naissance du monde les roses estoient sans espines, et que depuis elles eurent des pointes à mesure que les hommes commencèrent à mépriser sa beauté ; mais qui ne voit que c'est unesaintefiction, pour nous apprendre que lors que nous abusons des grâces que Dieu nous fait, nous deuons estre a l'instant piqués du repentir : ou bien pour nous faire entendre qu'il n'y a point de médaille qui n'ait son reuers, point de contentement qui nous puisse arriuer, que nous ne ressentions en mesme temps quelque desplaisir (1). »

La rose était gravée sur les pièces de monnaie — le noble à la rose — ainsi que la marguerite, la pâquerette. On nommait ces monnaies : fleurettes. « Cette ingénieuse innovation monétaire avait été créée par les anciens chevaliers qui pensaient éloigner ainsi la répugnance que les dames ont à recevoir ces métaux précieux à titre de redevance ou de présent. Il était de bon ton de se servir de fleurettes, comme il l'est aujourd'hui de ne payer qu'en philippes, en louis ou en napoléons (1). »

Certains ordres de chevalerie avaient pris leur dénomination aux plantes. L'ordre de Bretagne ou de l'hermine fut appelé de l'Epi; le grand collier était fait d'épis de blé en or entrelacés en sautoir et liés en haut et en bas par deux cercles d'or.

L'ordre du Chardon et de la Rue fut institué par Achaïus, roi d'Ecosse, contemporain de Charlemagne, avec lequel il fit alliance pour se défendre contre ses ennemis puissants. Qui osera m'attaquer? disait-il ; et il prit cette devise : « Pour ma défense. » Le chardon pique ceux qui l'approchent ; la rue, par son odeur forte, met en fuite les serpents.

(1) Pierre Pallion.
(1) Audouit.

Ce même Charlemagne, après le désastre de Roncevaux, fut consolé de la perte de ses soldats et de celle de son neveu Roland par une carline dont un ange vint lui faire hommage, raconte un légendaire.

La carline est un chardon à fleurs d'un jaune brillant, aux rayons durs et pointus.

« Il est assez difficile d'interpréter cette fiction, dit M. Audouit, cependant on ne serait peut-être pas trop éloigné de son véritable sens en pensant que la carline qui consola Charlemagne ne fut autre chose que la couronne d'Occident que le pape Léon III, l'ange sans doute des chroniqueurs, lui plaça sur la tête. »

A cela, il n'y a qu'un léger inconvénient. La bataille de Roncevaux eut lieu en 778, et Charlemagne ne fut sacré empereur à Rome qu'en l'an 800, le jour de Noël. La consolation mit du temps à venir.

Le docteur Hoefer fait dériver le nom de la carline de Charles-Quint dont l'armée attaquée de la peste en Barbarie, 1552, fut guérie par cette plante.

En 1234, lors du couronnement de sa femme Marguerite, Louis IX institua l'ordre de la Cosse de genest. Louis tenait cette herbe pour marque et symbole de l'humilité, qui était l'une des plus éclatantes vertus qu'il possédait.

Ce même roi si pieux prit pour emblêmes un crucifix, des lis et une marguerite, par allusion à son amour pour la religion, la France et sa femme.

En 1399, Henri IV d'Angleterre fondait l'ordre du Bain, dont la décoration consiste en une croix de Malte, à huit pointes ; au milieu : la rose, le chardon et le trèfle, emblêmes de l'Angleterre, de l'Ecosse et de l'Irlande, et pour devise : *Tria juncta in uno.*

Avant son abdication, la reine Christine de Suède institua

en 1653, l'ordre des chevaliers de l'Amarante dont la décoration était une amarante en émail sur une médaille d'or avec ces mots : *Dolce nella memoria*, en sa douce mémoire.

« Dans le premier blason de notre Gaule, nous voyons les lauriers du Méandre et les myrtes de Gnide s'enlacer à la verveine des Velleda et au gui religieux des druides (1). »

« La Gaule était tantôt une puissante fée, couronnée de la verveine dont les prophétesses des Germains et des Gaulois ceignaient leur front, ou de la fleur de genêt que les nécromanciens allaient cueillir dans l'antique Neustrie, tantôt armée de la baguette des enchanteurs (2).

« Lorsque des ambassadeurs devaient avoir une entrevue, on les couronnait de verveine, ce qui donnait à leur esprit une tendance irrésistiblement pacifique. Si, dans un festin, l'abandon et la gaîté n'étaient pas assez francs, on faisait sur les convives une légère aspersion avec un rameau de verveine, et tout à coup ils éprouvaient le besoin de se jeter dans les bras les uns des autres pour épancher leur allégresse. Cette merveilleuse plante guérissait aussi toutes les maladies (3).

« Les druides la recueillaient avec de grandes cérémonies en y mêlant beaucoup de superstitions ; on ne devait l'arracher qu'à la pointe du jour, au moment où la canicule se levait ; il fallait auparavant offrir à la terre un sacrifice d'expiation où les fruits et le miel étaient employés (4). »

Son nom est formé des mots : *Veneris vena*, veine de

(1) D. Martin, *Religion des Gaules*.
(2) Marchangy.
(3) Audouit.
(4) Hoefer

Vénus, parce que la plante entrait dans la composition des philtres.

Voilà donc deux plantes, le gui et la verveine, dont les Gaulois faisaient la cueillette en cérémonie ; ce n'est point tout.

La cérémonie du *sélage*, sorte d'herbe, était encore célèbre chez les druides. Selon Pline, ils la recueillaient sans couteau, la saisissant de la main droite qu'ils faisaient passer par dessous la tunique vers le côté gauche, comme en cachette. Celui qui la cueillait était vêtu de blanc, les pieds nus et bien lavés. La cérémonie était précédée d'un sacrifice avec du pain et du vin. Les druides croyaient que cette herbe était un préservatif contre toute sorte de malheurs et que sa fumée était excellente contre les maux d'yeux.

Il y avait encore une autre herbe, nommée par les Gaulois *samolus*, qui naissait dans des lieux humides, qu'ils faisaient cueillir de la main gauche, par des gens qui fussent à jeun ; elle servait contre les maladies de bestiaux. Celui qui la cueillait ne devait point la regarder, il ne lui était pas permis de la mettre autre part que dans les canaux où les animaux allaient boire, et il la broyait en l'y mettant (1).

Nous lisons dans *les Capitulaires* (2) de Charlemagne, les instructions qu'il donne à ses intendants, relativement à l'agriculture et à l'horticulture. Il recommande le panis et le millet, dont la farine, cuite et réduite en bouillie, était destinée à servir de nourriture pendant le carême.

Les plantes qui doivent être cultivées dans les potagers royaux, se divisent en plusieurs classes :

(1) Montfaucon, antiq. dévoilée.

(2) Capitulaire de l'an 800, *De Villis fisci*.

1.° *Plantes médicinales.* — Bardane, cataire, coloquinte, dictame, guimauve, livêche, matricaire, mauve, orvale, rue, sabine, serpentaire et squille.

2.° *Plantes* ou *graines aromatiques ou d'assaisonnement.* — Ail, anis, aurone, carvi, cerfeuil, chervis, ciboules, coriandre, cort, cumin, échalottes, fenouil, gît ou poivrette, menthe, oignons, persil, sarriette, sauge et sénevé.

3.° *Salades.* — Cresson alénois, cresson de fontaine, endive, laitue et roquette blanche.

4.° *Plantes potagères.* — Betteraves, blettes, cardons, carottes, chicorée, choux, choux-raves, citrouilles, concombres, panais, poireaux, poirée et radis.

5.° *Légumineuses.* — Haricots, grosses fèves, pois chiches d'Italie, et autres pois désignés par le nom de *pisa maurisiaca.*

Les arbres à fruits que l'empereur exige qu'il y ait dans tous les vergers, sont : des amandiers, aveliniers, cerisiers, châtaigniers, cognassiers, figuiers, pruniers et sorbiers. — Charlemagne ne dit pas quelles sont les espèces de prunes et de poires qu'on cultive, mais il désigne les espèces de pommes par des mots latins dont il est impossible aujourd'hui de deviner la signification : *Gormaringa, dulcia, geroldinga, crevedella, spirauca.*

Enfin, les fleurs que l'empereur veut qu'on lui plante dans ses jardins, sont : de l'aurone, de l'héliotrope, de l'iris ou glaïeul, des lis, des pavots, du pouillot, du romarin, des roses et des tournesols.

La simplicité des Clovis, des Sigebert, des Clotaire, des Charles, était remarquable. Cent fois plus opulents que les Alcinoüs et les Evandre, ils avaient pour tout jardin quelques arpents où la culture peu recherchée mêlait aux légumes nourriciers, les roses, les romarins, les lis et les pavots que les rois semaient eux-mêmes ; un groupe de pommiers dont le fer n'émondait pas les rameaux ; quelques cerisiers de Lusitanie ; le néflier, l'arbre le plus ancien des Gaules ; un berceau de vignes et de figuiers ; une source qui jaillissait entre des pierres grisâtres où le lierre tressait ses branches et qui murmurait cachée entre les herbes fleuries ; tels étaient les ornements de ces royales solitudes. On y semait aussi beaucoup de tournesols pour indiquer les divisions de la journée.

Terminons donc cette lettre par la fleur qui longtemps parsema l'étendart des Francs, par la fleur du lis.

On a beaucoup écrit, beaucoup discuté sur le plus ou moins de véracité de l'assertion qui place les lis dans les armes de la France. Les uns y ont vu des crapauds, d'autres des abeilles, d'autres encore le fer d'une pique, enfin il en est qui y ont vu les glaïeuls de la Lys, cette rivière que vous connaissez et qui borne le territoire à la frontière belge.

Quoi qu'il en soit, un auteur a cru devoir faire remonter au déluge l'origine des fleurs de lis. Goropius dit que les Francs reçurent les fleurs de lis de Japhet après la dispersion des enfants de Noé. Goropius eût été bien empêché de citer son auteur.

Je vous redirai la charmante fable de Bernardin de Saint-Pierre.

« Cérès venait de chercher par toute la terre sa fille Proserpine; elle retournait dans la Sicile, où elle était adorée ; elle traversait les Gaules sauvages, leurs montagnes sans chemins, leurs vallées désertes et leurs sombres forêts, lorsqu'elle se trouva arrêtée par les eaux de la Seine, sa nymphe, changée en fleuve.

» Sur la rive opposée de la Seine, se baignait alors un

bel enfant aux cheveux blonds, appelé Loïs. Il aimait à nager dans ses eaux transparentes et à courir tout nu sur ses pelouses solitaires. Dès qu'il aperçut une femme, il courut se cacher sous une touffe de roseaux.

» Mon bel enfant, lui cria Cérès en soupirant, venez à moi, mon bel enfant! » A la voix d'une femme affligée, Loïs sort des roseaux, il met, en rougissant, sa peau d'agneau suspendue à un saule, il traverse la Seine, sur un banc de sable, et, présentant la main à Cérès, il lui fraie un chemin au milieu des eaux.

» Cérès, ayant passé le fleuve, donne à l'enfant Loïs un gâteau, une gerbe d'épis et un baiser; puis elle lui apprend comment le pain se fait avec le blé, et comment le blé vient dans les champs. « Grand merci! belle étrangère, lui dit Loïs, je vais porter à ma mère vos leçons et vos doux présents.

» La mère de Loïs partage avec son enfant et son époux le gâteau et le baiser. Le père, ravi, cultive un champ, sème le blé. Bientôt la terre se couvre d'une moisson dorée, et le bruit se répand dans les Gaules qu'une déesse a apporté une plante céleste aux Gaulois

» Près de là vivait un druide; il avait l'inspection des forêts : il distribuait aux Gaulois, pour leur nourriture, les faînes des hêtres et les glands des chênes. Quand il vit une terre labourée et une moisson : « Que deviendra ma puissance, dit-il, si les hommes vivent de froment? »

» Il appelle Loïs : « Mon bel ami, lui dit-il, où étiez-vous quand vous vîtes l'étrangère aux beaux épis? » Loïs, sans malice, le conduit sur les bords de la Seine. « J'étais, dit-il, sous ce saule argenté, je courais sur ces blanches marguerites; j'allai me cacher sous ces roseaux, car j'étais nu. » Le traître druide sourit : Il saisit Loïs et le noie au fond des eaux.

» La mère de Loïs ne revoit plus son fils, et s'en va dans les bois et s'écrie : » Où êtes-vous, Loïs ! Loïs ! mon cher enfant ! » Les seuls échos répètent Loïs ! Loïs ! mon cher enfant ! Elle court tout éperdue le long de la Seine ; elle aperçoit sur son rivage une blancheur. « Il n'est pas loin, dit-elle ; voilà ses fleurs chéries, voilà ses blanches marguerites. » Hélas ! c'était Loïs, Loïs, son cher enfant.

» Elle pleure, elle gémit, elle soupire ; elle prend dans ses bras tremblants le corps glacé de Loïs; elle veut le ranimer contre son cœur, mais le cœur de la mère ne peut plus réchauffer le corps du fils, et le corps du fils glace déjà le cœur de la mère; elle est près de mourir. Le druide, monté sur un roc voisin, s'applaudit de sa vengeance.

» Les dieux ne viennent pas toujours à la voix des malheureux; mais aux cris d'une mère affligée Cérès apparut. « Loïs, dit-elle, sois la plus belle fleur des Gaules. » Aussitôt les joues de Loïs se développent en calice plus blanc que la neige; ses cheveux blonds se changent en filets d'or : une odeur suave s'en exhale. Sa taille légère se lève vers le ciel; mais sa tête penche encore sur les bords du fleuve qu'il a chéri. Loïs devient lis.

» Le prêtre de Pluton voit ce prodige, et n'en est point touché; il lève vers les dieux supérieurs un visage et des yeux irrités; il blasphème, il menace Cérès; il allait porter sur elle une main impie, lorsqu'elle lui cria : « Tyran cruel et dur, demeure. »

» A la voix de la déesse, il reste immobile ; mais le roc ému s'entr'ouvre, les jambes du druide s'y enfoncent ; son visage barbu et enflammé de colère se dresse vers le ciel en pinceau de pourpre ; et les vêtements qui couvraient ses bras meurtriers se hérissent d'épines. Le druide devient chardon.

» Toi, dit la déesse des blés, qui voulais nourrir les hommes comme les bêtes, deviens toi-même la pâture des animaux : sois l'ennemi des moissons après ta mort, comme tu le fus pendant ta vie. Pour toi, belle fleur de Loïs, sois l'ornement de la Seine, et que dans la main des rois ta fleur victorieuse l'emporte un jour sur le gui des druides. »

XII

LES PLANTES INDUSTRIELLES : TEXTILES. — OLÉAGINEUSES. — SACCHARIFÈRES. — TINCTORIALES. — LES PLANTES A PAPIER. — LE CAOUTCHOUC. — LA GUTTA-PERCHA.

Lille, le 25 février 1858.

Quand je considère, Madame, la grandeur de mon sujet, et les limites étroites dans lesquelles je me suis renfermé, je me figure être cet enfant qui, ayant creusé un trou dans le sable, prétendait y verser toutes les eaux de la mer. Chacune de mes lettres évoque devant mon esprit des volumes compacts, et plus que toute autre la lettre de ce jour : Les plantes industrielles.

Je vais donc tracer immédiatement mon plan, afin de m'interdire jusqu'à l'ombre de la prolixité.

Dans les plantes industrielles, nous choisirons les textiles : coton, lin, chanvre, ortie; les oléagineuses : olivier, œillette, arachide, cameline, colza ; les saccharifères et alcooliques, canne à sucre, betterave, érable, sorgho, asphodèle ; les tinctoriales : garance, safran, indigo, bois. Enfin, nous aurons quelques lignes pour les plantes à papier.

L'usage du lin pour les vêtements est si ancien qu'on ne sait pas précisément à quelle époque il a commencé. Les Egyptiens, l'un des peuples chez qui l'industrie et la civilisation remontent le plus loin, attribuaient la découverte de cette plante à une de ces divinités qui les avaient fait sortir de l'ignorance, et qui avaient introduit chez eux la connaissance de l'agriculture et des arts. Ce fut Wis qui trouva le lin sur les bords du Nil, et enseigna aux hommes l'art de le préparer pour en faire des vêtements. Aussi les prêtres d'Isis, qu'Ovide appelle dieux vêtus de lin, et tous les prêtres en général, en étaient vêtus. Juvénal emploie une semblable qualification. Les momies d'Égypte sont presque toujours enveloppées de bandelettes de lin. Vous vous rappelez, peut-être, Madame, qu'il y a quinze ou dix-huit mois, un anglais proposa au gouvernement égyptien d'acheter toutes ces bandelettes, qui abondent dans les nécropoles du pays, afin d'en fabriquer du papier. Quels romans lugubres on eût vus éclore !

Les Hébreux, et le Pentateuque en fait foi ainsi que les Livres des Rois, faisaient usage du lin.

De l'Égypte l'emploi du lin passa en Grèce, et de là en Italie. Dans les premiers temps de la république, le lin était peu connu; les Romains portaient sous leur toge une tunique de laine, et le lin ne fut employé généralement que sous les empereurs.

Le lin a fourni plus d'un chapitre au naturaliste latin, et il est vraiment réjouissant de voir l'indignation de Pline. Il s'étonne d'abord de la facilité des communications que le lin établit par les voiles des navires. Que dirait-il de nos jours en voyant les merveilles de célérité de la vapeur. Il continue : « O comble de l'audace et de la perversité humaine ! On sème pour recueillir les vents et les tempêtes ! C'est trop peu que d'être voiturés par les flots seuls ! Que dis-je ? Des voiles plus grandes que le navire ne suffisent plus ! Chaque mât supporte des antennes immenses, et cependant au-dessus des voiles qu'elles supportent on suspend d'autres voiles encore, outre celles qui flottent à la poupe et à la proue, tant l'homme est ingénieux à provoquer la mort ! Quoi, c'est d'une semence si petite, d'une tige si courte et si frêle qu'on tire ce qui doit déplacer tour à tour les diverses parties du monde! Encore, n'emploie-t-on pas le lin dans toute sa force. On le bat, on le broie, on l'assouplit comme la laine ; ce n'est que traité de la sorte qu'il seconde notre criminelle audace... Rien ne croît plus aisément que le le lin, et, ce qui prouve que la nature ne le produit qu'à regret, c'est qu'il brûle le sol qui le nourrit et détériore la terre elle-même. . . .Les Morins, aux confins de la terre habitée, que dis-je ? les Gaules tout entières fabriquent des voiles. »

Ce qui suit ne se rapporte pas au lin proprement dit, mais à l'amiante ou lin fossile, minéral, qui a la propriété de brûler sans se consumer. Pline est trop curieux pour que je vous prive de ses fables.

« L'amiante est un lin incombustible, qui croît dans l'Inde, dans des déserts infestés d'affreux reptiles, toujours arides et brûlants ; ainsi le climat où il vit l'habitue à l'action du feu. »

Vous connaissez le lin, Madame, c'est une fort jolie plante, à tige menue, garnie de très-petites feuilles, d'un vert gai, haute de 65 centimètres à 1 mètre, et dont la fleur est en forme de roue, d'un bleu céleste. Sous la première écorce se trouve la matière filamenteuse qui doit fournir le lin. Pour l'obtenir, il faut d'abord faire rouir la plante, en l'exposant soit dans l'eau courante, soit sur un pré. La gomme se dissout, l'écorce se sépare de la partie ligneuse, les fibres mêmes de l'écorce se désagrègent. Au rouissage succède le teillage, opération ayant pour but de briser l'axe ligneux des tiges et de les battre pour isoler la filasse. On obtient le lin brut.

Le lin brut est passé soit dans des machines armées de peignes d'acier, soit dans des peignes fixes par la main du peigneur. Les fibres cassées, les impuretés forment l'étoupe ; la partie fine, le lin peigné. Pour réduire ce lin en fil, au moyen de préparations successives, dont le résultat est d'étirer les filaments, en leur donnant le plus de parallélisme possible, on forme des rubans qui, étirés encore aux machines à filer, donnent, selon la torsion, la grosseur des rubans, la proportion de l'étirage, du fil à coudre, du fil à tisser, du fil gros, du fil fin.

Je n'irai pas plus loin dans cette fabrication, car il me faudrait alors parler du tissage et peut-être même du papier, puisque, vous le savez, telle est la fin des vieux chiffons.

La France possède environ 180 filatures de lin, employant 476,000 broches et consommant annuellement 40 millions de kilogrammes de filasse. Dans cette immense consommation, la culture française entre au plus pour un tiers, et, pour équilibrer la production avec la consommation, c'est 50,000 hectares qu'il faudrait cultiver de plus en lins chaque année.

L'Angleterre, qui possède 1,200,000 broches, travaille depuis quinze ans à propager la culture linière en Irlande, et, malgré ses efforts, est encore obligée de recourir à l'étranger pour satisfaire à ses importants besoins. C'est la

Russie qui vient en aide à la France et à l'Angleterre pour combler ce déficit, et notre colonie d'Algérie peut trouver dans la culture et le commerce du lin une source abondante de richesses. Les échantillons de lin déposés à l'exposition permanente peuvent supporter la comparaison avec ceux de Riga et de Russie, qui, on le sait, se distinguent par la longueur de leur tige, le petit nombre de leurs branches latérales et surtout la finesse et l'abondance de leur tissu. Dans un de ses rapports, le jury international à l'exposition universelle a donné un témoignage concluant à cette production, en disant que trois échantillons de lin d'Algérie ont été jugés égaux aux plus beaux types des lins de Courtray. Cette opinion avait été déjà émise par les plus habiles filateurs du Nord, qui avaient soumis à des expériences industrielles les échantillons envoyés par M. le ministre de la guerre ; malheureusement les préparations de rouissage avaient été mauvaises ; et MM. Barrois frères, de Lille, en rendant compte des essais qu'ils avaient faits, exprimaient leurs regrets en ces termes :

« Il était très-important d'expérimenter et de connaître » le parti que l'on peut tirer des produits de la culture du » lin en Algérie, car cette culture est une ressource réser- » vée à l'avenir de notre si intéressante colonie. Nous » en avons été empêchés. C'est pour cela que, lorsque » l'émigration aura peuplé l'Algérie de cultivateurs, il sera » utile d'arriver avec des méthodes de fabrication parfaites, » afin de ne laisser au colon aucun travail industriel, car » autrement cette culture serait compromise et abandonnée » par ceux qui auraient eu le courage de l'entreprendre. »

Le coton, dont on s'occupe sérieusement aujourd'hui en Algérie, croît spontanément sur les bords du Sénégal et dans le pays situé entre ce fleuve et la Gambie. Le Bondou, dit la *Revue coloniale*, la récolte en quantité prodigieuse et de bonne qualité ; la plante qui le fournit est le *gossypium*, arbrisseau vivace, haut de quatre à six pieds. Son coton est d'une grande finesse et d'une extrême blancheur ; dans les terrains arides et sablonneux, les touffes sont petites et peu fournies, mais elles deviennent larges et étalées dans les terrains soigneusement cultivés. Les fleurs, d'un beau jaune, naissent sur la fin de juillet et se succèdent jusqu'en octobre. Les capsules fournies par l'arbre ne sont recueillies qu'à maturité complète, suffisamment indiquée par l'éclosion et la sécheresse de la coque. On sépare le coton de son enveloppe, puis on l'égrène, c'est-à-dire que l'on sépare la semence de la matière qui la recouvre.

Cette question de la production des cotons en Algérie a une importance très grande ; l'Amérique du nord récolte environ 500 millions de kilogrammes de coton, c'est-à-dire les quatre cinquièmes de la production totale ; l'Angleterre consomme à elle seule 300 millions de kilogrammes qui alimentent 18 millions de broches; les États-Unis, 110 millions de kilog. pour 5,500,000 broches ; la France, 72 millions de kilogrammes pour 4 millions de broches ; l'Autriche, la Russie, le Zollverein, l'Espagne, la Belgique, etc., viennent après. Il y a trente ans, l'industrie des cotons en Amérique était nulle ou presque nulle; elle n'a pris d'importance que depuis cette époque et est arrivée à occuper le deuxième rang ; la production restant la même, l'industrie américaine prenant des proportions considérables, il est permis de prévoir le jour où l'exportation des matières premières sera réduite, tandis que l'exportation des produits manufacturés s'augmentera et viendra faire une concurrence fâcheuse à l'industrie européenne. La production algérienne peut nous permettre d'envisager ce jour sans crainte et sans danger, mais il faut pour cela s'occuper de développer les cultures.

C'est le côté de la question sur lequel il importe aujourd'hui de s'arrêter, les autres sont résolus. La qualité des cotons algériens a été constatée par l'honorable M. William Elliot, commissaire américain de la Caroline du sud à l'exposition, planteur et exposant de coton longue soie, en reconnaissant que les cotons longue soie de l'Algérie équivalaient aux plus belles espèces similaires de la Caroline et de la Géorgie, c'est-à-dire aux plus beaux cotons du monde. A ce témoignage ajoutez celui de la chambre de commerce de Liverpool, dont le délégué, après essais et examen approfondis, déclara que les cotons algériens ne laissaient rien à désirer sous le rapport de toutes les qualités essentielles du produit.

L'un de nos plus habiles filateurs de coton, M. E. Cox, à La Louvière lez-Lille, auquel ses constants travaux dans l'industrie ont valu, il y a quelques années, la croix de la Légion-d'Honneur, a expérimenté les cotons d'Algérie et a donné à cet égard un avis très favorable.

Vous avez souvent entendu dire, Madame, que les tissus de coton irritent et égratignent les peaux délicates, que par suite on doit éviter d'en faire de la charpie pour les blessures ; peut-être désirez-vous en savoir le pourquoi. Vus au microscope, les filaments soyeux et crépus du coton sont garnis de petites dentelures. Voilà l'explication. Ces dentelures servent, au contraire, à rendre le duvet facile à filer ; cela est tellement vrai que certaines autres substances analogues ne peuvent être filées qu'à la condition qu'on y joigne du coton. La même observation s'applique aux poils des animaux ; ceux qui sont dentelés peuvent seuls être feutrés.

Ce duvet précieux était connu depuis longtemps dans

l'Asie-Mineure, l'Egypte, la Perse, les îles de la Grèce, et enfin dans l'Europe où l'usage de porter des vêtements de coton ne fut introduit que beaucoup plus tard. La découverte de l'Amérique nous a procuré plusieurs belles espèces de cotonniers cultivés avec succès dans le nouveau-monde. Les Européens y ont introduit celles propres aux grandes Indes et à l'Afrique; toutes y ont prospéré.

Au temps d'Hérodote, les Indiens portaient des vêtements de coton. Au temps de Strabon, c'est-à-dire environ 450 ans plus tard, le cotonnier était cultivé à l'entrée du golfe Persique. Pline nous apprend, un demi siècle plus tard, que cette plante, appelée ***Gossypium*** ou ***Xylon,*** était connue dans la haute Égypte et dans l'Arabie, et que l'on fabriquait avec le duvet des vêtements pour les prêtres d'Egypte.

Je ne vous fatiguerai pas, Madame, en vous décrivant les travaux de la cueillette, de l'égrénage, en vous énumérant quelques-unes de ces variétés nombreuses, classées en longue soie et courte soie, en bonne à belle marchandise, bon courant, petit courant, bon ordinaire, très bas, etc.

L'établissement de l'industrie cotonnière en France ne remonte pas au-delà de la fin du XVIIe siècle. En 1668, il fut importé du Levant, par Marseille, environ 200,000 kilogrammes de coton en laine et 700,000 kilogrammes de coton filé. En 1750, l'importation était sept fois plus considérable.

Amiens fut une des premières villes où la fabrication du coton fut établie en grand; aujourd'hui, on travaille le coton sur tous les points du territoire.

Le coton est un peu comme l'hôte du satyre de la fable de La Fontaine; il peut garantir également de la chaleur et du froid. Mauvais conducteur de la chaleur, il la conserve mieux dans les pays septentrionaux ; et comme il absorbe promptement la sueur, il rend la transpiration plus facile et plus libre, et prévient les graves maladies produites par la suppression de l'exhalation cutanée.

Le coton a encore un usage médicinal. Employé sous forme d'ouate, il calme instantanément les souffrances des brûlures graves ou légères et empêche la déformation des parties qui ont subi l'action du feu.

Le chanvre nous vient des Indes orientales ; une seule espèce est cultivée en France, c'est le chanvre que le peuple appellé, mais au rebours, chanvre mâle et chanvre femelle. L'odeur du chanvre est très-forte, enivrante, narcotique ; elle agit si puissamment sur les organes, qu'il suffit de s'arrêter quelque temps dans le voisinage d'une chènevière pour en éprouver les mauvais effets, des éblouissements, des vertiges, une sorte d'ivresse. Je vous écrivais dans une lettre précédente que le chanvre entrait dans la composition du fameux haschich.

Les avantages que le chanvre procure aux hommes sont si précieux, qu'ils ont fait oublier combien il est nuisible à ceux qui le récoltent, bien plus encore à ceux qui le travaillent et le préparent. L'eau dans laquelle on le rouit exhale des miasmes infects et contracte un degré de putréfaction tel, que les poissons y languissent et meurent. L'apprêt du chanvre, tel que le sérançage, est une opération aussi pénible que funeste à la santé de ceux qui s'y livrent. Au bout de 5 à 6 ans, la plupart de ces ouvriers sont affectés de toux sèche, d'asthmes, d'oppressions, de cachexie, etc., auxquels ils succombent presque toujours avant l'âge de 50 ans. Ces accidents sont causés par l'aspiration de la poussière qui s'échappe des matières, que le travail détache et que l'air enlève.

Vous savez ce qu'on obtient du chanvre : des tissus, des câbles, des voiles. La graine ou chenevis, frite avec des aromates, paraît sur les meilleures tables en Russie, en Pologne, en Livonie. Les paysans se contentent de les piler, d'y joindre du sel et d'étendre ce mélange sur du pain noir.

Il paraît que si du temps d'Olivier de Serres, et même auparavant, on était parvenu à tisser de la toile de chanvre, on ne parvint à en fabriquer d'assez fine pour faire des chemises, que du temps de Catherine de Médicis, femme de Henri II, l'histoire citant comme une nouveauté, deux chemises de chanvre que possédait cette princesse.

Dans cette même famille des urticées, où se trouve le chanvre, nous rencontrons aussi l'ortie. Or, l'ortie produit d'excellente filasse, un peu inférieure à celle du chanvre en force et en finesse. Elle est en usage depuis longtemps chez les Baskirs, au Kamtschatka.

Une plante très-commune en Algérie, le diss, espèce de graminée, est composée presque exclusivement de matières utiles et principalement de filamens textiles, réunis dans un parenchyme herbacé et mucilagineux. En effet, on obtient par la séparation de ses différents éléments, et suivant le degré de maturité de la plante, les produits ci-après :

1.° Filaments textiles.........	70	à	80	0/0
2.° Mucilage...............	8	à	6	»
3.° Eau et parties herbacées...	22	à	14	»
Totaux......	100		100	

Les filaments textiles ont été jusqu'à présent reconnus susceptibles de trois applications principales, dont la plus étudiée et la plus importante d'ailleurs est la fabrication du papier. La seconde application est la fabrication d'un crin végétal, ayant toutes les apparences et presque la qualité du crin animal, avec l'avantage de repousser les mites et autres insectes rongeurs des étoffes, et de coûter 175 0/0 moins cher. La troisième application est la fabrication de toutes espèces de tissus et de cordages. Enfin, le mucilage, ou partie glutineuse, peut être considéré comme un quatrième produit dont l'emploi définitif reste encore à déterminer, mais qu'on pourrait en partie appliquer au collage du papier.

Le palmier nain, le jute, l'aloës, le bananier, les noix de coco, le phormium fournissent des filaments plus ou moins grossiers, dont la science tirera parti quelque jour.

En abordant la section des plantes oléagineuses, permettez-moi, Madame, quelques généralités au sujet des huiles.

Les huiles sont des substances grasses et onctueuses au toucher, extrêmement fusibles, à ce point qu'une température de 10 à 15° centigrades suffit à les tenir liquides; elles ne sont pas ou presque pas solubles dans l'eau, plus légères que ce liquide; s'enflamment plus ou moins promptement au contact d'un corps embrâsé. Les corps gras des végétaux sont presque tous des huiles, et l'on peut dire que c'est par exception qu'on y rencontre d'autres substances grasses, beurre et cire, tant est nombreuse la liste des produits huileux que fournissent une multitude de plantes dans plusieurs de leurs parties.

On a divisé les huiles végétales en huiles fines et en huiles essentielles ou essences.

Les huiles fines sont insipides, inodores ou ne donnant qu'un faible souvenir de l'odeur de la plante dont elles proviennent; elles ne laissent à la langue que la sensation d'onctuosité. Généralement, elles sont insolubles dans l'alcool.

On subdivise les huiles fines en huiles grasses et huiles siccatives. Les premières, exposées à l'air, deviennent rances, se saponifient facilement et sont surtout employées pour les usages culinaires. Les secondes se sèchent en laissant un vernis brillant ; elles s'emploient dans la peinture à l'huile.

Les principales des huiles grasses sont celles : d'olive, de colza, de navette, d'amandes, de faîne, de ricin. Les siccatives sont : l'huile de lin, l'huile de noix, l'huile de chenevis, l'huile d'œillette.

Les caractères des huiles essentielles ou volatiles sont tous opposés à ceux des huiles fines ; elles ont toutes une odeur plus ou moins intense, une saveur plus ou moins âcre et irritante.

Je vous citerai les essences de rose, de térébenthine, de fenouil, de romarin, incolores ; parmi les jaunes, dont le nombre est grand, les essences de citron, de safran, de gingembre, de myrte, de cerfeuil, de canelle, de thym, d'hysope, de lavande, de marjolaine, de menthe ; d'autres sont bleues, l'essence de camomille ; d'autres vertes, d'absinthe, de sauge, de genièvre, de valériane ; d'autres brunes, celle de dictame, etc.

Toutes les plantes de certaines familles présentent ce trait constant, de renfermer de l'huile essentielle; ainsi les labiées, les térébinthacées, les crucifères.

L'huile essentielle, dissoute dans l'alcool, forme alors les eaux aromatiques, eau de lavande. Si on mélange l'eau alcoolique avec l'eau ordinaire, il se fait une décomposition, accompagnée de chaleur, le mélange prend une teinte d'opale et l'on a un alcoolat.

Les huiles volatiles sont souvent sophistiquées par le mélange d'huiles d'olive ou d'œillette, qui n'ont aucun goût, aucune odeur, mais dont le prix est de beaucoup inférieur.

Une expérience bien facile fait découvrir la fraude. On verse sur du papier blanc quelques gouttes de l'huile volatile qu'on soupçonne ; on expose à la chaleur le papier d'épreuve ; l'huile essentielle s'évapore, si elle est pure, le papier ne conserve aucune tache, au contraire le papier reste taché et transparent pour peu qu'il s'y trouve d'huile fine.

Mais voilà, Madame, assez de détails généraux, occupons-nous un peu plus spécialement de quelques végétaux oléïfères.

L'olivier prendra la première place.

L'olivier est un des arbres les plus utiles de la nature (1). La connaissance de l'olivier et de ses usages remonte à la plus haute antiquité ; la Genèse en fait mention en plusieurs passages ; ce fut une branche d'olivier que rapporta à Noé la colombe qu'il fit sortir de l'arche après le déluge. L'olivier a été de tout temps le symbole de la paix, de la chasteté, de la clémence, et, en général de toutes les vertus paisibles. Les sceptres des rois étaient jadis faits d'olivier sauvage, ces arbustes étaient en grande vénération.

Si l'on peut supposer un sens véridique aux traditions fabuleuses, il est permis de croire que l'olivier joua un grand rôle, lorsqu'il s'agit d'assigner un nom à la plus importante des cités de la Grèce. La fable raconte que Neptune et Minerve se disputant cet honneur, les dieux, pour les mettre d'accord, leur dirent qu'ils l'accorderaient à celui des deux qui ferait aux habitants d'Athènes le don le plus utile. Neptune alors, frappant la terre de son trident, en fit sortir un cheval, tandis que Minerve produisit un olivier qui lui valut la préférence.

(1) *Olea prima omnium arborum est.*
COLUMELLE.

Il est facile de découvrir le véritable sens de cette fiction, en se rappelant que la Minerve des Grecs était Athénée, la fille du roi Cécrops.

On a fait de l'olivier le symbole de la paix. Serait-ce parce que l'huile extraite de son fruit a la propriété d'apaiser les flots irrités ? Il se pourrait que les anciens eussent connu cette propriété, qui existe en effet, mais dont on ne tire jamais parti, parce que la mer, un instant apaisée, se déchaîne bientôt avec une plus grande violence, et compromet davantage les navires qui viendraient à la suite de celui où cette manœuvre égoïste aurait été exécutée (1).

Les uns disent que l'olivier fut transporté d'Egypte à Athènes par Cécrops, l'an 1582, avant l'ère chrétienne ; d'autres prétendent que ce fut Hercule qui, au retour de ses glorieuses expéditions, apporta l'olivier dans la Grèce, qu'on le planta sur le mont Olympe et que le premier usage auquel on l'employa fut de couronner de ses rameaux les vainqueurs aux jeux de l'Elide... Pline dit qu'il était défendu de faire servir l'olivier à des usages profanes et qu'on ne permettait pas même de le brûler sur les autels des dieux. Les peuples allaient autrefois demander la paix en portant à la main des branches d'olivier (2).

On croit généralement que les Phocéens, qui fondèrent Marseille, environ 600 ans avant J.-C., y apportèrent l'olivier, qui de là se répandit dans les Gaules et dans l'Italie. Pline assure que sous le règne de Tarquin l'Ancien, il n'y avait point encore d'olivier en Europe, ni même sur les côtes d'Afrique (3).

(1) Audouit.

(2) *Paciferæque manu ramum protendit olivæ.*

(3) Desfontaines.

Si la culture de l'olivier demande peu de soins, le moyen d'opérer sa reproduction, bien qu'il soit le plus souvent dû au hasard, n'est pas aussi facile ; cependant un habitant de Marseille a réfléchi sur la manière dont la nature produisait d'elle-même les sauvageons. Ils viennent de noyaux portés et semés dans les bois par des oiseaux qui ont mangé des olives. Ces olives, digérées, ont été par ce moyen, privées de leur huile naturelle, et les noyaux sont devenus perméables à l'humidité......... Cet agriculteur fit avaler des olives à des dindons renfermés dans une enceinte ; il a recueilli leur fumier, contenant les noyaux de ces olives et il a placé le tout dans une couche de terreau qu'il a fréquemment arrosée ; les noyaux ont levé, et il a eu des plants d'olivier qu'il a repiqués ensuite et qui ont parfaitement végété. Eclairé par cette expérience, il a cherché à se passer des oiseaux de basse-cour, et il a fait macérer des noyaux dans une lessive alcaline ; peu de temps après, il les a semés et il a obtenu un plant d'oliviers aussi beau que le premier (1).

Le climat de l'Algérie est éminemment propre à la production des sucs végétaux, et l'olivier s'y rencontre partout en abondance. Il n'est pas un pli de terrain, un coteau, une vallée, où l'on ne trouve un olivier : c'est l'arbre qui a le plus résisté à toutes les causes de destruction qui ont pesé sur les richesses forestières de l'Algérie.

A lui seul, l'olivier pourrait devenir la richesse de la colonie.

Cultivé dans le midi de la France seulement, l'olivier n'échappe pas toujours à la rigueur des hivers, aussi sa culture tend-elle à se restreindre plutôt qu'à s'augmenter ;

(1) Cadet de Gassicourt.

la consommation est obligée chaque année d'en tirer des pays mieux favorisés pour des sommes importantes (20 à 30 millions par an) ; les huiles de l'Algérie ont donc en France un débouché presque illimité, puisqu'en dehors de la consommation des huiles d'olives, l'alimentation, la fabrication des savons, le graissage des draps, une foule d'industries diverses emploient encore, à défaut de mieux, des huiles secondaires provenant de graines oléagineuses.

Dans l'antiquité, le commerce des huiles constituait déjà une des sources de la richesse des peuples berbères. On raconte qu'au moment de la grande invasion musulmane, conduite par Abd-Allah-Ben-Saïd (647), un chef arabe surpris de voir chez les Kabyles déjà rançonnés et pillés par ses bandes, des monceaux d'argent monnayé, demanda à l'un des paysans berbères d'où venaient tant de richesses. Le paysan marcha jusqu'à ce qu'il eût trouvé une olive. — « C'est, dit-il, avec ce fruit que nous nous procurons de l'argent ; les Grecs n'ont pas d'olives chez eux, et ils viennent nous apporter de l'argent en échange de notre huile. »

Jusqu'à ce jour, la Kabylie a fourni la majeure partie des huiles d'olives consommées en Algérie ou exportées en France, mais les échantillons exposés renferment des produits provenant des trois provinces ; les procédés indigènes donnent une huile qui laisse à désirer : mais obtenue par les procédés européens, au moyen d'instruments perfectionnés, l'huile d'Algérie est égale aux huiles de première qualité que l'on tire du Midi, et ne peut nullement craindre la concurrence avec les produits qui ont fait la réputation d'Aix. Comme pureté, comme saveur, les huiles de la fabrication européenne, vierge, surfine, fine, peuvent être placées à côté des mêmes sortes de n'importe quelle provenance, il est certain qu'elles tiendront la préférence.

Pour terminer cette notice sur l'olivier, permettez-moi, Madame, de citer les vers de Roucher, empruntés au poème des mois, sur la récolte des olives :

. . . .
Le soleil a paru, le sud par son haleine
A fondu les frimas qui blanchissaient la plaine.
Quels essaims diligents, d'un bois flexible armés,
Vers les champs couronnés de l'arbre de Minerve !
Loin d'ici tout mortel que la mollesse énerve ;
Que le bâton bruyant frappe à coup redoublé,
Et qu'en tous ses rameaux l'arbre soit ébranlé.
L'arbre cède ses fruits, de leur grêle épaissie
Je vois déjà la terre et couverte et noircie,
Et, lorsque tombe enfin l'ombre humide du soir,
Le fruit mûr écrasé sous le bruyant pressoir
Epanche de son sein la liqueur qu'il recèle,
Et sur la flamme ardente un baume pur ruisselle,
Fleuve d'or qui bientôt, appelant les Bretons,
S'en va par le commerce enrichir nos cantons.

Précédemment, je vous ai assez longuement parlé de l'œillette, variété du pavot et qui se distingue par ses graines noires.

L'arachide ou pistache de terre donne un fruit en forme de gousse cylindrique, pointue, de la grosseur du petit doigt, renfermant une ou deux graines contenant chacune une amande de la grosseur d'une petite noisette. etc.

Le développement de ce fruit offre une particularité bien remarquable, et dont on ne connaît qu'un autre exemple, dans une espèce de pois ou *lathyrus*, c'est qu'il ne peut s'effectuer que dans la terre. Lorsque la floraison est terminée, la fleur s'incline vers le sol et le fruit s'enfonce dans la terre. L'arachide renferme une huile abondante, et on en retire un composé butyreux qui se mélange fort bien au cacao pour la fabrication d'un chocolat de moindre qualité, en grand usage parmi les classes pauvres en Espagne.

La cameline est cette plante dont les tiges, après la récolte des graines, servent à façonner les balais improprement nommés *balais de camomille*. L'odeur de la plante est forte et désagréable, les pigeons ramiers en sont très amateurs et cet aliment donne à leur chair un fumet repoussant.

Le colza est une espèce de chou, très cultivé en Belgique, dans le nord de la France, en Alsace. L'huile que fournit la graine est l'objet d'un commerce très important. Vous connaissez cette plante qui fleurit d'or nos champs en mai, je n'ai rien de spécial à vous dire sur son compte.

Pardon, voici un passage assez curieux du bon Pierre Pallion, lequel écrivait en 1660 :

« Son antipatie (le chou) avec le bois qui nous donne » cette liqueur qui fait l'honneur et la joye des festins est » que, mis entre deux ceps de vignes, il soit le hiéro- » gliphe d'une joye troublée par l'importunité d'un surve- » nant, parce que des vignes plantées autour d'un chou, » s'escartent pour ne le point embrasser, conservant tou- » jours la mémoire de la dissention de Bacchus et de Lycur- » gue, qui produisit par ses larmes cette plante, se voyant » surpris et garotté de sarments par Bacchus (1).

Je suis loin, Madame, de vous avoir indiqué toutes les plantes oléifères, je rassemble en bloc un certain nombre de celles dont il resterait à vous parler.

On retire de l'huile du cacao, mais une huile concrète, et qui entre pour la plus grande partie dans la substance nommée beurre de cacao. Ce beurre est souvent falsifié avec du suif de mouton et de la moëlle de bœuf. Mais on reconnaît facilement la fraude en faisant dissoudre dans l'éther ;

(1) La vraye et parfaicte science des armoiries.

s'il y a fraude, la dissolution ne se fera qu'imparfaitement. Le beurre de cacao se conserve assez longtemps sans rancir, on l'emploie en médecine et il entre dans la fameuse marmelade pectorale de Tronchin. Il fait la base des pommades adoucissantes, on l'applique avec succès sur les gerçures et il entre dans la composition de grand nombre de crêmes cosmétiques.

Le coco de l'Inde est encore un fruit oléagineux. Il croît aux forêts gigantesques d'un autre monde ; nous ne pouvons en nos pays que nous énorgueillir de la noix. La noix, en hébreu, se nomme d'une appellation dont le sens est joug ; depuis on a fait de ce fruit l'emblême du mariage. En grec, son nom avait pour étymologie le mot qui exprime la pesanteur de tête, à cause de celle que produit l'odeur forte des feuilles. Les Romains le nommaient le gland de Jupiter, ***Jovis glans*** d'où l'on forma ***Jouglans,*** puis ***Juglans***, nom botanique latin actuel.

Quelques botanistes le nommèrent ***Carix,*** le Suédois l'appelle ***Karf;*** or ***Carw,*** en celto-scythe signifiait esquif. La racine est restée dans la langue anglaise, *to carve* a pour traduction ciseler, sculpter. Or, de *carw* n'avons-nous pas caravelle, petit navire portugais.

J'écrivais plus haut que la noix était considérée comme emblême du lien conjugal, l'amande se compose de deux parties semblables, la coque de deux hémisphères identiques. Or, en Scythe, ***not*** signifiait compagnon, noce ; la noix, en latin, se dit *nux;* nux, not, noix, noce ont bien du rapport. Vous savez, Madame, qu'à la rosière de Salency, on remet une petite provision de noix.

Que toute cette érudition à coups de volumes doit vous paraître fatigante. Cependant, si je voulais, je pourrais en écrire long encore sur les noix. Quel plaisir, enfant, n'avais-je pas à grimper dans le noyer pour en gauler les fruits, ou encore à m'exercer à lancer la pierre d'une fronde aux plus beaux *bouquets* de noix. Je crois que ces exercices gymnastiques, si séduisants, offerts par la nature et qui ne font peur aux mamans que parce qu'on peut s'y casser un membre , ou, ce qui est plus sûr, déchirer sa veste et user son pantalon, je crois qu'ils sont des plus heureux pour développer la force et l'adresse des enfants. Ces jeux datent de fort loin , la jeunesse romaine ne les dédaignait pas, et Ovide les a décrits dans un poëme intitulé : la Noix, *de Nuce*.

De la noix on tire de l'huile ; du brou , avec du sucre et de l'eau-de-vie on forme un bon ratafia. L'infusion du brou sert à donner aux ébénistes une belle couleur brune pour le vieux chêne; répandue par terre, elle fait sortir aussitôt les vers ; ce moyen est usité par les pêcheurs pour se procurer des appâts. Enfin, au dire de Duhamel, on éloigne les mouches des chevaux en employant, pour les éponger, l'eau dans laquelle on a fait macérer les feuilles.

Le bois du noyer est très usité en ébénisterie , il sert particulièrement à faire des montures de fusil , pour fabriquer des sabots. On assure que dans le département de la Haute-Vienne , on consomme annuellement quatre mille noyers et que chaque arbre fournit soixante paires de sabots.

Si , vers la fin de l'hiver , et pendant tout le printemps, on fait au tronc du noyer, avec une tarière , un trou de dix centimètres de profondeur , il en découle un liquide mucilagineux et sucré qui présente , lorsqu'il est convenablement épaissi, toutes les qualités de la mélasse.

La noisette est la proche voisine de la noix ; suivant les botanistes, ce serait même le véritable type. L'huile de noisette a une saveur douce et très agréable; bonne à manger , elle peut être utilisée également en peinture.

L'amande fournit la moitié de son poids en huile douce. Le résidu forme la pâte d'amande, bien connue comme cosmétique. Les amandes figurent dans les desserts : à l'état naturel, elles font partie des *quatre mendiants;* roulées dans le sirop, elles donnent les dragées et les pralines ; on en obtient encore le sirop nommé orgeat.

Les amandes amères contiennent en quantité notable de l'acide cyanhydrique ou prussique ; on ne doit en faire usage qu'avec beaucoup de réserve.

La faîne est le fruit du hêtre, arbre qui composait en grande partie nos anciennes forêts, en particulier celles d'Eu, de Crécy et de Compiègne. L'huile de ce fruit a d'abord un goût âcre qui disparaît avec le temps.

La graine du cotonnier fournit également de l'huile ; de même le pignon du pin, le fruit du ricin qui donne l'huile purgative nommée de *Palma Christi*, à cause de la forme digitée des feuilles de la plante.

De même que le cotonnier, outre son produit textile, le lin nous offre un produit oléagineux ainsi que le chanvre.

Enfin le grand soleil contient de l'huile dans ses graines noires. On prétend parfois que l'amande est nuisible à l'homme : cependant nous voyons que les habitants de la Virginie forment avec les semences mondées une farine assez légère qui, réduite en bouillie par l'eau et la cuisson, constitue la nourriture des enfants en bas-âge.

C'est assez nous arrêter aux plantes oléifères ; voyons maintenant, Madame, ce que nous offrent les saccharifères.

Sous ce nom, on pourrait ranger une multitude de plantes renfermant le sucre et par suite l'alcool, le sucre cristallisable ou incristallisable existant avec ou sans acides. Ceux dans lesquels le sucre ne se trouve pas mélangé aux acides, sont : la figue, la datte, le jujube et quelques autres dont vous connaissez à peine les noms ; dans les seconds, au contraire, tous susceptibles de passer à la fermentation spi[illegible]use, le sucre est mêlé à l'acide ; ce sont, parmi ceux [illegible]us connaissez : l'orange, la grenade, la fraise, la framboise, la mûre, la cerise, la groseille, le sureau, le genièvre, la pomme de terre, la baie d'asperge, la prune, l'abricot, la pêche, la pomme, la poire, le raisin. Dans cette nomenclature incomplète, je n'ai cité ni la canne à sucre, ni la betterave, ni la carotte, l'asphodèle, le sorgho, l'érable, car je ne songeais qu'aux fruits, sans m'occuper des tiges, des racines, de la sève du tronc.

Ne serait-ce que par son nom, la canne à sucre tient le premier rang parmi les plantes saccharifères. Mais avant de nous en occuper, permettez-moi, Madame, quelques notions sur le sucre.

C'est une substance douée de saveur douce, comme chacun le sait, et, ainsi que je le disais plus haut, susceptible de se convertir en acide carbonique et en alcool, à poids à peu près égaux. Le sucre est généralement extrait des matières végétales ; il se présente sous trois états distincts :

Sucre régulièrement cristallisable — canne à sucre, betterave, châtaigne, sève de l'érable ;

Sucre cristallisable d'une manière diffuse — raisins, figues, pommes de terre ;

Sucre incristallisable, restant à l'état liquide, dans beaucoup de fruits et de plantes.

Occupons-nous spécialement de la première catégorie.

Les Indes orientales sont le berceau de la canne à sucre. Il est à croire que de temps immémorial, les peuples de l'Inde ont su profiter du riche présent que la nature leur a fait dans cette précieuse graminée. Ce qui paraît certain, c'est que les anciens, au rapport de Théophraste, Pline,

Dioscoride , Galien et autres en connaissaient les produits. Le *miel saccharon* de Dioscoride , que Théophraste nommait aussi *miel de roseau* , leur arrivait de l'Inde et de l'Arabie heureuse.

A la fin du XIIIe siècle , la culture de la canne à sucre fut transportée des Indes en Arabie , d'où elle passa en Nubie , en Egypte et en Éthiopie. Dans le siècle suivant , elle fut portée en Syrie , en Chypre et en Sicile. En 1420 , le prince Henri de Portugal fit planter dans l'île de Madère des cannes tirées de Sicile ; elles y furent cultivées avec succès , et y produisirent un sucre plus abondant et beaucoup meilleur que partout ailleurs à cette époque. L'Espagne en introduisit aussi la culture aux îles Canaries , et bientôt après sur le sol même de la mère patrie. On naturalisa la canne à sucre dans les royaumes d'Andalousie , de Valence , de Grenade , etc.

En 1506 , peu de temps après la découverte de l'Amérique par Christophe Colomb , la canne à sucre fut introduite à Hispaniola , actuellement Saint-Domingue , par Pierre d'Arrança ; elle s'y multipliasi rapidement que , douze ans après , cette île possédait 28 sucreries. Michel Ballestro tira du sucre de cette plante ; et Gonzalès de Veloza ayant fait venir des ouvriers de l'une des îles Canaries , eut le premier la gloire d'obtenir du sucre dans le Nouveau-Monde. C'est à ces trois hommes que l'Amérique doit une de ses plus précieuses industries et une richesse de plusieurs milliards. Ce fut en 1643 que les Anglais commencèrent , à la Barbade , la culture de la canne. Les Français débutèrent à Saint-Christophe en 1644 , et à la Guadeloupe en 1648. La canne à sucre fut ensuite introduite dans le reste des Antilles et postérieurement sur le continent américain , où sa culture se répandit prodigieusement. Ce n'est , à proprement parler, que depuis cette dernière époque que l'usage du sucre se répandit chez tous les peuples civilisés, et devint, pour le plus grand nombre, une substance de première nécessité. La facilité qu'on avait dans le Nouveau-Monde de faire cultiver les sucreries par des esclaves, multiplia considérablement les plantations et leurs produits, et fit baisser le prix de cette marchandise au point qu'on cessa de cultiver la canne en Europe ; elle fut cependant encore cultivée en Espagne jusqu'à l'époque de la révolution française, notamment par M. de Cabarus, dans le royaume de Murcie. En 1789, on comptait encore dans cette province plus de vingt fabriques de sucre en activité.

En France, sous l'empire et pendant le blocus continental, le commerce maritime étant interrompu, le sucre augmenta tellement de prix qu'il fallut se déterminer à s'en passer, ou tenter d'en extraire de végétaux indigènes. On soumit tour à tour à l'expérience le raisin, le maïs, le sorgho, la châtaigne, la carotte, et enfin la betterave. Le chimiste allemand Achard fut le premier dont les expériences fixèrent l'attention des gouvernements. Des chimistes français et principalement Chaptal, perfectionnèrent ses procédés, les modifièrent, et en firent l'application en grand avec un tel succès, que bientôt l'industrie agricole s'en empara dans la plupart de nos départements du Nord ; le sucre de betterave, dont la fabrication a pris un immense développement, peut, sous tous les rapports, le disputer aujourd'hui à celui de canne.

Les sucs de la canne subissent diverses opérations qui donnent trois espèces de sucre : 1° le *sucre brut ;* 2° le *sucre terré ;* 3° le *sucre raffiné.*

Comme il ne s'agit pas ici d'un manuel à l'usage d'un marchand de denrées coloniales, je vous fais grâce, Madame, des détails des opérations de terrage, clairçage, raffinage ; je me rappelle trop combien m'ennuyèrent les débats judiciaires dans les longues affaires de *turbines* pour vouloir vous condamner à la peine de pareille lecture. Vous avez, du reste, le droit de sauter autant de pages que vous voudrez.

Dans ce même esprit, je laisse de côté les Porto-Rico, les Martinique, les Bourbon, les Brésil, blonds, bruns et moscovades, les terrés, bonne-quatrième, les lumps, les vergeoises, etc ; c'est une langue à part. Je ne dirai pas un mot du tafia et du rhum, mais j'arrive à quelques notions sur la transformation du sucre en alcool.

Comme plusieurs mots en al...., alcool est d'origine arabe. Vous n'ignorez pas que les Arabes étaient autrefois les premiers chimistes ou al... chimistes du monde. L'alcool est le produit de la distillation des liqueurs sucrées en général. Qu'une liqueur sucrée fermente, l'alcool se forme. Pour le dégager, on fait passer l'alcool plus volatilisable que l'eau à l'état de vapeur : il s'élève dans des conduits où par des moyens extérieurs on le condense en le rafraichissant. L'alcool est plus ou moins abondant dans le produit selon le procédé de distillation ; on peut obtenir jusqu'à 85 et même 90 degrés d'alcool. Quant à l'alcool anhydre, c'est-à-dire sans eau, il est presque introuvable et ne se fabrique que pour expériences de laboratoire. Il est assez caustique pour que son injection dans la masse du sang détermine la mort subite par la formation de petits caillots. Introduit dans l'estomac, il est presque toujours mortel. Il s'unit à l'eau en dégageant de la chaleur. C'est ainsi qu'en mélangeant l'eau et l'absinthe dans laquelle il entre beaucoup d'alcool, on ressent la sensation de calorique, douce, mais sensible.

Le mot *trois-six* ou 3/6, signifie que cet alcool peut

être mélangé pour moitié d'eau et fournir l'eau-de-vie de preuve marchande, à 19 degrés. Les dames ne buvant, grâce à la mode, que des crêmes de thé, de moka, un peu de ratafia, ou de la chartreuse blanche, je ne parlerai pas plus longtemps des spiritueux. Je termine cette partie de ma lettre en vous rappelant que l'alcool a de nombreux emplois, dans l'art culinaire, composition de liqueurs ; pour la pharmacie, pour la peinture, formation de vernis ; pour le parfum, pour conservation de substances diverses et spécialement de matières animales.

Je ne saurais cependant passer sous silence la plante nouvelle, le sorgho, qui fait beaucoup parler de lui depuis un temps. Ce n'est guère que dans nos provinces du midi qu'on le cultive ; encore quelques années, et il sera acclimaté dans le centre et même plus haut. Jusque-là il restait en Algérie. Et là, bien que son introduction ne date, pour ainsi dire, que d'hier, il couvre déjà des surfaces importantes dans les trois provinces, et plusieurs distilleries, dont sept pour la province d'Alger seulement, se sont installées, quelques-unes même sur un très grand pied, pour en utiliser les produits. Jusqu'à ce jour, néanmoins, les cultivateurs algériens n'ont pas obtenu de cette culture tout ce qu'elle peut donner.

Tandis qu'en France on récolte moyennement de 50 à 60,000 kilog. de tiges à l'hectare, la production moyenne de l'Algérie ne s'élève guère à plus de 25 ou 30,000 kilog., ce qui équivaut à une différence de 50 0/0 dans le rendement agricole; et cependant les terres de l'Algérie, susceptibles d'irrigations, conviennent admirablement au sorgho. Il y a sans nul doute, dans ce faible produit, des causes qui tiennent aux vices de la culture et au manque de connaissances pratiques de la part du cultivateur algérien.

C'est ce que fait fort bien comprendre M. Hardy , le savant et consciencieux directeur de la Pépinière centrale d'Alger. On a inconsidérément reproché à M. Hardy d'avoir exagéré les rendements que l'on pouvait obtenir de la culture du sorgho, tandis que si des reproches avaient pu être légitimement adressés à quelqu'un dans cette circonstance , ce n'est point lui, à coup sûr , qui les aurait mérités , mais bien plutôt les agriculteurs qui n'ont pu parvenir à des résultats comparables aux siens.

Nous n'en voudrions d'autre preuve que les rendements accusés par MM. de Beauregard, Vilmorin, Heuzé, Rivière , Alphandery jeune, et surtout par MM. Dupayrat , directeur de la ferme-école de la Beyrie , dans le département des Landes.

Des sorghos , dans le Delta du Rhône , sur la terre Seyselle, malgré l'imperfection des travaux préparatoires qu'avait reçus le terrain où ils avaient été semés, n'en atteignaient pas moins 3 à 4 mètres de hauteur, et offraient une végétation si vigoureuse que c'est rester au-dessous de la réalité en n'évaluant qu'à 70,000 kilogrammes le rendement de l'hectare.

A propos du *sorgho* dont le *Luçonnais* a déjà fait ressortir les avantages, on nous écrit, dit l'*Agriculture,* qu'un agronome des environs de Bordeaux , qui vient de cultiver cette plante uniquement pour faire consommer en vert , a obtenu le chiffre fabuleux de 123,000 kilog. à l'hectare. Cet intelligent laboureur a calculé qu'en prenant seulement le quart comme équivalent en foin à 5 francs les 100 kil., c'était un revenu de 1,550 francs qu'il avait obtenu par hectare , soit le produit moyen de 10 hectares de prairies naturelles donnant environ 3,000 kilog. de foin.

Les richesses tinctoriales que renferme le règne végétal

sont en très grand nombre, et je n'ai qu'à jeter les yeux sur le premier coin de terre venu pour vous citer des noms.

Je m'adresserai d'abord à la famille des *rubiacées*, parmi lesquelles vous connaissez le petit muguet à odeur, dont les feuilles placées en verticilles sur une tige carrée, forment comme de petites collerettes terminées par des fleurs de couleur blanche. Les *rubiacées* tirent leur nom de celui qui a été donné à la garance, *rubia* du mot latin *ruber*, rouge.

Strabon rapporte que les Gaulois aquitains la cultivaient sous le nom de *varentia*, d'où l'on a fait garance. Ils la mêlaient au pastel pour avoir des couleurs violettes.

Puis vinrent les Normands, qui en faisaient grand commerce en Neustrie. Vos aïeux de la Flandre leur élevèrent une terrible concurrence au XVIe siècle. Cent cinquante ans plus tard, un Allemand dotait l'Alsace de cette culture, un Arménien catholique apportait de la graine de garance dans le comtat d'Avignon, et créait au midi de la France cette industrie qui produit aujourd'hui pour 20 millions de francs dans le département de Vaucluse. La garance renferme dans sa racine un corps soluble par les alcalis et que l'on a nommé *alizari*; il donne aux étoffes, à l'aide du mordant, des couleurs qui se recommandent par leur richesse et surtout par leur fixité.

Une propriété remarquable de la garance, c'est de se combiner avec les divers produits de l'alimentation. Ainsi a-t-on vérifié le mouvement vital de la nutrition, mouvement qui apporte dans les organes de nouveaux matériaux et emporte les anciens. Les os d'animaux soumis à la nourriture de la garance ont été trouvés teints en rouge plus ou moins foncé. On a ensuite privé d'autres animaux de cette nourriture et les os sont redevenus incolores.

Ce ne sont pas seulement les os qui sont atteints par

cette modification, la salive, le lait et même la sueur se colorent en rose.

La gaude, réséda sauvage, est cultivée en grand dans quelques cantons et employée pour une belle teinture, depuis le jaune paille jusqu'au jaune citron. Ces couleurs. appliquées sur des étoffes alunées, sont d'une grande solidité, pures, brillantes.

L'orseille est une sorte de lichen, qui nous vient plus spécialement des côtes d'Afrique, ou des îles voisines ; les provinces méridionales de France en fournissent également. Par la macération, elle donne une couleur pourpre violette, très-employée en teinture.

L'orcanette, par sa racine, fournit une couleur rouge, une laque d'un bleu violacé ; elle est usitée en teinture et en cuisine.

Vous n'ignorez point, Madame, que les teintures par végétaux ne présentent pas les dangers d'empoisonnement qui peuvent résulter des teintures par minéraux.

C'est encore au règne végétal que nous devons la belle couleur connue sous le nom d'indigo et qui est un produit des régions tropicales du globe. Tant qu'il reste dans le tissu végétal, le suc de l'indigotier est dépourvu de couleur ; si on écrase les feuilles au contact de l'air, le suc devient vert, puis bleu, et il laisse déposer une sorte de matière féculente d'un bleu intense.

Les parties méridionales de l'Europe, les environs d'Albi, en France, nous fournissent l'indigo d'Europe dans le pastel. On le cultive même dans quelques cantons du Nord, en basse Normandie, où il est connu sous le nom de *vouede*. Le nom anglais est *woad*, vous pouvez saisir là une filiation entre les Normands et les descendants des Saxons. Il faut avouer cependant que notre indigo d'Europe est bien un peu négligé. On ne s'est spécialement occupé de lui que lors du blocus continental et aussi quand la rareté de l'indigo et le prix élevé de cette matière obligeaient à lui chercher une succédanée. Du reste, la couleur du pastel est bien moins brillante que celle de l'indigo.

Chacun connaît la noix de galle, excroissance ronde, dure, tuberculeuse, poussant sur les feuilles d'une sorte de chêne, à la suite de la piqûre d'un insecte nommé cynips. Avant d'effectuer sa ponte, la femelle, à l'aide de sa tarière, pratique de petites entailles sur la feuille, et, dans chaque fente, elle dépose un œuf. Un liquide particulier versé en même temps fait affluer la sève vers ce point et alors se forme et se développe, avec la larve, la noix de galle. Ces noix servent aux teintures noires.

Il existe une fort plus jolie petite fleur, messagère du printemps, c'est le *crocus*. Une variété de crocus fournit le safran ; ce sont les stygmates des fleurs, d'un rouge vif. Le safran donne une couleur magnifique, mais peu stable malheureusement, elle sert surtout aux liquoristes, aux confiseurs, en médecine comme stimulant et antispasmodique. On cultive en grand le safran dans le Gâtinais.

Le rocou nous vient de l'Amérique, les couleurs du rocou sont très brillantes; la dissolution par l'alcool, les huiles essentielles, les liqueurs alcalines, est jaune orange; traité par l'acide sulfurique, il donne un bleu indigo magnifique.

Pour ne pas prolonger indéfiniment cette lettre déjà si longue, un mot, sans plus, pour les bois servant à la teinture :

C'est d'abord le bois de campêche, ainsi nommé du lieu de sa provenance, d'une couleur violette noirâtre. Quand on le mâche, il teint la salive en rouge en peu d'instants. Il a une odeur d'iris très marquée.

Le bois de Fernambouc produit une belle couleur rose, il est rare, d'un prix très élevé.

Santo Domingo (Haïti) donne les bois jaunes ; l'Afrique , l'Inde, le bois de Santal.

Je ne saurais ne pas faire remarquer au point de vue de la production des plantes tinctoriales l'avenir de l'Algérie.

La plupart des matières tinctoriales nécessaires à l'industrie que la France tire de l'étranger, l'Algérie peut les lui fournir : la cochenille , la garance, le safran , le carthame , le henné, l'indigo, le tournesol , la gaude, le pastel, le sumac , l'orseille , peuvent un jour constituer à la colonie une source abondante d'exportation, car la France demande à l'étranger pour plus de 25 millions de matières colorantes chaque année.

Parmi ces productions, la cochenille et la garance doivent tout d'abord marcher en première ligne.

La garance mérite une place plus importante encore ; les autorités les plus compétentes et les plus notoires ont fait ressortir les qualités essentielles de ce produit , qui peut rivaliser avec les garances les plus renommées d'Avignon et de Chypre. Du reste , la garance que les Arabes appellent *fouah* croît spontanément en Algérie.

Le henné, matière colorante de la feuille du ***Lausownia inermis***, sert aux femmes indigènes à se teindre les cheveux, les sourcils , les ongles , la paume des mains et la plante des pieds; les Arabes s'en servent pour teindre les crins, la laine et le cuir en jaune orange ; la couleur est solide. Mais là n'est pas son importance ; mélangée à un sel de fer elle donne une teinture noire bien supérieure, d'après l'avis des teinturiers , au cachou et au bois jaune employé jusqu'à ce jour. Dans la teinture de la soie, on a obtenu des produits magnifiques qui doivent faire rechercher le henné qui croît naturellement en Algérie et pourra faire une concurrence avantageuse au cachou des Indes.

Lorsque Cadmus eut inventé les caractères alphabétiques, et avant lui , quand on employait l'écriture hiéroglyphique , on écrivait sur le papyrus. C'est un roseau que les Juifs nommaient *gomé*, les Arabes *berdi* et les Syriens *baber*. Or, changeant le *b* en sa correspondante *p* on a presque le mot *papier*. Vous voyez, Madame, que notre langue a beaucoup emprunté. Mais voici quelques notions encore plus anciennes. Le mot papyrus , d'où baber , puis papier, serait , selon Iablonsky, égyptien : il viendrait de *pa*, plante , et *bir*, enrouler.

Cette plante, d'une célébrité si méritée, est devenue très-rare. On ne sait trop à quoi s'en tenir sur les localités qu'elle occupe. Parmi les voyageurs, les uns affirment qu'on ne la trouve plus en Egyte ; Forskal , qui a visité le Delta , n'en parle point ; les naturalistes de l'expédition de l'Égypte ne l'ont point trouvée ; Bruce dit n'en avoir découvert qu'avec peine en Syrie, dans le Jourdain, en deux endroits différents de la haute et de la basse Egypte , dans le lac *Tsana* , et dans le *Goudero* en Abyssinie. D'un autre côté , Savary , qui peut-être aura pris quelque grande espèce de roseau pour le *papyrus*, s'exprime ainsi dans ses *Lettres sur l'Égypte*, vol. I. pag. 322 : « C'est auprès de Damiette que j'ai vu des forêts de *papyrus*, avec lequel les anciens Egyptiens faisaient le papier. D'où vient que les anciens le nommaient encore *biblos* (livre) , ou *deltos* , à cause de la contrée où il croissait le plus abondamment, le Delta. »

On se servait pour la fabrication du papier des fortes tiges du *papyrus ;* on séparait les lames minces qui les composent : plus elles approchaient du centre, plus elles avaient de finesse et de blancheur , et plus elles étaient estimées.

Après avoir étendu ces feuillets, on en retranchait les irrégularités, puis on les couvrait d'eau trouble du Nil, laquelle, en Égypte, tenait lieu de colle. Sur la premiére feuille préparée de la sorte, on en appliquait une seconde posée de travers; ainsi les fibres de ces deux feuilles, couchées l'une sur l'autre, se coupaient à angles droits. En continuant d'en unir plusieurs ensemble on formait une pièce de papier ; on la mettait à la presse, on la faisait sécher; enfin, l'on battait le papier avec le marteau, et on le polissait au moyen d'une dent ou d'une écaille. Telles étaient les préparations que devait subir le papier avant que les écrivains en pussent faire usage ; mais quand on voulait lui donner une longue conservation on avait l'attention de le frotter d'huile de cèdre, qui lui communiquait l'incorruptibilité de l'arbre du même nom. Le papier d'Egypte était de différentes grandeurs et de différentes qualités. On appelait *papier lénéotique* l'espèce de gros papier que l'on faisait avec les feuillets les plus voisins de l'écorce ; le plus fin et le plus beau était fabriqué avec les feuillets les plus intérieurs, il était très léger et comme lustré. On lui donnait le nom de *sacré* ou *hiératique*, parce qu'il était le seul employé pour les livres de la religion égyptienne. Transporté à Rome, ce papier prit le nom de *papier Auguste*. La main de papier avait vingt feuilles du temps de Pline.

Les Egyptiens employaient les racines du *papyrus* comme combustible et pour fabriquer différents vases à leur usage, on entrelaçait la tige en forme de tissus pour construire des barques qu'on goudronnait, et que l'on voit figurées sur des pierres gravées, et sur d'autres monuments égyptiens. La partie inférieure et succulente de la tige, ainsi que les racines, fournissaient une substance alimentaire, tandis que la portion intérieure, moëlleuse et spongieuse de cette même tige était employée à faire les mèches des flambeaux qu'on portait dans les funérailles, et qu'on tenait allumés tant que le cadavre restait exposé.

Je vous disais, Madame, que la consommation du papier est telle de nos jours, que l'on songe à une prochaine disette de chiffons pour en fabriquer. Aussi, se préoccupe-t-on de rechercher des substances pour remplacer la toile et le coton. Or, il pousse en Algérie trois plantes : le palmier nain, l'alpha et le diss, destinées à fournir une excellente pâte à papier. Les essais qui ont été faits ont donné les plus heureux résultats, et l'on en a obtenu des papiers pleins de force et de ténacité et résistant vigoureusement aux efforts que l'on fait pour les déchirer. Une grande usine a été établie à l'Arba, près d'Alger, et l'un des plus anciens défenseurs des intérêts de l'Algérie, le journal *l'Akbar,* est imprimé sur du papier africain provenant des palmiers nains, de l'alpha et du diss.

Cette industrie aurait dû prendre un développement plus considérable, mais elle a été arrêtée dans son essor par la loi douanière qui régit l'Algérie et qui tend à disparaître pour faire place à une assimilation commerciale pleine et entière. A ce sujet, un économiste distingué, M. Michel Chevalier, écrivait il y a quelques années :

« L'homme industrieux transporté d'Europe en Algérie, qui possède quelques capitaux et qui aperçoit auprès de lui des ressources naturelles, est exposé à se trouver dans la même situation que Sancho Pança érigé en gouverneur de l'île Barataria, lorsque, en présence d'une table chargée de plats succulents, il est arrêté sans cesse par la baguette du docteur qui lui interdit de toucher aux délices étalées devant son appétit. Il a récolté des céréales : pour diminuer les frais de transport, il voudrait les convertir par la mouture en farine ou en semoule : voici alors le tarif de la douane qui lui barre le chemin.....

» Les plaines de l'Algérie présentent sans culture une plante excellente pour faire un papier de première qualité, c'est l'alpha ou sparte ; l'importation en est permise si elle est à l'état brut, c'est-à-dire en tiges, dont il faut faire des bottes semblables à celles du fourrage, et que par leur volume excessif il faut renoncer à porter à quelque distance ou à charger sur des navires. Du moment que par la macération et le battage l'alpha a éprouvé une forte diminution de poids, une plus forte en volume, et qu'on en a fait une pâte transportable, il est prohibé en France, et nos fabriques de papier, qui en tireraient le meilleur parti, sont forcées de s'en passer. L'Afrique est couverte, est infectée d'un arbuste qui y pullule avec une sorte de fureur et qui faisait jusqu'à ces derniers temps le désespoir de nos colons, le palmier nain. Après s'être longtemps exhalé en plaintes amères contre cette végétation envahissante, on a constaté que les différentes parties qui la composent pouvaient être utilisées. On en fait un crin végétal, on la convertit en pâte à papier. Dans cet état elle enrichit à la fois l'Algérie et la métropole; malheureusement, dès qu'on y a touché pour la transformer, l'entrée de la France lui est fermée par les droits et par la prohibition. »

En Chine, on fabrique avec un bambou un papier nommé papier de Chine, dont on fait des fleurs artificielles.

Une espèce de mûrier fournit également du papier; on en fabrique avec de la paille une espèce commune servant aux emballages.

Deux substances que l'industrie utilise de mille façons depuis quelques années, le caoutchouc et la gutta-percha sont des produits végétaux, obtenus par incisions de diverses plantes, laissant couler la sève qui s'épaissit et devient concrète à l'air.

Le caoutchouc est le suc laiteux de l'hévé ; nouvellement recueilli, il est appliqué par couches successives sur un moule d'argile de forme variée, mais ressemblant le plus souvent à des bouteilles ou à des poires ; il doit sa couleur brune à la fumée à laquelle on l'expose en le faisant sécher couche à couche pour lui donner de la consistance. A égale épaisseur, le plus grand nombre de couches procure le plus de solidité. On fait ensuite entièrement sécher et durcir le vase obtenu, en le tenant assez longtemps sur le feu pour que l'huile que contenait ce suc laiteux soit entièrement dépouillée par l'évaporation des parties aqueuses qui s'y trouvaient mêlées. C'est ce recuit qui donne aux ouvrages leur lustre noirâtre, et c'est avant de le donner, qu'au moyen de moules extérieurs on imprime les ornements qu'on veut y tracer, ce qui sert probablement en outre à rendre la substance d'autant plus compacte.

C'est ensuite en pressant le vase qu'on en brise le moule intérieur, dont les fragments sortent par l'ouverture réservée à cet effet.

Dans cet état le caoutchouc est brun marron, sans odeur ni saveur, tenace, élastique ; il reçoit un long allongement sans se briser. Quand on le coupe avec un instrument bien tranchant, il présente une surface lisse et polie : fraîchement appliquées et comprimées, les surfaces se collent et adhèrent fortement entre elles. Mis en contact avec la flamme d'une bougie, il prend feu promptement, brûle avec rapidité, en répandant une fumée très épaisse et d'une odeur qui n'est pas insupportable. Il se ramollit et se gonfle au moyen de l'éther ou dans l'eau bouillante au point de devenir susceptible de contracter une adhérence absolue ; on en prépare les tubes à gaz si employés aujourd'hui dans les laboratoires pour monter les appareils de chimie. Il est insoluble dans l'esprit de vin ; il est soluble dans l'éther pur et les huiles essentielles.

On a fabriqué avec cette gomme des instruments de chirurgie, usage dans lequel elle a été remplacée par l'huile de lin lithargirée épaissie ; on en fait des vernis , des étoffes imperméables , des bretelles , des jarretières , des appareils de sauvetage , etc ; elle sert à enlever les traces de crayon sur le papier.

La gutta-percha est le suc d'un arbre d'Asie , l'*Isonandra percha* ; on en expédie en Europe et en Amérique depuis 1845 des quantités chaque année plus considérables. On en reçoit particulièrement de la Chine et de l'Inde. Pendant plusieurs siècles , les indigènes ont employé presque uniquement la *gutta-percha* pour former, en la malaxant à chaud, des manches de cognées douées , à froid , d'une certaine souplesse et d'une très grande résistance. Cette substance a beaucoup d'analogie avec le caoutchouc sans en posséder l'élasticité ; sa consistance se rapproche de celle de la corne. Elle brûle comme le caoutchouc avec une flamme brillante et fuligineuse. Elle se compose de trois principes immédiats nettement caractérisés : le plus abondant est doué des principales propriétés de la substance normale, *gutta pure* ou *gutta ;* les deux autres sont des résines indifférentes.

La gutta-percha épurée est d'une couleur rousse brune ; elle s'électrise vite par le frottement , conduit mal l'électricité et la chaleur. Aux températures ordinaires de notre climat , de 0 à 25 degrés , elle est douée d'une ténacité aussi forte , à peu près, que celle des *gros cuirs* et d'une flexibilité un peu moindre ; elle s'amollit et devient sensiblement pâteuse vers 48 degrés , quoique très consistante encore.

Elle ne possède à aucune température cette extensibilité élastique qui caractérise le caoutchouc. Sous ses différentes formes, la gutta-percha est douée d'une porosité particulière. Elle résiste à l'eau froide, à l humidité, comme aux différentes influences qui excitent les fermentations ; mais elle peut être amollie, éprouver une sorte de fusion pâteuse, superficielle, sous l'influence des rayons solaires de l'été.

On emploie principalement la gutta-percha à la fabrication des courroies destinées à transmettre le mouvement dans les machines ; elle joint, comme nous l'avons déjà dit, à la flexibilité une solidité très grande. Les fils électriques des télégraphes sous-marins entre l'Angleterre et la France, de Douvres à Calais ; entre l'Angleterre et l'Irlande, à travers le canal St.-Georges ; entre l'Angleterre et la Belgique, par Ostende, etc., sont couverts d'une couche de gutta-percha. Cette substance s'est posée, dans l'industrie, rivale du caoutchouc.

Mais voilà une lettre interminable, Madame, et je dois vous avoir bien fatiguée. Pardon, mille fois, de m'être laissé entraîner par mon sujet trop vaste.

XIII

LES FRUITS. — LES PLANTES ALIMENTAIRES.

Lille, le 5 mars 1858.

Celle-ci sera la lettre des gourmands, Madame, la lettre des fruits; vous lui ferez grâce en songeant qu'elle sera aussi la lettre des plantes alimentaires. L'utile et l'agréable se trouvent ainsi réunis.

Qu'est-ce que le fruit d'abord? C'est tout simplement l'engrais naturel que Dieu a donné à la semence reproductrice. Ainsi, dans l'œuf, la glaire sert de première nourriture à l'oiseau. On devrait par conséquent, en semant un fruit, le déposer tout entier dans la terre.

Mais il n'en est point ainsi. Nous avons trop apprécié la fraise et la cerise, la pêche et l'abricot, le raisin et la prune, la pomme et la poire pour ne pas les admettre sur nos tables. Et d'ailleurs, en bonne conscience, que ferions-nous de tant d'arbres nés, à chaque printemps, des fruits délaissés à l'automne. Il suffit du pépin ou du noyau pour obtenir des survivants aux vieux compagnons qui se meurent.

Rien d'agréable en général comme la récolte des fruits. Si le temps de la moisson est pour l'homme des champs comme une époque de fatigues et de rudes labeurs, la cueillette des pommes , le gaulage des noix , et surtout la vendange, sont pour lui plutôt un amusement qu'un travail. En effet , il ne s'agit plus ici de faucher , de lier, de porter des gerbes au milieu de plaines que le soleil chauffe à blanc , car Pomone préfère les doux rayons et l'ombrage aux torrides splendeurs qu'affectionne Cérès , et c'est toujours au milieu d'épais feuillages que se balance la grappe bleue , la pomme carminée et la noix au corset d'émeraude.

Remarquez , Madame , que ce fut à la guerre que nos ancêtres durent leurs plus belles conquêtes dans le règne végétal. C'est des Romains que nous viennent les importations d'arbres et de plantes qui depuis deux mille ans satisfont aux besoins et aux jouissances du monde occidental. Ils transplantèrent du Pont en Italie la cerise ; de la Perse , la pêche et l'abricot , et nous usons, sans nous souvenir d'eux, des légumes qu'ils ont fait entrer dans notre alimentation. Rangeant toute la Méditerranée sous une loi commune , Rome rassemblait dans les mêmes jardins les plantes et les arbres de l'Asie , de l'Afrique et de l'Europe. Une des dernières et des plus heureuses acquisitions de cette époque fut celle du mûrier et du ver à soie que Justinien fit venir de l'Inde.

Ce fut en 1494 qu'on apporta d'Italie en France le premier arbre de cette espèce , on le planta à Allan , près de Montelimart. Guy Pape de Saint-Auban , seigneur d'Allan , était le propriétaire de cet arbre , et il le fit respecter en l'entourant d'un mur. M. Fauges de Saint-Fond rapporte dans une lettre, en date du 16 nivose an X, qu'à cette époque ce mûrier était encore sur pied ; ses grands bras étaient maigres et caducs, et son tronc était séparé en trois parties ; mais, à chaque printemps, il se couvrait de feuilles et de fruits malgré tous les hivers qu'il avait traversés.

En 1824, M. Loiseleur-Delonchamp, ayant fait prendre des renseignements sur l'existence de cet arbre, apprit qu'il avait disparu depuis plusieurs années, mais qu'il existait des rejetons presque aussi anciens dans les villages voisins de la commune d'Allan.

Les descendants de ce premier mûrier couvrent à présent le sol de la France, et donnent un produit considérable. Il a suffi pour cela de la volonté d'un homme ami de l'agriculture, et qui, par cela même, a bien mérité de son pays. Cependant le nom de Guy Pape de Saint-Auban est à peine connu, même des biographes.

Que cet exemple de ce que peut la volonté d'un homme, ne vous surprenne pas, Madame, voici un autre fait de nature à vous intéresser.

Le marronnier, aujourd'hui si répandu dans presque toute l'Europe, est regardé comme originaire des montagnes situées dans le nord de l'Inde, bien que le point où il croît spontanément n'ait pas été déterminé d'une manière précise. Ce qu'il y a de certain, c'est que cet arbre n'est arrivé d'Asie en Europe que vers la fin du seizième siècle.

En 1581, c'était encore une rareté botanique ; Venise en possédait alors un pied, mais il n'avait pas encore fleuri. Il fut introduit vers la même époque en Angleterre. Ce fut en 1615 seulement que Bachelier, possesseur d'une riche collection de végétaux, le rapporta de Constantinople en France. Le premier pied de marronnier fut planté à Paris, au Marais, dans une des cours de l'hôtel Soubise, où il existait encore il y a quelques années. Un peu plus tard, en 1650, un autre pied fut placé au Jardin-des-Plantes, mais il ne vécut guère plus d'un siècle. Une branche de son bois figure dans les collections du Muséum. On sait de quelle nombreuse lignée les deux pieds dont nous venons de parler ont été la source.

Bientôt les ténèbres du moyen-âge envahissent le monde romain à la suite de l'irruption des barbares, et les conquêtes de la culture et de la zoologie s'arrêtent, si même elles ne perdent du terrain. Mais, tandis que cette nuit profonde s'étend sur l'Europe, les Arabes et les Berbères, alors en possession d'une civilisation qui leur était propre, s'établissent en Espagne et pénètrent dans les provinces méridionales de la France. Ils dotent ces deux pays de la plupart des plantes tinctoriales et médicinales qu'ils cultivent encore, donnent à l'Andalousie, d'où elle passera plus tard en Amérique, la canne à sucre, qui n'avait été pour les Romains que l'objet d'une curiosité stérile, et le coton, cette toison végétale destinée à couvrir la nudité de la moitié du genre humain. L'Amérique est découverte par Christophe Colomb à la fin du XVe siècle (1492) : l'ancien monde lui porte la canne à sucre, le coton, le cheval, et, parmi les produits qu'il reçoit d'elle en retour, il suffit de nommer le coq-d'Inde et la pomme de terre (1).

D'après le docteur Hoefer, la découverte de la pomme de terre est due aux soins de Walter Raleigh. Bauhin C. la décrivit le premier et en donna la figure en 1590 ; il la communiqua à l'Ecluse, qui l'a également mentionnée. Voici ce qu'en dit le docteur Le Maout.

La pomme de terre est originaire des Cordillières du Pérou et du Chili, où on la nomme *papa ;* elle était cultivée depuis la plus haute antiquité dans l'Amérique occidentale ;

(1) Bulletin de la Société Impériale d'acclimatation. 1858.

elle l'est aujourd'hui dans le monde entier ; non-seulement elle nous donne à peu de frais un aliment agréable et sain : qui est le pain du pauvre et le régal du riche ,, mais les chimistes ont trouvé le moyen de changer sa fécule en sucre et en alcool.

C'est aux savants travaux et au zèle infatigable du chimiste Parmentier , que nous devons l'extension de sa culture et de son emploi : ce philanthrope sut , le premier , mesurer d'avance dans toute leur étendue , les services que le tubercule américain pouvait rendre à l'espèce humaine ; il fit part de ses idées au roi Louis XVI, qui les partagea bientôt avec ardeur : mais il fallait rendre ces idées populaires , et surtout intéresser à leur succès la MODE , cette reine despotique , dont l'autorité domine celle des rois. Louis XVI , par le conseil de Parmentier, se montra dans une fête publique, tenant à la main un bouquet composé des fleurs de la ***Morelle tubéreuse :*** ces belles corolles bleues , à anthères jaunes , disposées en corymbe , et accompagnées de feuilles élégamment découpées , excitèrent la curiosité ; on en parla *à la cour et à la ville ;* on les imita pour les faire entrer dans les bouquets artificiels ; elles furent rangées par les fleuristes au nombre des plantes d'agrément , et les seigneurs , pour faire leur cour au roi , en envoyèrent à leurs fermiers , avec ordre de les cultiver.

Toutefois , cette première tentative resta stérile ; les grands propriétaires avaient , il est vrai , suivi l'impulsion donnée par le bon Louis XVI ; ils avaient permis à la *pomme de terre* de végéter dans quelques coins de leurs domaines ; mais les paysans ne la cultivaient qu'avec répugnance ; ils refusaient d'en manger, et l'abandonnaient à leurs bestiaux ; il y en avait même qui ne la jugeaient pas digne de servir d'aliment à ces derniers. Ce fut Parmentier, qui, le premier, fit du pain de pomme de terre : il avait entrepris de vulgariser en France l'usage de ce précieux tubercule ; il comprenait que si la pomme de terre pouvait suppléer le froment, toute famine devenait à jamais impossible.

Aussi cet homme généreux consacra-t-il sa fortune, son talent, sa vie entière à cette œuvre immense de charité : ce n'était assez d'encourager la culture de la pomme de terre par des écrits, des discours, des récompenses, en un mot, par tous les moyens d'influence que lui donnait sa haute position : il acheta ou prit à ferme une grande quantité de terres en friche, à plusieurs lieues de rayon de Paris, et y fit planter des pommes de terre. La première année, il les vendit à bas prix aux paysans des environs : peu de gens en achetèrent ; la seconde année, il les distribua pour rien, personne n'en voulut.

A la fin, son zèle devint du génie : il supprima les distributions gratuites, et fit publier à son de trompe dans tous les villages une défense expresse, qui menaçait de toute la rigueur des lois, quiconque se permettrait de toucher aux pommes de terre dont ses champs regorgeaient. Les gardes-champêtres eurent l'ordre d'exercer, pendant le jour, une surveillance active, et de rester chez eux pendant la nuit. Dès lors chaque carré de pommes de terre devint, pour les paysans, un jardin des Hespérides, dont le dragon était endormi ; la maraude nocturne s'organisa régulièrement, et le bon Parmentier reçut de tous côtés des rapports sur la dévastation de ses champs, qui le faisaient pleurer de joie.

A dater de cette époque, il ne fut plus nécessaire de stimuler le zèle des cultivateurs : la pomme de terre avait acquis la saveur du fruit défendu, et sa culture s'étendit rapidement sur tous les points du royaume. Aujourd'hui, la

France en récolte 78 millions d'hectolitres, ce qui équivaut à 250 millions de francs ; les feuilles sont employées comme fourrage, et l'on tire même parti de l'eau de lavage qui a servi à l'extraction de l'amidon, pour arroser les prairies, qu'elle enrichit de l'azote retenu par elle.

La culture a multiplié d'une façon remarquable les variétés de la pomme de terre, la forme, la grosseur, la couleur ont changé tour à tour ; ici c'est une forme allongée, longue ; là, petite et ronde ; puis, à écailles, comme une pomme de pin ; ou bien, grosse et tuberculeuse ; jaune, orangée, blanche, violette au dehors, violette au dedans, grise de peau, écailleuse, rouge et lisse, farineuse de chair, ou aqueuse.

Les agriculteurs ont beaucoup discuté sur le mérite de la pomme de terre Chardon, qu'on a crue appelée à remplacer les autres variétés de pommes de terre. Ces espérances ne paraissent pas avoir été justifiées ; la pomme de terre Chardon est d'un excellent rendement, mais, sous le rapport de la qualité, elle est tellement inférieure aux autres variétés, que, suivant des agronomes, elle est bonne tout au plus à l'alimentation des bestiaux. On vient de lui découvrir, toutefois, une propriété qui peut lui donner du prix ; c'est que ses feuilles, mangées en épinards, sont excellentes et que la plante ne souffre nullement de la dénudation qu'on lui fait subir.

Voici ce que raconte à ce sujet la *Revue horticole*, qui ne partage pas l'opinion de l'infériorité de la pomme de terre Chardon, et estime qu'on n'en saurait trop encourager la culture :

« Dans une réunion de la Société d'horticulture de Mâcon, nous communiquâmes cette propriété des feuilles de la pomme de terre Chardon. M. Parseval Grandmaison, ancien vice-président de cette Société, et qui a toujours porté le plus vif intérêt aux progrès agricoles, désireux de constater cette propriété, fit apprêter des feuilles de cette pomme de terre, dont il cultivait quelques plantes, et les fit servir dans un dîner où se trouvaient de nombreux invités.

Après que chaque convive eut mangé de ces feuilles, M. de Parseval leur adressa cette question :

« — Comment trouvez-vous ce mets ?

» — Parfaitement préparé ; ce sont des épinards.

» — Et vous, monsieur C... ?

» — Je le trouve excellent, mais je suppose un mélange d'épinards et de chicorée.

» — Et vous, monsieur d'E... ?

» — Je ne crois pas que ce soient des épinards, je ne pense pas que ce soit de la chicorée ; mais, quoi que ce soit, le mets est bon.

» — Eh bien ! ce sont des feuilles de pommes de terre. »

Grand fut l'étonnement de la part des convives, qui dégustèrent de nouveau et trouvèrent ce légume très-présentable.

Depuis quelques années (1), ce précieux végétal est sujet à une maladie qui a dévasté les grandes cultures et jeté l'effroi parmi les populations. Cette maladie consiste en une sorte de blossissement des cellules, dont les sucs se modifient et deviennent alcalins, au lieu d'être acides, comme dans l'état normal. Cette altération du parenchyme ne s'étend pas aux grains de fécule ; ceux-ci restent intacts, et leur quantité n'est pas considérablement diminuée. La maladie est épidémique, car elle sévit à la fois sur des contrées entières, mais elle n'est pas contagieuse, comme on s'en est assuré en plantant dans des hachis de tubercules ma-

(1) LE MAOUT.

lades des pommes de terre saines qui ont végété sans le moindre accident.

On avait pensé que le mal était produit par un champignon du genre des ***Moisissures***, le ***Botrytis infestans***, lequel, pénétrant par les stomates des feuilles, descendait le long des tissus et allait jusque dans le sol, tuer les tubercules. Cette hypothèse a été abandonnée, comme beaucoup d'autres : un grand nombre d'agronomes regardent aujourd'hui la maladie des pommes de terre comme le résultat d'une lésion de fonctions dans les parties aériennes de la plante ; et, ce qui vient à l'appui de cette opinion, c'est qu'on a réussi à prévenir le fléau en supprimant la tige et les feuilles : le tubercule végète alors sans être en rapport avec les organes aériens, et il reste sain. La culture automnale est la consécration de cette pratique : au lieu de planter la pomme de terre en mars, on la plante en septembre ; pendant six mois, la végétation souterraine du rhizome marche sans feuillage extérieur, et quand celui-ci se développe au printemps, la pomme de terre a pris assez de développement pour résister aux influences atmosphériques.

N'oublions pas de dire que si le tubercule de la pomme de terre est alibile, les feuilles et les fruits sont narcotiques; dans le tubercule lui-même il faut enlever avec soin les bourgeons qui naissent sur les yeux : ils contiennent de la Solanine.

Cette maladie de la pomme de terre a fait songer à lui donner des successeurs. On s'occupe en ce moment de propager, comme succédanée à la pomme de terre, une plante des plus singulières, le *lathyrus tuberosus*, racine noire, que l'on appelle souris de terre à cause de sa forme, et châtaigne de terre à cause de son goût. Cette plante n'existe que dans quelques localités de la Lorraine ou de la Bourgogne, où elle fait les délices des enfants, qui la ramassent en abondance en suivant la charrue. Le marché de la ville de Langres en est régulièrement et abondamment fourni. Le *lathyrus* n'a jamais été cultivé, et l'on pense qu'il acquerrait des dimensions aussi considérables que la pomme de terre.

Ce qui a empêché de cultiver cette racine, c'est le préjugé régnant chez les paysans qu'elle marche sous terre et quitte l'enclos où elle se trouve pour passer dans le champ du voisin. Le fait est qu'elle se propage en chapelet dont les bulbes sont espacées le long d'une racine traçante horizontale dont on trouve très-rarement les deux extrémités, de sorte qu'en arrachant les tubercules postérieurs, la propagation se fait en avant, ce qui a fait dire que cette plante, en continuant de marcher sous terre, finirait, dans un temps donné, par faire le tour du globe. C'est une plante ambulante et cosmopolite qui ne connaît ni frontières ni patrie et vit à l'état nomade. Ce serait, par conséquent, le Juif errant du règne végétal.

Vous voyez, Madame, que pour cette fois, l'ordre n'est pas la première qualité de ma lettre ; il y a tant à dire que je me perds un peu et je vais des fruits aux légumes sans marche régulière. Eh bien, encore une digression avant de rentrer dans une ligne moins accidentée. Cette digression a pour point de départ une question que vous m'avez adressée :

Était-ce une poire ou une pomme qui tenta notre mère Ève?

Voulant d'abord consulter les maîtres, je m'en suis allé à la bibliothèque de Lille consulter un vénérable ouvrage en 6 volumes in-folio, intitulé : ***Physique sacrée de J. J. Scheuchzer***. Par malheur, un trop ardent bibliomane avait coupé la planche XXIX du premier volume et les pages 39 et 40 qui m'auraient renseigné.

Réduit à mes propres lumières, j'ai réfléchi. Or, je me suis dit : Dieu a mis aux mains de l'homme les principes des choses, l'homme a développé les principes et en a tiré les conséquences. Le premier des principes c'est l'unité. Le cercle est l'unité, il n'a qu'un centre. L'ellipse a deux foyers ou centres, donc c'est le dualisme. La pomme est un sphéroïde, forme primitive, la poire est un ellipsoïde, forme double, produit de la civilisation, qui projette au dehors la forme primordiale ; donc la poire n'a dû être qu'un second fruit et la pomme le fruit primitif, le tentateur.

Faut-il une autre preuve ? Permettez-moi, en une question si grave, un léger jeu de mots : Le positif, dans l'adjectif, est la forme simple. Cela est si vrai que pour exprimer le 3.e degré de comparaison, par exemple, le superlatif, l'hébreu employait la triple répétition du positif : bon, bon, bon. Tout degré supérieur au positif est par conséquent un raffinement, une conséquence du progrès, il n'a rien de primitif.

Si vous m'avez bien suivi, voyez la conséquence : La pomme en latin se dit *malum*, d'où on a fait :

Malâ malâ mala mala mala mulier est.

Ce qui ne veut pas dire que la femme est cinq fois méchante, mais bien : Une méchante femme mange avec une mauvaise mâchoire de mauvaises pommes.

Or, si *malum* veut dire pomme, il signifie aussi *mal*, mauvais. La poire se dit dans la langue des anciens Romains *pira*. Sans y chercher une étymologie grecque, de laquelle on ferait dériver ce nom du mot *pyra* qui signifie bûcher, à cause de la forme de la poire, je vous ferai remarquer que *pira* a une grande analogie avec pire, comme *malum* avec mal. Pire est le comparatif ou second degré de mal, d'où je conclus que mal ayant existé avant pire, ce dernier n'étant qu'une forme du progrès, ***pira*** ou poire n'est venu qu'après ***malum*** ou pomme.

En outre, disons encore qu'autrefois l'on appelait pommes femelles les pommes proprement dites, pommes mâles les poires ; que la chair des pommes est moins dense que celle des poires, ce dont vous pouvez vous assurer en taillant deux cubes ou deux sphères de l'un et de l'autre fruit. Placez-les dans un vase rempli d'eau, le morceau de pomme surnagera, le morceau de poire s'enfoncera. En d'autres termes, la pomme est légère, la poire est lourde. Concluez, je vous prie, et sans trop m'en vouloir, à quel sexe convient l'emblême léger, et ce qu'a dû faire Ève.

Je sais que certains auteurs ont dit : la pomme du Paradis terrestre était une orange, *citrus paradisiaca.* Mais ce citron est encore un ellipsoïde. Et aux pommes d'or d'Atalante, j'opposerai la pomme de la Discorde qui donna à Pâris une si belle réputation de juge. . . . impartial.

Reste la banane. Ceux qui ont pris parti pour ce fruit ont été séduits par les feuilles qui ont pu, je ne le conteste pas, servir de premier vêtement au Paradis terrestre, elles ont six pieds de long sur douze à quinze pouces de large ; assurément cela vaut mieux que la plus belle feuille de vigne pour servir de parapluie.

Mais songez, je vous prie, que le fruit du bananier se compose d'une multitude de figues d'une forme extrêmement ellipsoïde, ce qui est contre ma théorie de la forme primitive.

Vous objectez que cette théorie est trop mienne pour que vous y croyiez aveuglément. — Elle est justifiable et justifiée, je veux y ajouter le témoignage d'un ami qui, pour être romancier, n'en est pas moins bon raisonneur. Voici ce que dit M. G. de la Landelle dans un livre qui se nomme : *Le Club des Damnés.*

« En enfer, la ligne courbe est exécrée, comme d'origine céleste. . ., une roue étant circulaire doit être et est un objet d'abomination en enfer. »

Ainsi en enfer, il n'y a point d'*arcs* de triomphe, ils sont remplacés par des *angles* d'orgueil.

Or l'enfer, c'est ce qui est laid ; le ciel, c'est ce qui est beau. Plus la ligne s'écarte du cercle, plus elle s'éloigne du beau. Hogarth, dans un tableau célèbre, a prouvé aux yeux cette théorie : que la ligne courbe est la ligne de la grâce, de la perfection.

Eh bien ! je lis dans la Genèse que la mère des vivants vit que le fruit de l'arbre non seulement était bon à manger, mais encore qu'il était *beau et agréable à la vue*. Donc il devait avoir la forme ronde, donc c'était une pomme.

Pour terminer cette dissertation, un peu longue peut-être, j'ajouterai que le démon, sous la forme du serpent, en s'adressant à Ève pour lui faire remarquer la beauté des formes, les couleurs vives et séduisantes, l'arôme délicat, la saveur parfumée du fruit de l'arbre de la science du bien et du mal, rendait hommage à la perfectibilité des sensations de la femme. Que voilà bien un être infernal !

Détestables flatteurs, présent le plus funeste
Que *nous donna* jamais la vengeance céleste.

Mais me voici bien embarrassé. Dans une note de M. Didron, aîné, annexée à un travail de M. W. Burges (1), sur le palais ducal de Venise, je lis très-positivement que le fruit défendu est une figue et l'arbre un figuier. Et il n'y a pas à s'y tromper, Adam et Eve sont bien les personnages figurés au-dessus du chapiteau des planètes.

(1) Annales archéologiques. Tome XVII.

Bah, mes raisons sont trop bonnes pour que j'en fasse bon marché aussi vite. Et d'ailleurs, que prouve l'œuvre faite par le sculpteur de 1341 à 1349 ? Il n'était guère plus près que moi dans la tradition.

Puisque nous parlons de figuier, rappelez-vous, Madame, que Caton au sénat, parut un jour, une figue fraîche à la main. Elle a été cueillie à Carthage, il y a trois jours, dit-il, tant l'ennemi est près de nous. — La 3e guerre punique fut alors décidée.

Une loi défendait d'exporter les figues de l'Attique ; les fraudeurs ne manquèrent pas et les dénonciateurs firent leur petit métier. Dénonciateur est souvent hypocrite ; pour se renseigner, il faut cacher son jeu. De là, et comme la figue en grec se nomme συκη *suké*, on fit le mot sycophante.

Au rapport de Pline, il existait en Italie bien avant la fondation de Rome, un figuier qu'on voyait à Rome de son temps, sur la place où se tenaient les assemblées du peuple : il y était venu naturellement, et on le cultivait, disait-on, en mémoire de celui sous lequel on avait trouvé Rémus et Romulus avec la louve qui les allaitait. Quand cet arbre mourait, on le remplaçait par un autre de sa race. On conservait également un autre figuier, venu par hasard à l'endroit où était le gouffre dans lequel Curtius sacrifia sa vie pour le salut de la république.

Le figuier a produit, par une longue culture, tant de variétés, qu'il est impossible d'en fixer le nombre. Il n'est point de contrée qui n'en produise de particulières, inconnues ailleurs ; il n'est presque point d'années, qu'on n'en obtienne de nouvelles par le moyen des semences : elles diffèrent en qualité et en goût, ainsi qu'en grosseur et en couleur ; toutes ne croissent pas à la même époque. Celle que l'on nomme en Provence *marseillaise*, est une des plus délicates. Du temps de Caton, on ne connaissait à Rome, que six variétés de figues. Deux siècles après, du temps de Pline, on en comptait plus de trente sortes, la plupart désignées par les noms du pays où elles étaient cultivées, telles que les figues lydiennes, hyrcaniennes, rhodiennes, africaines, etc.

La figue avant sa maturité, ainsi que toutes les parties tendres de l'arbre, renferme un suc blanc, très-âcre et corrosif. A mesure qu'elle mûrit, elle éprouve un mouvement interne qui développe une grande quantité de sucre, change son goût vireux en une saveur douce, extrêmement agréable, et convertit son parenchyme amer en une pulpe succulente, d'un excellent goût. La figue était un des aliments les plus ordinaires des anciens peuples. C'est encore aujourd'hui la nourriture la plus commune des habitants de la Grèce, de la Morée et de l'Archipel. Pline nous a conservé un procédé employé par les anciens pour fabriquer avec les figues une sorte de vin qu'ils nommaient *sicyte*. Il consistait à mettre dans l'eau une certaine quantité de ces fruits, et à les y laisser jusqu'à ce que la fermentation vineuse y fût établie : alors on en exprimait la liqueur, qui par l'acétification fournissait aussi du vinaigre. Cet usage existe encore chez les habitants de l'Archipel. Enfin, les figues étaient si estimées chez les anciens pour leur saveur sucrée, qu'on disait proverbialement de celui qui vivait dans la mollesse et qui aimait les mets délicats : il vit de figues.

Quoique l'on cultive le figuier et quelques-unes de ses variétés aux environs de Paris, et dans d'autres contrées tempérées, les figues qu'il produit sont bien inférieures à celles des contrées du midi. C'est particulièrement dans le Languedoc, la Provence, etc., que les figues sont un fruit des plus agréables ; et comme elles ne mûrissent sur l'arbre que successivement, depuis le mois de juin jusque dans l'automne, elles sont pour tous les habitants de ces provinces, une nourriture aussi abondante que salutaire. C'est un des plus beaux présents de la nature, quand, presque sans le secours de l'art, la figue a acquis sa parfaite maturité. Son suc, élaboré, perfectionné, raffiné pendant douze heures après qu'elle est cueillie, se convertit en un sirop délicieux. C'est à tort qu'on croit la figue indigeste : elle n'est nuisible que lorsqu'elle est cueillie avant son entière maturité. Pour qu'elle soit parfaitement mûre, il faut qu'elle commence à se faner. Si elle n'est pas bien mûre, le suc laiteux de la pellicule corrode les lèvres et la langue, et cause beaucoup d'incommodités. Outre l'immense consommation de figues qui a lieu pendant la récolte, on en fait encore dessécher une très-grande quantité, qui devient l'objet d'un commerce important. Cette opération s'exécute en exposant les figues au soleil, placées sur des claies : on les aplatit à mesure qu'elles se sèchent. Les figues sont émollientes : on en prépare des cataplasmes pour résoudre des tumeurs : on les emploie en gargarisme dans les maux de gorge : on les administre en tisane dans les maladies inflammatoires.

Le bois du figuier est tendre, d'un jaune clair, léger et spongieux. Comme il s'imbibe d'une certaine quantité d'huile et d'émeri, les armuriers et les serruriers l'emploient à polir leurs ouvrages. On se sert du bois des vieux figuiers, à cause de son élasticité, pour faire des vis de pressoir. Le suc laiteux et corrosif de l'écorce détruit les verrues qui viennent sur la peau. Il a aussi la propriété de cailler le lait et de former une encre de sympathie. Les caractères tracés sur du papier avec ce suc ne s'aperçoivent qu'en les exposant au feu. Comme la gomme élastique, ou caoutchouc, est le produit d'un suc laiteux concentré à l'air, Trémolière a soupçonné que le suc du figuier pourrait bien en fournir. Il est résulté de ses expériences, qu'on pouvait retirer de ce suc le dixième de son poids de gomme élastique.

Me voilà bien loin des pommes, Madame, j'y reviens.

Les pommes furent connues de toute antiquité, et après la Bible, je pourrais citer Solon, ce grand *réglementateur* de toutes choses, lequel ne jugea pas indigne de lui, d'en prescrire l'usage aux jeunes mariés avec certaines cérémonies.

A Rome, diverses espèces tirèrent leur nom des familles qui les avaient introduites : ainsi il y eut les manliennes, les claudiennes, les appiennes. C'était le renversement de la coutume qui présidait aux noms de famille. Les Fabius cultivaient des fèves — *faba*, — Cicéron avait un pois chiche — *cicer*, — au bout du nez, — Plaute avait les pieds plats et les Flavius possédaient un attelage de chevaux à la robe jaunissante — *flava*.

Les conquérants du monde appelaient notre bon-chrétien pompéienne ; la St.-Martin, amerina ; le beurré était la volémienne, parce qu'elle remplissait la paume de la main ; la cuisse-madame se nommait onychine, parce qu'elle avait la couleur des ongles.

Voici une coutume assez bizarre, que nous rapporte M. Malo. Dans quelques-unes des îles de l'Archipel, les jeunes filles, le jour de la Saint-Jean, se font une ceinture de pommes, nommée *kledonia* ; elles gravent leur nom dessus, l'ornent de fleurs et de rubans et la portent toute la journée, puis la gardent avec soin. Si les fruits se fanent promptement, c'est d'un mauvais augure ; si au contraire ils se conservent, c'est un heureux présage, la jeune fille vivra longtemps, elle se mariera dans l'année, espoir qui fait toujours plaisir aux jeunes filles, qu'elles soient grecques ou françaises.

Ainsi dans la Normandie j'ai vu, dans les familles qui comptent un absent, conserver un morceau du gâteau des rois. Si le gâteau se moisit, l'absent est malade ou en quelque détresse ; s'il se conserve intact, l'absent est en bonne santé et prospère. Ce sont là de douces superstitions.

Au reste, on a remarqué que le meilleur mode de conservation des graines est de les placer dans la cassonnade. Cette observation s'applique aux greffes. Ainsi M. Gérard, se trouvant à la Caroline, envoya à M. Van Mans, à Bruxelles, des greffes de poiriers d'Amérique, contenues dans une boîte de fer-blanc remplie de miel et soigneusement enduite de cire aux jointures. Après un voyage de dix-huit mois, ces greffes furent employées et elles prirent parfaitement. C'est qu'en effet le principe sucré est un des meilleurs agents de conservation pour les substances végétales.

Les anciens conservaient les fruits en le senduisant de terre argileuse, puis les plaçant dans des vases que l'on enfouissait en terre. Tel est le témoignage d'Apulée et de Pline. Nous avons trouvé la méthode trop salissante ; nous conservons nos fruits non plus dans le plâtre, la cire ou la cendre, mais dans des glacières, sur des lits de mousse, à l'abri de l'air.

C'est une consommation importante que celle des fruits ; à Paris seulement, elle représente un chiffre annuel de 10,000,000 de francs.

Une remarque de Mlle Karcher a été cause de la production de bizarreries dans les fruits. Cette dame avait expérimenté qu'en coupant un fruit vert encore sur sa tige, la cicatrisation se faisait, de nouvelles cellules se formaient, et même parfois il ne restait pas de traces de l'amputation. D'autres, curieux de suivre le procédé, réunirent des fruits poussés sur une même branche, en les taillant avec soin et les entant l'un sur l'autre ; ils parvinrent à grouper deux à trois poires qui n'en formèrent qu'une. Il en fut qui allèrent plus loin et réunirent des fruits d'espèces différentes.

Un savant fort aimable, M. Couverchel, a divisé les fruits en neuf classes, dont voici la sommaire énumération :

Fruits féculents : Graminées , marron , gland , haricot , lentille, pois ;

Fruits sucrés : Figue, datte, caroube, jujube ;

Fruits aqueux : Melons et cucurbitacées en général , cactus, grenadille ;

Fruits acerbes : Coing , nèfle, cornouille , rose sauvage , aubépine, prune sauvage, sorbier ;

Fruits acides : Citron, limon, bergamotte, épine vinette , airelle, tomate, verjus ;

Fruits acides-sucrés : Orange , grenade , fraise , framboise, mûre, prune, abricot , pêche, pomme, poire, raisin ;

Fruits huileux : Je vous en ai nommé les principaux ;

Fruits aromatiques : Vanille, canelle , girofle, muscade , poivre, laurier, houblon, aneth , fenouil, café;

Fruits âcres.

Déjà , je vous ai entretenue de beaucoup de ces fruits , des plantes qui les produisent , je ne veux pas lasser votre patience et je termine par l'énumération de quelques plantes alimentaires.

Ce sont : les truffes , les champignons , aulx, asperges , épinards , oseille , salades , salsifis , artichauts , estragon , topinambour, cerfeuil, persil, choux, navet, raifort , radis , capucines, pourpier, etc.

Je suis bon prince et ne vous en dirai rien de plus , me bornant à l'igname de la Chine.

Il y a douze ans à peine , M. le vice-amiral Cécile rapporta de son voyage dans les Indes une racine tubéreuse , de forme allongée, qu'il remit à M. de Mirbel, professeur au muséum d'histoire naturelle. Cette racine donna naissance à une plante qui fut élevée en serre comme production exotique, mais sans importance réelle. Au mois d'avril 1850, M. de Montigny, consul de France à Shang-Haï, adressait au ministre de l'agriculture et du commerce un certain nombre de racines très estimées en Chine et dans le royaume de Siam. Elles furent confiées au Jardin-des Plantes, cultivées avec soin et reconnues bientôt pour être identiques à la racine renflée donnée par le vice-amiral Cécile. On découvrit qu'elles appartenaient au genre *igname*, et qu'elles constituaient une espèce particulière qui fut désignée sous le nom d'*igname-patate*. Quelques personnes l'appelaient aussi *igname de la Chine*, à cause de son origine.

La plante qui venait d'être introduite en France était une précieuse acquisition pour l'Europe, car on ne tarda pas à se convaincre qu'elle pouvait rendre des services analogues à ceux de la pomme de terre, cette inestimable *solanée* qui rend une disette presque impossible, et dont les bienfaits profitent à toutes les classes de la société et à tous les pays. Lorsque l'on goûte à l'igname crue, on ne lui trouve pas un goût désagréable : il a même été quelquefois comparé à celui de la noisette. Quand cette racine est cuite, ce qu'on obtient facilèment en quelques minutes, on reconnaît qu'elle est grasse, succulente, fondante, plus fine que la pomme de terre, dont elle offre toutes les ressources économiques. Comme cette dernière, elle peut cuire dans l'eau, au four ou sous la cendre, faire partie d'un potage ou être associée à la viande, se transformer sous cent aspects différents en entremets sucrés.

Moins farineuse que la pomme de terre, l'igname est un peu moins riche en fécule, mais elle est nourrissante, d'une digestion facile, et acceptée volontiers par les animaux domestiques, qui la mangent crue ou cuite avec le même plaisir. Elle n'est ni meilleure, ni plus mauvaise que la pomme de terre; c'est une autre substance alimentaire, c'est un végétal qui se place immédiatement à côté et sur lequel on n'a observé jusqu'ici aucune maladie.

Cette racine est d'un brun fauve, entourée de petites radicelles qui naissent à sa surface et présentent des yeux comme la plupart des tubercules semblables. Sa forme est allongée comme celle d'une massue; son tissu est charnu et assez compacte. Sa cassure est d'un blanc opale et laisse apercevoir un liquide mucilagineux qui pénètre la masse féculente.

La culture de l'igname est peu difficile, car la plante réussit sous des climats variés et dans des terrains également très différents, ce qui fait qu'aujourd'hui, grâce aux efforts d'une foule d'expérimentateurs zélés, la précieuse racine est déjà très répandue. M. de Montigny, qui ne voulait pas que son premier cadeau restât stérile, a dirigé depuis sur la France des envois considérables de racines et de bulbilles de la même plante. En 1855, il en expédia environ 160 mille. L'igname a été cultivée en grand par beaucoup de cultivateurs qui se sont servis pour la multiplier de tronçons de racines, de fragments de tiges, de bulbilles et même de semis, et aujourd'hui, dans certaines contrées, on en voit des plantations extrêmement étendues.

Quelques exemples de cette utile culture feront mieux comprendre l'importance des résultats obtenus : M. Rémont, de Versailles, qui a commencé, en 1853, avec un simple fragment de racine, possédait 10,000 plants en 1854 et 85,000 l'année suivante. A la fin de 1857, sa récolte pouvait être évaluée à 10 millions de bulbilles. M. Pépin a présenté, il y a quelques années, à la société d'horticulture, des ignames longues d'un mètre et qui pesaient jusqu'à un kilogramme et demi. En 1855, M. Decaisne mit sous les yeux de l'Académie des sciences une racine dont le poids et les dimensions étaient encore plus considérables.

La société impériale d'acclimatation, dont on a souvent eu occasion d'apprécier les travaux, a envoyé des racines et des bulbilles d'igname-patate sur une foule de points, tant en France qu'à l'étranger, et partout cette plante s'est acclimatée et a donné des résultats à peu près identiques. L'Algérie, la Suisse, l'Allemagne, l'Angleterre, l'Italie, l'Espagne, ont accepté avec reconnaissance cette nouvelle culture, dont il est question aujourd'hui de doter l'Amérique. Ainsi, le Mouveau-Monde nous avait fourni la pomme de terre, et nous lui donnons l'igname. Il est probable qu'il ne fera pas au précieux végétal la même opposition qui fut faite à la pomme de terre ; car les travaux des savants sont maintenant plus précis qu'autrefois, les rapports entre les peuples se sont multipliés, et si Parmentier, le protecteur de la pomme de terre, avait à recommencer son œuvre, il ne rencontrerait pas les mêmes difficultés, les mêmes injustices qu'il eut à vaincre de son temps.

Un obstacle sérieux nuit cependant à la culture de l'igname, et il est, en quelque sorte, le revers de la médaille. Les racines de cette plante, qui sont excessivement longues et s'enfoncent verticalement, ne ressemblent nullement aux racines que nous avons l'habitude d'extraire du sol pour nos besoins. Au lieu d'être fusiforme, comme la carotte, par exemple, elles sont renflées en bas et vont en s'amincissant en haut, de sorte qu'il devient très difficile de les arracher, ce qui décourage parfois les cultivateurs.

Mais cette conformation de la racine n'est pas impossible

à modifier. De même qu'on a créé des varietés multipliées de pommes de terre qui ressemblent à peine au type primitif, de même on obtiendra des variétés d'igname dont la forme permettra un arrachage facile , et on trouvera bien moyen d'empêcher cette racine de s'enfoncer aussi profondément. Déjà , par des semis successifs, on a pu forcer l'extrémité radiculaire à se développer différemment , à devenir presque ronde et peu volumineuse. Des agronomes habiles ont fait prendre aux racines une direction horizontale , en leur opposant la résistance d'un sous-sol caillouteux, en introduisant dans la terre , à une certaine profondeur, des ardoises ou des briques qui les obligent à abandonner la direction verticale.

Enfin la société d'acclimatation, à laquelle on doit la plus grande partie des résultats obtenus à l'égard de l'igname , a voulu stimuler le zèle des cultivateurs. Dans sa séance publique annuelle du 10 février, elle a classé le prix suivant parmi ses récompenses extraordinaires. « Une médaille d'or de 500 francs est proposée pour la création de nouvelles variétés d'ignames de la Chine (*dioscorea batatas*), supérieures à celles qu'on possède déjà , et notamment plus faciles à cultiver. » Le concours reste ouvert jusqu'au 1.er décembre 1861.

Plus j'approche du terme que je m'étais fixé , Madame , plus je m'effraie de l'immensité du travail dont j'effleure une petite portion. J'ai besoin de toute votre indulgence pour me rassurer. A quelques jours mon avant-dernière lettre , sur la vie botanique.

XIV.

LA VIE DES PLANTES — SIGNES DISTINCTIFS DES PRINCIPALES FAMILLES.

Lille, le 10 mars 1858.

Considérons aujourd'hui, Madame, la plante depuis son berceau jusqu'à sa mort et voyons combien variées sont ses formes et les phénomènes divers qu'elle nous présente.

C'est d'abord une graine, le moyen le plus naturel de reproduction que nous offre la nature dans le règne végétal. Ce qui nous frappe au premier abord, ce sont ces formes infinies. Ici, menue à souhait comme celle du tabac, où Ray en a compté jusqu'à 360,000 sur un seul pied; le pavot blanc, le nénuphar, 8,000 ; le soleil du Mexique, 3 à 4000 ; là énorme, la noix de coco ; nue ou enfermée dans une coque, une silique, la giroflée ; dans un noyau, sur une baie, la fraise ; aîlée, comme dans l'érable ; pourvue d'une aigrette, afin que le vent l'emporte, celle du pissenlit ; lancée comme par un ressort mécanique, la balsamine. Si c'est le flot qui doit les emporter vers de lointains rivages, elles sont façonnées en gracieux petits bateaux, en pirogues légères, elles se réunissent en flottilles, affrontant la fureur des tempêtes, et, sous la conduite de la Providence qui leur sert de boussole, elles vont fonder de nombreuses colonies sur les plages où le voyageur égaré trouvera plus tard un aliment à sa faim, un repos à ses fatigues.

Ainsi les semences du noisetier sont renfermées dans de petits tonneaux, celles du fenouil ressemblent à une petite pirogue. Les baies de l'arbre à cire sont enduites d'une substance qui leur permet de nager. La scabieuse des marais a ses graines surmontées d'une demi-vessie qui leur sert de voile; celles de la capucine ont des sillons qui les empêchent de rouler en tous sens.

Les unes veulent être semées sitôt la maturité, d'autres conservent longtemps leur faculté germinatrice, témoin le froment, trouvé dans les momies égyptiennes et dont le grain a germé et fructifié après plus de 4000 ans. Ainsi encore se conservent à de grandes profondeurs, des graines, que des travaux de terrain font surgir soudainement, faisant croire presque à une génération spontanée.

J'emprunte à ce sujet deux ou trois anecdotes au savant article que M. Thiébaut de Berneaud a inséré dans le ***Dictionnaire pittoresque d'Histoire naturelle et des Phénomènes de la nature :***

« En 1666, à la suite de l'incendie qui consuma la majeure partie de la cité de Londres, on vit paraître, sous les débris des édifices détruits, une quantité prodigieuse de Sisymbres roides, ***Sisymbria strictissima***, plantes rares, inconnues dans cette ville ainsi que dans les environs, et dont les germes, conservés intacts depuis longtemps, trouvèrent alors les circonstances favorables à leur parfait développement.

» En 1746, des pâtres causèrent involontairement un immense incendie dans la forêt de Châteauneuf aujourd'hui département de la Haute-Vienne. L'essence de cette forêt était en hêtre, qui, comme on le sait, donne rarement du recru de souche. Le propriétaire en fit exploiter les débris et résolut d'abandonner à la nature les cinq hectares et demi de bois que le feu avait entièrement consumés. Bientôt le sol se couvrit de broussailles à travers lesquelles s'éleva, quelques années plus tard, une infinité de petits chênes. Jusque-là aucun arbre de ce genre n'avait été vu dans la forêt de Châteauneuf. Et ce qui n'est pas moins étonnant, c'est qu'il n'en existait aucune tige dans les environs à plusieurs myriamètres à la ronde.

» Durant l'année 1790, les bois de Lumigny et une partie de ceux de Crécy, département de Seine-et-Marne, ayant été exploités, le hêtre y fut remplacé, sans le secours de l'homme, par les framboisiers, les groseilliers et par la ronce qui donne la mûre ; à leur tour, ces humbles plantes ont cédé la place à des chênes aujourd'hui en pleine végétation. »

De semblables remarques peuvent être faites lors des coupes que l'on pratique dans les forêts.

« Après toutes les coupes de forêts de hêtres qui ont lieu sur le Jura, particulièrement au revers du Mont-d'Or, l'un des points les plus élevés de cette chaîne de montagnes, les groseilliers paraissent les premiers et donnent un fruit aussi bon et tout aussi beau que celui des groseilliers cultivés ; mais la croissance de ces petits arbrisseaux non épineux est limitée à certaines localités, principalement aux sols frais sans être humides, et consistants sans être argileux.

» Les framboisiers occupent ensuite le sol pendant trois ou quatre ans, puis les fraisiers deux années, et la ronce bleue de huit à dix ans ; enfin revient l'essence de hêtre et de chêne.

» Dans les forêts d'arbres résineux on ne trouve point de framboisiers après la disparition des pins ou sapins, mais seulement quelques fraisiers et beaucoup de ronces , comme on le voit aujourd'hui sur plusieurs points , surtout à Malbuisson , près de Pontarlier, département du Doubs. »

Ainsi que l'observe judicieusement M. Thiébaut de Berneaud , la *dissémination des graines* ne peut pas rendre compte de ces phénomènes ; car les cantons voisins n'offraient aucune ressemblance avc les produits et la succession variée des deux ou trois genres de plantes qui jouent le plus grand rôle dans les apparitions spontanées. D'un autre côté , si ces graines avaient été transportées par les vents , par les oiseaux ou autres animaux, comment, durant le long espace de temps qui a précédé leur germination , n'eussent-elles pas été dévorées par les sangliers , les cerfs , les écureuils ou par les nombreuses larves qui en font leur nourriture ?

Nous le répétons , dans des cas de ce genre , la science est obligée de se taire , car ils sont de ceux qu'il ne nous a pas été donné d'approfondir. Toutefois , soyons persuadés que l'apparition et la succession de ces différents végétaux concourent à la fin générale et ne sont point dues au ***hasard***, dont la perpétration des actes dans le sens que certaines gens lui donnent entraînerait bientôt un cataclysme universel (1).

L'eau , l'air, la chaleur, éléments essentiels de la germination , influent sur les phénomènes et suivant les graines. Ainsi , à l'air, le pourpier germe plus tard que la laitue ; en

(1) Audouit.

terre , c'est le contraire. A celle-ci , un temps très court suffit ; à celle-là , il faut des années.

Il y a d'abord un gonflement de la graine ; ce phénomène arrive dès le premier jour pour le froment , le deuxième pour le cresson alénois , le troisième pour le haricot , le quatrième pour la laitue , le cinquième pour la citrouille , le sixième pour la betterave , le septième pour l'orge , le dixième pour le chou, du quinzième au vingtième pour la fève, du dix-huitième au vingtième pour l'oignon , le trentième pour l'hysope. Il faut une année à l'amandier , deux au rosier.

Après la rupture de l'enveloppe de la graine , arrive la troisième période ; alors la radicule s'enfonce en terre , les feuilles séminales sortent de terre , et la plante ne s'arrête plus dans son accroissement.

Sa racine se développe , elle s'allonge en fuseau , la carotte ; se tourne en toupie , le radis ; se garnit de tubercules , le dahlia , la pomme de terre ; se tient en chapelet ; devient granuleuse ; rampe ; est annuelle , bisannuelle , vivace. Une particularité assez curieuse , c'est l'invincible tendance des racines à aller chercher la terre qui leur convient. Si , en effet , on plante un végétal , un rosier par exemple , dans un endroit où d'un côté la terre soit aride et pierreuse , et de l'autre riche en engrais , les racines s'étendront d'abord en rayonnant dans toutes les directions ; mais bientôt celles qui s'étaient avancées vers la terre aride rebrousseront chemin et iront rejoindre leurs sœurs , dont elles auront deviné le meilleur partage. Duhamel raconte , à ce sujet , que voulant préserver un champ de bonne terre des racines d'une rangée d'ormes qui en épuisaient les sucs , il fit creuser une tranchée profonde pour leur en intercepter la communication ; mais bientôt celles des racines qui n'avaient pas été coupées dans cette opération s'infléchirent le long du talus pour éviter le contact de la lumière, passèrent sous le fossé, et se redressèrent en suivant la pente opposée, pour aller de nouveau s'étendre dans le champ.

La tige s'est élevée, ici ayant à peine quelques millimètres de hauteur, là atteignant à 80 et 100 mètres, d'un quart de ligne d'épaisseur, ou mesurant 48 pieds de diamètre; destinée à vivre quelques heures ou des milliers d'années; sur les monts arides, sur les rochers nus, dans la terre grasse, au bord de l'eau; à peine gélatineuse, ou dure comme le fer; croissant promptement, ou ne se développant que d'une manière imperceptible; se plaisant au froid le plus rigoureux, ou brûlée par les ardeurs du soleil; simple ou branchue.

Les feuilles paraissent, ovales, rondes, en cœur, en fer de lance, en rubans; deux à deux, solitaires, trois à trois; digitées, en lyre, en bouclier, menues comme des cheveux, larges comme une voile; lisses, hérissées de poils, découpées, luisantes, ternes, rouges, vertes, noirâtres, jaunes, miparties comme un vêtement moyen-âge; portées sur une longue queue ou n'en ayant point; irritables, la sensitive; se repliant pour le sommeil, les légumineuses; cataleptiques, le dracocephalum de Virginie dont on place les feuilles où l'on veut sans qu'elles reviennent à leur première position.

Les feuilles servent à puiser dans l'air les fluides nécessaires à l'accroissement du végétal; elles sont comparables aux poumons des animaux, puisque c'est dans leurs vaisseaux que se combine l'air avec la sève et que se produisent les liqueurs particulières qui semblent avoir quelque analogie avec le sang.

La tige se dirige vers la lumière en se redressant. Il

est une expérience fort jolie et très facile qui vous le prouvera. Prenez une assiette un peu creuse ; mettez de l'eau dans le fond, puis disposez tout à l'entour des branches de réséda par exemple ; au bout de quelques jours, ces branches végétant , les extrémités auront quitté la position horizontale pour se redresser, et vous aurez une charmante corbeille naturelle.

Certaines tiges sont nommées volubiles, elle s'enroulent ; mais voici ce qu'il y a de remarquable en ce fait, c'est que les unes s'enroulent d'est en ouest et d'autres d'ouest en est, suivant le soleil ou contre le soleil. D'autres encore accompagnent pour ainsi dire le mouvement de cet astre, comme l'hélianthe-soleil et le topinambour. Le matin le capitule fleuri est tourné vers l'orient ; puis il se redresse peu à peu jusqu'à midi , en regardant toujours le soleil, et à mesure que celui-ci s'abaisse vers l'occident , les fleurs le suivent dans son déclin. Les physiologistes expliquent ce mouvement par l'action que la chaleur solaire exerce sur la tige : les fibres frappées par les rayons se dessèchent, se racornissent; il en résulte une incurvation qui fait pencher les fleurs. Lorsque le capitule est cueilli pour les grains , l'effet de la torsion demeure parfaitement visible.

La floraison est l'époque brillante des plantes, c'est alors qu'elles revêtent leur parure nuptiale, où resplendissent les couleurs les plus riches, les plus variées, les formes les plus diverses, en croix , en casque, en roue, en cloche. Ce n'est point au hasard que les couleurs ont été données aux fleurs, elles sont en harmonie avec les saisons , la température. Ecoutez plutôt ces fragments de Bernardin de St.-Pierre :

« De toutes les couleurs , dit-il , la blanche est la plus propre à réfléchir la chaleur; or, elle est en général celle que la nature donne aux fleurs qui éclosent dans les saisons et les lieux froids, comme nous le voyons dans les perce-neige, les muguets, les hyacinthes, les narcisses et l'*Anemona nemorosa*, qui fleurissent au commencement du printemps. Il faut aussi ranger dans cette couleur celles qui ont des nuances légères de rose ou d'azur, comme plusieurs hyacinthes ; ainsi que celles qui ont des teintes jaunes et éclatantes, comme les fleurs de pissenlits, des bassinets des prés et des giroflées de murailles. Mais celles qui s'ouvrent dans des saisons et des lieux chauds, comme les nielles, les coquelicots et les bluets, qui croissent l'été dans les moissons, ont des couleurs fortes, telles que le pourpre, le gros rouge et le bleu, qui absorbent la chaleur sans la réfléchir beaucoup. Je ne sache pas cependant qu'il y ait de fleur tout à fait noire; car alors ses pétales sans réflexion lui seraient inutiles.

» Les formes des fleurs ne sont pas moins propres que leurs couleurs à réfléchir la chaleur.

» Leurs corolles, divisées en pétales, ne sont qu'un assemblage de miroirs dirigés vers un foyer.

» Elles en ont tantôt quatre, qui sont *plans* comme les fleurs du chou dans les crucifères; ou un cercle entier, comme les marguerites dans les radiées; ou des portions sphériques, comme les roses ; ou des sphères entières, comme les grelots du muguet ; ou des cônes tronqués, comme la digitale, dont la corolle est faite comme un dé à coudre. »

Mais, hélas ! cette riche parure ne dure qu'un temps, un temps bien court, la lune du mariage n'a que peu de jours, et bientôt les pétales tombent desséchées.

Faut-il maintenant vous parler de la maladie des plantes? Pourquoi cette ombre noire dans le tableau ? J'aime bien mieux vous dire quelques mots des divers moyens de multiplication qui sont propres aux plantes, outre la graine.

La seconde manière de multiplication est la reproduction par bulbilles, tubercules, oignons, caieux. Voici, par exemple, un lis à fleurs oranges. Dans les aisselles des feuilles se trouvent de petits corps charnus, noirâtres, voilà les bulbilles. A côté de l'oignon de la tulipe poussent d'autres petits oignons, ce sont les caïeux. Les racines des plantes vivaces sont épaisses, on les sépare en les déchirant, ou avec la bêche ; d'une plante on en fait plusieurs. Ailleurs, ce sont des tubercules, avec ou sans yeux ; autant d'yeux, autant de plantes. Ou bien encore, ce sont des œilletons, ou rejetons, poussés du collet et pouvant se séparer. Remarquez que ces procédés existent simultanément avec la graine.

Jusqu'ici, nous avons laissé la plante entière, nous en avons pris les semences, les caïeux, les bulbilles, etc., nous allons maintenant emprunter aux tiges nos moyens de multiplication.

En premier lieu, les stolons, ou traînasses, comme dans le fraisier. Puis, la marcotte, branche couchée en terre, étranglée, tordue, incisée et prenant racine tout en demeurant attachée à la mère plante ; la marcotte amputée qui nous conduit à la bouture. La bouture se pratique de 6 à 8 manières, je vous renvoie, Madame, aux traités du bon jardinier.

Enfin, il nous reste la greffe, insertion d'une partie d'arbrisseau sur un autre arbrisseau. Vous me saurez gré, peut-être, de vous citer ici les vers de Rosset :

> Ainsi par une plante une plante adoptée
> Élabore les sucs de la sève empruntée ;
> Et de ses aliments, qu'il a reçus d'autrui,
> L'arbre nouveau n'admet que des sucs faits pour lui.
> Soit donc que d'un rameau la blessure féconde
> Reçoive un plant choisi, dans sa fente profonde ;

Soit que le sauvageon que l'art veut corriger,
Dans ses bourgeons admette un bourgeon étranger :
Ce dédale savant de vaisseaux innombrables
N'admet ou ne retient que des sucs favorables.
L'arbre adopté s'élève, il se couvre de fruits
Que le tronc paternel n'aurait jamais produits.
Et l'arbre hospitalier, où la greffe prospère,
De ces enfants nouveaux s'étonne d'être père.

. . . .

Ainsi, dans vos jardins, rois et législateurs,
A vos sujets grossiers, vous donnez d'autres mœurs.
Des familles entre eux vous réglez l'alliance :
L'arbre adopte un autre arbre, illustre sa naissance ;
Il admire, ennobli par de nouveaux liens,
Un feuillage et des fruits qui ne sont pas les siens.
Le pêcher par cet art à l'amandier s'allie.
Où le coing jaunissait, une poire est cueillie ;
Le saule a sur son tronc les branches du pommier ;
Et le frêne surpris se transforme en prunier ;
Telle l'épine blanche adopte l'azerole.
Mais l'abus de cet art peut le rendre frivole ;
A vos arbres soumis, tyran plutôt que roi,
Gardez-vous d'imposer une cruelle loi ;
Confondez leur amour, mais respectez leur haine ;
Il en est dont les sucs se mêlent avec peine,
Et qui ne produiront, unis contre leurs vœux,
Qu'un feuillage stérile et des fruits malheureux.
La vigne à l'olivier ne peut être assortie ;
Du chêne et de l'ormeau craignez l'antipathie :
La cerise à regret se marie au laurier,
Et le citron doré se refuse au mûrier.
Ces ennemis vivant sur une même tige
Ne sont jamais qu'un monstre et non plus un prodige.
J'approuve cependant qu'un charme ingénieux
Offre sur un tronc seul quatre arbres à vos yeux,
Et que sur l'amandier votre main cueille ensemble
La prune, l'abricot, la pêche qu'il rassemble.

La greffe a pour but de conserver et de multiplier les espèces et variétés nouvelles des fruits et des plantes, car vous n'ignorez pas qu'un grand nombre de fruits perdent à la langue leurs caractères.

M. Soulange Bodin a récemment mis à profit la belle découverte du baron Tschudy sur la greffe herbacée. Après avoir greffé avec succès la tomate sur la pomme de terre, il en a fait une application très heureuse pour la propagation des variétés de fruits. Partant de ce principe, que les greffes ne sont, pour ainsi dire, que des boutures, il a, au moyen de couches et en modifiant la température et l'action de la lumière, en limitant la quantité d'air et l'humidité, obtenu des résultats qui permettent d'entrevoir la possibilité de couver, pour ainsi dire, sous un simple châssis, les germes d'un vaste verger.

On a remarqué aussi que, lorsqu'on greffait plusieurs variétés sur le même sujet, l'une d'elles prédominait toujours; il est cependant quelques exceptions à cette règle. Nous citerons celle qui suit, qui est très-remarquable, et que nous empruntons à un journal d'horticulture :

« Le pasteur Agricola de Gælinitz a, depuis 1804, greffé trois cent trente variétés de pommes sur un pommier âgé de soixante ans ; il attacha à chaque greffe une étiquette portant un numéro. La fertilité de cet arbre a toujours été considérable ; en 1813, il a donné douze boisseaux de fruits. Il fut toujours un objet de respect pour les troupes ennemies, et d'admiration pour les voyageurs ; il donne aux horticulteurs le moyen de comparer les sortes et de juger de leur mérite. C'est ainsi qu'il a fait tomber la réputation de variétés qui portaient des noms ambitieux. Il sert, en outre, à éclairer la synonymie et à détruire des noms doubles donnés aux mêmes fruits ; et enfin il a fourni plusieurs variétés nouvelles par des fécondations croisées. »

M. Murtie a remarqué que le pêcher greffé sur l'abricotier rapportait, après deux ans, des fruits bien supérieurs à ceux du pêcher non marié.

Nous ne terminerons pas ce que nous avons à dire de l'influence des greffes sur les fruits, sans mentionner celle si curieuse qui se pratique pour obtenir des fruits qui participent à la fois de plusieurs espèces. Le procédé qui s'effectue plus spécialement sur les espèces du genre citronnier consiste à couper en deux parties, par le milieu de l'œil, deux écussons tirés de deux arbres différents que l'on désire amalgamer, tels qu'oranger et bigaradier, ou une variété rouge et une variété blanche ; on réunit avec beaucoup de soin la moitié de l'un avec celle de l'autre, et l'on applique cet écusson *composé* comme à l'ordinaire (1). Ce genre de greffe, cependant, ne réussit pas toujours ; il exige des conditions difficiles à obtenir.

M. Couverchel, à qui j'emprunte ces dernières lignes, nous apprend les particularités les plus curieuses, sur le rapprochement ou mariage des plantes. En voici quelques extraits :

« Le rapprochement des pommiers s'effectue entre certaines espèces seulement ; le *fenouillet* et la *reinette blanche* ou *grise* produisent un fruit qui participe de ces deux espèces ; le *calville rouge* et la *reinette franche* donnent des pommes d'un rouge de sang ; le *drap d'or* et la *reinette franche* produisent des pommes d'un volume extraordinaire, et qui ne sont nullement cotonneuses, inconvénient qu'offre le *drap d'or*.

« Le rapprochement des poiriers s'effectue plus facile-

(1) « Les Génois, » dit Duhamel, « emploient un mode de greffage particulier et qui consiste à placer l'écusson sens dessus dessous, c'est-à-dire l'œil en bas, de manière que la nouvelle pousse, en se développant, est forcée de se retourner sur elle-même pour prendre une direction verticale, et laisser ainsi entre le sujet et la pousse, un espace que l'on croit nécessaire pour avoir des arbres d'un plus beau port et mieux arrondis. »

ment ; il contribue même à leur donner de la vigueur. Si l'on approche, par exemple, la *poire d'Angleterre* du *martin-sec*, ce fruit devient beaucoup plus gros et se garde plus longtemps. On obtiendra les mêmes avantages en rapprochant *deux martins-secs* d'une *angleterre*. *Le beurré rouge d'Anjou*, rapproché d'un *saint-germain*, fournira un fruit délicieux, qui participera de la couleur rouge de ce beurré. Le *saint-germain*, rapproché du *messire-jean*, donne un fruit d'un goût très-suave et qui n'est nullement pierreux. Ce rapprochement s'opère difficilement ; mais, lorsqu'il réussit, il n'est pas rare d'obtenir des poires du poids d'une livre à une livre et demie.

» Le rapprochement des cerisiers offre un avantage précieux, car, indépendamment de l'amélioration qu'acquiert le fruit, si on a la précaution de rapprocher les sujets hâtifs et tardifs, quoique l'arbre ne fournisse pas toujours qu'une seule espèce, les fleurs s'annoncent successivement, et on obtient alors des fruits pendant tout le cours de la saison. Rien de plus séduisant, en effet, que de voir sur le même arbre et à la fois des fleurs et des fruits. On cultive aux environs de Dijon une variété de cerise qui offre ces avantages; nous ignorons si elle est due au rapprochement.

» Le rapprochement du groseillier et du cacis exige quelques précautions particulières.

» On rapproche également les diverses espèces de prunes, on rend tardives celles qui sont hâtives, et réciproquement ; on nuance les couleurs et on varie les arômes.

» Quant aux pêches, le pêcher de vigne est seul propre au rapprochement ; il s'allie même assez facilement avec d'autres fruits, tels que la prune et le raisin. »

Je vous laisse à cet auteur pour connaître les procédés de M. de Caylus, n'oublions pas que nous ne faisons point ici un cours de jardinage.

Cependant je ne puis ne pas vous parler de l'art merveilleux créé par M. Poulet, de Saint-Amand-en-Puysaye (Nièvre), le battage des arbres dont les procédés sont plus extraordinaires encore, l'art de faire produire une récolte hâtive et abondante de fruits aux arbres même les plus stériles. Il ne s'agit pas d'une idée, il ne s'agit pas même d'essais, il s'agit d'une pratique déjà vieille de huit années, et dont les résultats ont été authentiquement constatés.

L'opération se fait au printemps, au moment du départ de la sève, et elle s'étend à tous les arbres, aux quenouilles, aux espaliers, aux plein-vents : l'abricotier, cependant, fait exception, il ne supporte pas les coups, ils le feraient mourir. S'il s'agit d'un vieil arbre, on évitera d'écorcher la tige ou les grosses branches, se contentant de les meurtrir; les plaies des arbres jeunes, au contraire, sont sans conséquence ; elles se cicatrisent promptement. Le battage dispense de tailler les arbres à la manière ordinaire, et c'est déjà un précieux avantage, parce que la taille, telle qu'on la pratique, est, suivant M. Poulet, tout à fait irrationnelle et nuisible.

L'arbre battu ne donnera pas immédiatement de fruits dans l'année de l'opération, puisque celle-ci a nécessairement eu pour effet de détruire presque tous les boutons à fleurs et à fruits. Mais l'année suivante, ou mieux, les années suivantes, à moins d'accidents extérieurs et imprévus. on peut compter sur une récolte très abondante de fruits, de beauté et de qualité supérieures ; l'arbre aussi aura pris un développement magnifique. Si, après plusieurs années, il redevenait stérile, on lui infligerait le même châtiment réparateur !

« Depuis que j'ai appliqué ma méthode, disait M. Poulet dans son mémoire adressé à l'Académie des sciences, et dont le titre seul a figuré aux comptes-rendus, c'est-à-dire depuis huit ans, jamais mes arbres n'ont manqué de se couvrir chaque année de fruits très nombreux ; le battage n'a altéré en rien leur constitution ; on ne voit plus apparaître ces longues tiges nouvelles, ces gourmands qui épuisaient la tige sans lui rien restituer, et dont il fallait se débarrasser ; la sève entière est utilisée ; elle devient pour la tige, pour les branches, pour les fleurs et les fruits, une nourriture suffisante, abondante même et forte, qui leur donne une vigueur inaccoutumée. »

Vous connaissez encore cette autre merveille, l'art de transplanter les arbres, vous avez peut-être assisté à la curieuse opération, qui a transporté, de la barrière du Trône, les marronniers qui forment les allées, autour de la Bourse. Vous savez aussi qu'on peut voir dans le bois de Boulogne, au *Carrefour du bout des lacs*, un marronnier presque centenaire, qui a été amené là de Neuilly au printemps de 1855, alors qu'il était en pleine floraison, et qui a repris à souhait.

Si nous faisions un traité didactique, le moment serait venu, Madame, de nous embarquer dans cette langue hérissée de grec et de latin, qui vous parlerait peu à l'oreille, peu à l'esprit.

Il n'y a pour vous aucun intérêt à savoir d'ailleurs comment on distingue une bignoniacée d'une gentianée.

Je vous ai enseigné comment se reconnaissent les graminées, les légumineuses, les composées, les ombellifères, etc., dans diverses lettres ; je ne crois pas que pour le but que nous nous sommes proposé, nous devions faire davantage.

XV.

DU LANGAGE DES FLEURS.

Lille, le 5 mars 1858.

Voici la dernière de ces lettres, auxquelles vous avez accordé tant de bienveillance, Madame ; nous la consacrerons au langage des fleurs, langage emprunté d'abord à la nature, puis développé par l'art et par l'imagination enchantée des poëtes et des femmes.

Quel charme n'éprouvons-nous pas à retrouver entre les feuillets d'un livre, depuis longtemps fermés, le pétale d'une rose ou d'une tulipe, une pensée ou une violette desséchée !

Les fleurs vivantes ont des attraits bien plus vifs encore. Voici le liseron d'un bleu céleste qui s'épanouit avec les premiers rayons du jour, c'est l'ami de la mansarde dont il encadre et égaie la fenêtre. Il semble dire au papillon : « Je suis beau, mon calice humide et frais appelle les baisers de la brise et du soleil... Hâte-toi de m'aimer, car mon règne est de courte durée. » Chaque soir il ferme ses feuilles fatiguées et s'endort bercé par les rêves de la nuit, ému encore peut-être des souvenirs du jour.

« Il est temps de se lever et d'aller aux champs, dit le fermier à sa famille, car le liseron des haies vient de s'entr'ouvrir. »

« Allez, allez sans crainte, jeunes filles, au sein de la prairie. Le souci d'Afrique a déployé sa corolle avant sept heures du matin et la journée se passera sans orage. »

Les fleurs sont de véritables baromètres, elles indiquent le temps, elles en marquent les divisions, les heures et les mois.

Dans leurs plus légers mouvements
L'observateur voit un présage :
Celle-ci, par son doux langage,
Indique la fuite du temps
Qui la flétrit à son passage.
Sous un ciel encor sans nuage,
Celle-là, prévoyant l'orage,
Ferme ses pavillons brillants ;
Et sur les bords d'un frais bocage,
Sommeille au bruit lointain des vents.
Si l'une, dès l'aube éveillée,
Annonce les travaux du jour,
Et sur la prairie émaillée,
S'ouvre et se ferme tour à tour,
L'autre s'endort sous la feuillée
Et du soir attend le retour.
Pour marquer l'heure de l'amour,
Et les plaisirs de la veillée,
Le villageois, le laboureur,
Y voit le sort de sa journée ;
Le temps, le calme, la fraîcheur,
Les biens et les maux de l'année,
Il lit toute sa destinée
Dans le calice d'une fleur. (1)

(1) Aimé Martin. — *Lettres à Sophie.*

Les sauvages de l'Amérique partagent l'année en mois lunaires ; voici celles de leurs appellations qui ont trait à la botanique :

Mai..... la lune des nids et des fleurs.
Juin .... — fraises.
Juillet ... — fruits brûlés ou des cerises.
Août .... — feuilles jaunes.
Septembre — — tombantes ou de la folle avoine.
Octobre.. — de la fin de la folle avoine.

Pour le vieillard, les années se comptent par neiges ; pour la jeune fille, par fleurs.

A deux heures du matin, le salsifis jaune ouvre sa corolle; à trois heures, le liseron des jardins ; à quatre heures, la chicorée sauvage; à cinq heures, l'hémérocalle ou lis jaune; à six heures, le pissenlit : à sept heures, le souci ; à huit heures, le mouron blanc ; à neuf heures, le mouron rouge ; à dix heures, la glaciale; à onze heures, le pourpier; à midi, les ficoïdes...

Les anciens désignaient les heures par des bouquets de fleurs diverses, comme de notre temps on marque les jours par des fleurs différentes.

Mais c'est du langage des fleurs que je dois vous parler, revenons aux anthogrammates, écrivains interprétant cette langue, ou en dictant les lois.

Certaines fleurs ont évidemment leur signification en elles-mêmes, et tout le monde saisira le sens de ces vers d'une chanson que j'ai entendue, enfant, et dont j'ai retenu un seul couplet :

J'offrirai le pâle narcisse
A beaucoup de nos jeunes gens,
Le tournesol aux courtisans,
Le bouton d'or à l'avarice,

La pensée à qui parle peu,
Au babillard une clochette,
Et, d'après le commun aveu,
De l'hellébore à tout poëte.

Mais que le fusain ait pour traduction : Votre image est gravée dans mon cœur, on aura le droit de s'étonner de l'emblême, en songeant combien facilement s'enlève le trait formé avec ce crayon léger et qui certes ne devrait point signifier un souvenir bien constant.

L'une des plus célèbres galanteries faites au moyen des fleurs est le recueil connu sous le nom de ***Guirlande de Julie.***

Lorsque le duc de Montausier fut fiancé à Julie d'Angennes de Rambouillet, il eut le droit, selon l'usage, de lui envoyer chaque matin un bouquet; pour rendre cette offrande plus durable, le duc substitua aux fleurs naturelles la guirlande dont Tallemant des Réaux nous donne la description suivante :

« Toutes les fleurs en étaient enluminées sur du vélin et les vers écrits aussi sur du vélin en suite de chaque fleur, et le tout de cette belle écriture dont j'ai parlé. Le frontispice du livre est une guirlande au milieu de laquelle est le titre : ***La Guirlande de Julie pour Mlle. de Rambouillet, Julie-Lucine d'Angennes.***

» A la feuille suivante, il y a un zéphir qui épand les fleurs. Le livre est tout couvert des chiffres de Mlle. de Rambouillet.

« Le seul, Voiture, qui n'aimait pas la foule ou qui peut-être ne voulait point être comparé, ne fit pas un pauvre madrigal. »

L'écrivain dont parle Tallemant est le célèbre Jarry, Nicolas, le premier de nos calligraphes. Les fleurs furent peintes en miniature par le fameux Robert. L'original fut adjugé, en 1784, à la vente de La Vallière, à M. Payne, libraire anglais, au prix énorme de 14,510 francs.

Une copie sur vélin, mais sans peintures, de l'écriture de Jarry, fut vendue 622 francs.

Voici quelques citations de ces pièces légères où, à côté de la recherche, on trouve fréquemment les passages les plus gracieux :

Madrigal sur l'hyacinthe :

Je n'ai plus de regret à ces armes fameuses
Dont l'injuste refus précipita mon sort :
Si je n'ay possédé ces marques glorieuses,
Un destin plus heureux m'accompagne à la mort;
Le sang que j'ay versé, d'une illustre folie,
A fait naistre une fleur qui couronne Julie (1).

Madrigal sur la violette :

Modeste est ma couleur, modeste est mon séjour
Franche d'ambition, je me cache sous l'herbe ;
Mais si sur votre front je puis me voir un jour,
La plus humble des fleurs sera la plus superbe (2).

Madrigal sur le lis :

Devant vous je perds la victoire
Que ma blancheur me fit donner,
Et ne prétends plus d'autre gloire
Que celle de vous couronner.
Le ciel, par un honneur insigne,
Fit choix de moi seul autrefois
Comme de la fleur la plus digne
Pour faire un présent à nos rois.

(1) Marquis de Rambouillet.
(2) Desmaretz Saint-Sorlin.

Mais si j'obtenais ma requête,
Mon sort serait plus glorieux
D'être monté sur votre tête
Que d'être descendu des cieux (1).

Sur le perce-neige :

Sous un voile d'argent la terre ensevelie
Me produit ; malgré sa fraîcheur,
La neige conserve ma vie
Et, me donnant son nom, me donne sa blancheur.
Mais celle de ton sein, adorable Julie,
Me fait perdre, aux yeux éblouis,
La gloire désormais ternie
Que je ne cédais pas au lis.

Mais où m'entraînent les citations !

Le *sélam* c'est le langage des fleurs. Cette fois, et peut-être l'unique, c'est la femme qui a dicté des lois. Ce fut Glycéra, la bouquetière athénienne, qui, la première, sut donner un sens aux fleurs. Voici le récit de Pline :

« Glycéra excellait dans l'art de faire des guirlandes, des couronnes et des bouquets ; le peintre Pausias, contemporain d'Appelles, excellait dans la peinture des fleurs. On vit l'art et la nature faire des efforts pour se surpasser réciproquement ; chacun voulait l'emporter sur son émule; on ne savait à qui adjuger la victoire. Mais Pausias, ayant voulu peindre la bouquetière elle-même tressant des couronnes, en devint éperdûment amoureux et s'avoua vaincu. »

Or, ce manége matrimonial de Glycéra, m'est avis, eut pour élément principal la symbolique de ses bouquets. Je suppose que la belle Athénienne offrit aux regards du peintre un bouquet ainsi composé : Primevères au centre, tour de pieds d'alouette, tour d'aubépine, tour d'amaranthe.

(1) Tallemant des Réaux

Ce que Pausias dut traduire à livre ouvert, mettant ces mots dans la bouche de Glycéra : « Je suis dans ma première « jeunesse, lisez dans mon cœur, vous y verrez un doux « espoir, soyez-moi fidèle ! »

A quoi le jeune homme répondit en peignant le sélam suivant : Centre de ketmies, tour d'immortelles, tour d'héliotrope. Non moins habile, Glycéra expliqua : « Vous êtes jolie, je suis sous votre empire, mon amour sera éternel.»
Et les deux rivaux devinrent époux.

« Mon amour sera éternel, » telle est la devise de l'héliotrope, en voici la légende que j'emprunte à Mme Maria Delcambre :

« L'héliotrope naquit au Pérou. Une nymphe amoureuse de Jupiter reçut la fausse nouvelle que les Titans l'avaient terrassé. Elle se reposait dans cet instant sous les ombrages péruviens. La jalousie de Mercure avait inventé cette fable pour la désespérer. Hélas ! il n'y réussit que trop bien ! Sa douleur fut si grande, que ses cheveux, qui faisaient sa beauté, devinrent gris ; elle se les arrachait en pleurant, lorsque Jupiter survint ; il la consola et la changea en héliotrope ; elle parut à l'Olympe la tête couverte de ces jolies fleurs que ses pleurs avaient parfumées. Jupiter s'en fit un bouquet et les nomma : *Amour sans fin*. »

Voici, de la même plume gracieuse, la légende du réséda :
« Au vieux temps, dans un castel déjà vieux, deux jeunes filles, deux cousines, avaient un roi pour voisin. L'une, fille d'un très-grand seigneur, était excessivement belle ; elle le savait très-bien, et croyait que sa beauté et sa fortune devaient lui tenir lieu de tout autre avantage. Marie, sa compagne, fille du frère cadet de son père, n'avait ni fortune ni beauté ; une seule chose rendait sa figure

sympathique , c'était le pur reflet d'une âme parfaite. Nos deux jeunes filles aimaient également les fleurs , mais , comme moi , elles avaient leurs fleurs de prédilection. Berthe choisissait pour se parer la rose brillante et coquette ; Marie se contentait du modeste réséda.

» Un soir de fête au vieux manoir, le roi vint. On dansait , et chaque femme avait pris le nom de la fleur qu'elle portait. Le roi dansa avec Berthe et s'aperçut bientôt qu'elle était folle et légère comme la fleur qu'elle avait prise pour emblême ; quant à Marie , tout en s'en occupant beaucoup moins , il remarqua ses talents et ses vertus, et comme il voulait prendre une compagne , il fit un choix qui étonna tout le monde : ce fut celui de l'humble réséda.

» Les courtisans ne purent s'empêcher de dire qu'à sa place ils auraient préféré la rose séduisante. Le roi le sut , et ayant ajouté à son écusson une branche de réséda , il y fit inscrire cette devise : *Les vertus surpassent les charmes.* »

Il faut , pour traduire aussi facilement , être quelque peu initié à cette science presque toute de convention , car sur les trois cents emblêmes , il n'en est peut-être pas un quart qui portent avec eux une signification facile à saisir.

Néanmoins , je le reconnais , quelques-uns sont fondés ; ainsi : l'amertume de l'absinthe a pu signifier l'amertume de l'absence ; la mimeuse pudique , la chasteté ; la ficoïde , dont les feuilles sont comme couvertes de glaçons , la glace du cœur ; le lierre , qui étreint , l'amitié ; la balsamine , dont la graine éclate quand on la touche , l'impatience.

L'architecte Callimaque , passant près du tombeau d'une jeune fille morte peu de jours avant son mariage , ému d'une tendre pitié, s'approcha pour y jeter des fleurs. Une offrande avait précédé la sienne. La nourrice de cette jeune fille , rassemblant les fleurs et le voile qui devaient servir à la parer le jour de ses noces, les plaça dans un petit panier auprès du tombeau sur une plante d'acanthe, puis elle le recouvrit d'une large tuile. Au printemps suivant, les feuilles d'acanthe entourèrent le panier ; mais arrêtées par la tuile, elles se recourbèrent et s'arrondirent vers les extrémités. Callimaque, surpris de cette décoration champêtre, qui semblait l'ouvrage des grâces en pleurs, en fit le chapiteau de la colonne corinthienne. Dans le langage des fleurs, acanthe signifie beaux-arts.

L'ancolie a ses pétales roulés en cornets, comme les attributs de la mutine compagne de Momus. Voilà le symbole de la folie.

La bardane arrête les passants par le calice épineux de ses fleurs, elle indiquera l'importunité ; la boule de neige sera le refroidissement ; le champignon, dont tant d'espèces sont justement suspectes, sera l'emblême de la méfiance ; le chèvrefeuille enroule ses tiges aux fleurs parfumées à l'entour des arbres voisins, ce seront des liens d'amour ; le coquelicot est voisin du pavot, son suc endort la douleur, le coquelicot sera synonyme de repos ; le cyprès, c'est le deuil ; la couronne impériale, la dignité. Si les botanistes la nomment fritillaire, c'est au mot latin *fritillus*, cornet à jouer aux dés, qu'ils ont pris cette appellation, par allusion aux petites taches carrées dont la corolle est parsemée dans quelques espèces et qui la font ressembler aux cases d'un damier. Une variété, à cause de sa ressemblance avec une charmante gallinacée, s'appelle pintade, on la prendrait à son élégance pour une jolie plante échappée des Alpes et jalouse d'habiter parmi nous ; elle est originaire des prés et des pâturages des montagnes.

Quand Jenny coud auprès de sa fenêtre ombragée par les

cobéas, elle défend au moyen d'un dé son doigt des morsures de l'aiguille. Semblable à un dé est la fleur de la digitale, aussi a-t-elle pour signification : travail.

Le jonc, qui plie si bien, doit marquer la soumission. Le chardon à foulon forme à la base de ses feuilles de petites écuelles où s'amassent la rosée et la pluie. L'oiseau vient boire dans cette coupe naturelle ; le chardon à foulon se nomme *dipsacus* — contre la soif — et il signifie : je suis altéré, j'ai soif.

L'éclair aux fleurs jaunes, c'est la chélidoine, ainsi appelée du nom grec de l'hirondelle dont le retour est marqué par la floraison de la plante. Or l'hirondelle, c'est l'amour maternel, comme le dit en ces vers un mien ami, poëte trop modeste pour être connu (1) :

J'ai vu dans les cieux l'hirondelle
Porter ses petits tour à tour,
Elle va, vient, revient ; près d'elle
Chacun s'empresse avec amour.

L'éclair marque les soins maternels.

Le laurier, qui couronne les guerriers vainqueurs, doit être l'emblême de la gloire.

D'où vient que le myosotis a pour traduction : Ne m'oubliez pas ? Pierre Zaccone nous en raconte la poétique origine :

« Deux amants se promenaient sur les bords escarpés d'un torrent; ils parlaient du ciel et de la terre, du présent et du passé ; ils faisaient de doux projets pour l'avenir, ils avaient la joie dans le cœur : tout à coup une fleur de myosotis leur apparaît.... la pauvre fleur va être entraînée par

(1) M. l'abbé P. Durozoy.

le torrent ; la jeune fille le fait remarquer à son amant, et celui-ci, n'écoutant que son amour, se précipite aussitôt dans les flots.... Mais, hélas ! le torrent devait être plus fort que lui; c'est en vain qu'il lutte contre la force du courant, les flots écument et l'entraînent lui-même... Cependant, avant de disparaître pour jamais, il eut encore le courage de tendre à sa fiancée la fleur qu'il venait de saisir et de prononcer ces mots : *Ne m'oubliez pas !* »

Le myosotis naquit dans une délicieuse île ; des anges étant descendus jouer sur ce coin de terre, l'un d'entre eux déchira sa robe d'azur aux broussailles, et le zéphir s'étant emparé des morceaux, les sema autour d'un lac et en fit cette charmante fleur qu'on nomme : *Ne m'oubliez pas* (1).

Qui ne se rappelle les boules soyeuses de la graine des pissenlits qui poussent dans les prés et que nous aimions à consulter quand nous étions enfants ?

« Désire-t-on savoir si un ami absent s'occupe de nous, comme nous nous occupons de lui, dit Mme. Delatour, on souffle sur ces aigrettes légères, et s'il en reste une seule, c'est une preuve qu'il ne nous oublie pas; mais cette épreuve il faut la faire avec précaution : on doit souffler bien doucement, car, à aucun âge, pas même à l'âge brillant des amours, il ne faut souffler trop fort sur les légères illusions de la vie. » Le pissenlit signifie oracle.

Voilà de quoi prouver mon assertion, que quelques fleurs ont réellement en elles de quoi justifier messieurs les grammairiens ès-fleurs ; mais combien d'autres ont été attraites de force dans ce poétique langage.

(1) Mme. Maria Delcambre.

Les couleurs ont aussi leur signification. Malheureusement, là , comme si les professeurs eussent tenu à renouveler les dissentiments de MM. Noël et Chapsal avec l'Académie, avec M. Poitevin, ou ceux des Bescherelle et des Napoléon Landais , on ne s'entend pas, non seulement sur les couleurs primitives, mais encore sur les couleurs composées. Dans le doute , permettez-moi de me conformer au précepte vulgaire qui prescrit de s'abstenir. Si cependant vous voulez un emblême, je le demanderai à la langue héraldique : Blanc signifie chasteté ; rouge, puissance et gloire; bleu , fidélité , loyauté; jaune, parjure, félonie. De tout temps le vert a été espérance et le noir deuil.

Ce n'était pas assez que d'avoir donné aux plantes une signification emblématique , il s'agissait encore d'établir une grammaire de ce langage.

Vous entendez bien qu'on ne consulta point le bon Lhomond pour savoir s'il y a dans cette langue, comme dans la langue française , dix parties constitutives du discours. Fi donc! puisqu'il s'agissait d'une science surtout dédiée aux dames , on ne pouvait s'inspirer d'un homme qui avait eu l'impolitesse d'écrire dans son rudiment : Le masculin est plus noble que le féminin. J'aime bien mieux les doctrines du docteur Guilmot, ce galant octogénaire , qu'on ne peut soupçonner d'un intérêt personnel lorsqu'il plaide ingénieusement la thèse de la prééminence de la femme sur l'homme.

J'en reviens à mes moutons, ou plutôt à ma syntaxe.

On s'est contenté, comme espèces de mots, du substantif, de l'adjectif, des pronoms et du verbe.

En effet, si le langage des fleurs est le langage des amoureux, quel besoin avons-nous d'adverbes? Ces gens-là n'en connaissent que deux : Toujours. Jamais. Quel besoin de conjonctions ? Leurs discours sont éminemment décousus Si l'interjonction est un cri de l'âme, on peut rayer l'interjonction comme pléonasme.

Voilà qui simplifie.

Le substantif a pour objet de désigner un être quelconque, il s'exprime par une fleur avec sa tige et ses feuilles, c'est à dire à l'état naturel. Une branche d'amandier fleurie, étourderie. — J'aurais dû vous dire que l'amandier, fleurissant avant que les gelées ne soient bien finies, est un étourdi qui s'expose à la légère.

L'adjectif s'indiquera comme un substantif double : deux branches d'amandier fleuri : étourdi.

Le verbe est la clef du discours ; il s'exprime par la fleur seule et nue sur sa tige.

Mais ici, il faut distinguer les temps et les modes. Le présent, fleur épanouie ; le passé, fleur avec la graine, ou fleur ayant quelques pétales en moins, comme si elle se flétrissait ; futur, une fleur avec un bouton.

Quant aux modes : Indicatif, une fleur ; infinitif, deux fleurs ; impératif, trois fleurs.

Le conditionnel ne peut s'exprimer que par un rameau de la plante symbolique, encore dépourvu de fleurs et auquel est jointe une fleur séparée.

Enfin les pronoms s'indiquent par un nombre de feuilles séparées de la tige : Je, une feuille ; tu, deux feuilles ; il, trois feuilles ; nous, quatre feuilles ; ils, cinq feuilles. On tutoie toujours, donc pas de vous.

C'est fort ingénieux, n'est-il pas vrai, mais c'est bien minutieux. Que diriez-vous si j'ajoutais comment se doivent disposer les fleurs selon l'ordre grammatical, l'influence du ruban qui noue le bouquet ?

Ce n'est cependant point tout encore. Outre l'écriture symbolique, il y a le langage télégraphique. Là on tient à la main la fleur symbolique, à la hauteur du cœur, pour le présent; le bras incliné vers la terre, pour le passé; à la hauteur des yeux, pour l'avenir.

Droites, et à la main droite, je; même main, penchées à gauche, tu; à la main gauche, il. Voulez-vous donner au symbole une valeur contraire à celle qui lui est assignée par l'usage, tenez la fleur renversée. Ainsi l'oxalide alléluia qui, droite, signifie joie, dira, renversée, chagrin.

En 1857, une révolte terrible s'éleva dans l'Inde, les Anglais furent massacrés par les cipayes, ni âge, ni sexe ne trouvèrent grâce devant ces fanatiques. Or avant la révolte, le signal avait été donné au moyen de petits gâteaux symboliques que des personnages mystérieux distribuaient aux cipayes pendant les semaines qui précédèrent la grande insurrection. On vit aussi des messagers se répandre dans les villages, donner au magistrat indigène du lieu six de ces gâteaux, composés de fleur de farine, en lui ordonnant d'en faire six autres et de les envoyer au village voisin.

Ces ordres étaient fidèlement exécutés, et pendant plusieurs mois, les gâteaux symboliques ne cessèrent de circuler dans le Bengale. Aux gâteaux succédèrent des fleurs de lotus (*nymphea*, espèce de nénuphar; *padma*, *lamara*, *kamala*, en sanscrit; *kanval* en hindoui), qui, de tout temps, ont été en grande vénération dans l'Inde aussi bien que dans l'ancienne Egypte.

Cette fleur figure comme attribut de plusieurs divinités hindoues : Vichnou, Lukchmi, Siva, Parvati ou Bhavani, Agni, Indra. C'est aussi un des signes sacrés que les Hindous se peignent sur le front. Il serait intéressant de savoir quelle idée elle exprimait en passant de main en main parmi les cipayes.

Le lotus est en quelque sorte l'emblème du Gange, et, à

ce point de vue, un signe national de ralliement. Au point de vue religieux et symbolique, il représente, par ce fait même, la déesse Ganga, qui ne diffère point de Parvati ou Bhavani, la femme de Siva, le dieu de la destruction. Il est à remarquer que la fête principale de cette divinité, concordant avec les préparatifs secrets de l'insurrection, a lieu les 7, 8 et 9 du mois de Tchaitra, (mars avril); c'est ce qu'on appelle la fête du printemps.

Bhavani préside à la fois à la production des êtres et à leur anéantissement; elle tient, dans ses huit ou seize bras, l'épée, le trident, deux vases pour recevoir le sang, deux lances, un couteau, un tchakra, disque en métal qui est encore une arme redoutable entre les mains des Sickhs ; un chapelet de têtes humaines orne sa poitrine ; elle est enfin la grande justicière, la vengeresse des crimes.

Le lotus, par lui-même, est le symbole de la génération, d'une vie nouvelle, de la puissance créatrice ; il surgit du sein des eaux; il ouvre et ferme son calice. Ajoutons que les Hindous ont un hymne très populaire dans lequel ils chantent le lotus et célèbrent la destruction d'une race comme nécessaire pour en amener une autre à la vie.

Quant au gâteau, son rôle religieux est bien connu, puisque c'est une des offrandes ordinaires qu'on présente aux dieux, mais il avait probablement, dans l'insurrection, un sens que nous ne connaissons pas.

Nous terminerons par une historiette de M. A. Jacquemart, que lui raconta un vieil Arménien, grand maître ès-science du sélam :

« J'étais jeune et peu initié encore aux finesses du langage des fleurs ; parcourant seul des pays divisés par les discordes d'une multitude de chefs ambitieux, je fus pris pour un espion et retenu captif dans une petite bourgade que le sort des armes avait récemment maltraitée..... Ma mort fut résolue par forme de représailles.

» Pendant que j'attendais mon sort, je vis un jour tomber a mes pieds l'armoise et le souci pluvial ; l'un signifiait *présage*, l'autre *bonheur ;* en fallait-il davantage pour ranimer en moi l'espoir de la liberté. Je m'accrochai aux barreaux de l'étroite ouverture qui me servait de croisée et j'aperçus une jeune fille qui fuyait ; son doigt, placé sur sa bouche, semblait m'inviter à la prudence.....

» La journée suivante se passa sans que je visse ma libératrice, car c'est ainsi que mon cœur se plaisait à la nommer. Enfin, vers le milieu de la nuit, j'entendis l'homme qui gardait la porte de ma prison s'écrier d'une voix brusque : « Eh quoi ! folle, es-tu donc amoureuse de » l'homme qui doit mourir ? Que veut dire ce sélam ? » Donne-le-moi. »

» Mais, agile, la jeune fille s'élança, et ce second bouquet suivit la route qu'avait prise le premier. Avec quelle impatience j'attendis le jour ! L'odorat, le tact, cherchèrent mille fois à deviner ce que les yeux seuls pouvaient lire ; enfin, aux premiers rayons du soleil, je découvris l'ériné des Alpes, le laitron de Laponie, le peuplier noir, le fenouil et le prunier sauvage. Leur disposition exprimait : « Jeudi, » à une heure de la nuit, le courage et la force te rendront » indépendant. »

» Jeudi était le lendemain ; comme les heures me parurent longues ! de combien de minutes elles eussent été composées si j'avais dû supputer d'après le battement de mes artères ! Enfin, l'instant arriva. J'avais entendu tour à tour le bruit des armes, celui plus pacifique des verres, et tout semblait replongé dans le sommeil, quand un craquement dans le coin le plus obscur de mon réduit attira mon attention ; une porte secrète venait de s'ouvrir, et la jeune fille au sélam entra d'un air déterminé ; elle remit un poignard en mes mains ; puis, allumant un tas de branchages qu'elle avait apporté, elle m'entraîna lorsqu'elle vit les flammes gagner la toiture ; nous étions déjà loin avant que l'alarme fût répandue ; les gardes dormaient du sommeil de l'ivresse.

» Quand nous fûmes au milieu du bois : — « Ange du » ciel, dis-je à ma libératrice, tu vas me suivre, la vie » que tu m'as rendue sera désormais dévouée à la tienne. »

« Non, reprit-elle, cela ne se peut ; tu ne connais pas » la tâche que je me suis imposée. La mort seule pourra » m'en délivrer. Enfant, je fus traînée en esclavage ; pour » éviter le sort qui m'attendait, j'eus le courage de feindre » la folie, et je vécus au milieu de ces hordes que je dé- » teste, environnée du moins d'une pitié respectueuse. Mais » si j'ai flétri mon existence par ce triste mensonge, c'était » moins pour conserver des jours qui ne sont rien que pour » me consacrer au bonheur de dérober à ces barbares une » partie des captifs que leur accorde la guerre. Ils n'osent » punir la folie des entreprises audacieuses qu'ils voient » tenter à l'insensée, ils n'osent surtout la soupçonner des » ruses qu'elle emploie pour remplir ses desseins. Va donc, » fuis ; moi, je retourne dans ma cabane, feindre un » sommeil que je ne goûte jamais, et demain, pauvre folle, » j'irai demander, d'un air stupidement barbare, si les » flammes ont respecté tes os. »

» Je ne pus que serrer avec reconnaissance la main de la jeune fille, et, pour lui obéir, je m'éloignai rapidement... Il ne me resta de cette aventure qu'une double reconnaissance au cœur : pour la jeune fille qui avait consacré sa vie tout entière au soulagement de ses frères, et pour Dieu qui lui avait donné dans les fleurs un moyen secret et facile de communiquer avec ceux sur lesquels devait s'exercer sa charité. »

A mon tour, Madame, de vous offrir mon sélam ; je le composerai de lauréole bois-gentil, de groseillier et de chêne, cela signifiera qu'en ces lettres : « J'avais le désir de vous plaire, et je vous suis profondément reconnaissant de la bonne réception que vous avez accordée à mon travail. »

Si vous me répondez par une branche d'églantier fleurie et garnie de ses graines de corail, je saurai y lire ces mots charmants : « Vous avez bien parlé. »

TABLE DES MATIÈRES.

LILLE. IMPRIMERIE DE L. DANEL.

www.ingramcontent.com/pod-product-compliance
Lightning Source LLC
Chambersburg PA
CBHW050457270326
41927CB00009B/1788

* 9 7 8 2 0 1 3 0 1 8 3 5 7 *